中国行为法学会类案裁判规则研究丛书

检察环境公益案件类案甄别与裁判规则确立

主　编　陈学敏
副主编　王守业

中国·武汉

图书在版编目(CIP)数据

检察环境公益案件类案甄别与裁判规则确立 / 陈学敏主编；王守业副主编. -- 武汉：华中科技大学出版社，2024.10. --（中国行为法学会类案裁判规则研究丛书）. -- ISBN 978-7-5772-1151-0

Ⅰ.D925.304

中国国家版本馆 CIP 数据核字第 2024GH9377 号

检察环境公益案件类案甄别与裁判规则确立

Jiancha Huanjing Gongyi Anjian Leian Zhenbie yu Caipan Guize Queli

陈学敏　主　编
王守业　副主编

策划编辑：郭善珊　田兆麟
责任编辑：田兆麟
封面设计：沈仙卫
版式设计：赵慧萍
责任校对：阮　敏
责任监印：朱　玢
出版发行：华中科技大学出版社（中国·武汉）　　电话：(027) 81321913
　　　　　武汉市东湖新技术开发区华工科技园　　邮编：430223
录　　排：华中科技大学出版社美编室
印　　刷：武汉市洪林印务有限公司
开　　本：710mm×1000mm　1/16
印　　张：21
字　　数：397 千字
版　　次：2024 年 10 月第 1 版第 1 次印刷
定　　价：118.00 元

本书若有印装质量问题，请向出版社营销中心调换
全国免费服务热线：400-6679-118　　竭诚为您服务
版权所有　　侵权必究

《检察环境公益案件类案甄别与裁判规则确立》

编审委员会

编委会主任

张恒山

编委会委员

李文燕　高贵君　吴高盛　宋朝武　杨朝飞　孙佑海　王灿发
曹明德　梁相斌　韩德强　秦天宝　朱崇坤　冯　丰　崔　勇
郭留成　常静元　钱　伟　程　鑫　匡　浩　李俊红

本书编写组

主　编

陈学敏

副主编

王守业

参与人

张净雪　赵　燊　李佩哲　徐建宇　邵迎翔　王一博　郝立聪
穆美竹

检察公益诉讼制度是人民检察院发挥法律监督职能,督促适格主体依法行使公益诉权的一项制度,其目的是促进依法行政、严格执法,维护国家利益和社会公共利益。这项制度是以习近平同志为核心的党中央推进全面依法治国的重大决策部署,是以法治思维和法治方式推进国家治理体系和治理能力现代化的重要制度设计,是习近平法治思想在公益保护领域的原创性成果,在推进中国式现代化进程中具有十分重要的意义。党的二十大报告专门强调"加强检察机关法律监督工作""完善公益诉讼制度"。《十四届全国人大常委会立法规划》把制定"检察公益诉讼法(公益诉讼法,一并考虑)"列入一类项目,充分表明将习近平法治思想在公益保护领域的原创性成果法治化、制度化恰是发展之需,也是众望所归。就维护环境公共利益而言,据统计,自检察公益诉讼制度在全国推行以来,2017年7月至2019年9月,全国检察机关共立案生态环境和资源保护领域公益诉讼案件11.8012万件,占立案总数的54.96%;2018年至2023年6月,检察机关共办理生态环境和资源保护领域行政公益诉讼案件38.8万件、民事公益诉讼案件5.9万件。检察院在推进生态文明建设,助推国家环境治理体系和治理能力现代化中发挥着越来越重要的作用。为更好地平衡公权力与私权利、司法权与行政权之间的关系,为进一步深化对检察环境公益诉讼制度的理论认识和完善检察环境公益诉讼规则,我们开启了本书的编撰工作。希望本书能为《检察公益诉讼法》的制定提供一定借鉴。

本书根据案件类型选取了检察环境民事公益案件、检察环境刑事附带民事公益案件和检察环境行政公益案件,根据案件程序选取了听证、检察建议、审理、裁决、执行等从诉前到诉中再到诉后的全过程环节,针对实践中常见、多发、法律适用分歧较大的问题,如先予执行的适用、检察环境民事公益诉讼与环境行政公益诉讼、环境刑事诉讼与检察环境民事公益诉讼的衔接、生态修复型检察环境民事公益案件的判决履行、惩罚性检察环境民事公益诉讼的责任承担、环境行政公益诉讼中"不依法履行职责"的认定等,在大数据检索分析的基础上,遴选出了48个可供参考的案例,形成18条裁判规则,以期对审理检察环境公益案件具体应用法律,统一法律适用,促进司法公正略尽绵薄之力。

撰稿人(按裁判规则排列):

天津大学中国绿色发展研究院研究人员赵燊,负责裁判规则第一条、第十二条、第十六条的撰写;

天津大学中国绿色发展研究院研究人员郝立聪,负责裁判规则第二条、第三条的撰写;

北京市东城区人民法院法官助理邵迎翔,负责裁判规则第四条、第五条、第十三条、第十四条的撰写;

天津大学中国绿色发展研究院研究人员李佩哲,负责裁判规则第六条、第十七条、第十八条的撰写;

天津大学中国绿色发展研究院研究人员王一博,负责裁判规则第七条的撰写;

天津大学中国绿色发展研究院研究人员张净雪,负责裁判规则第八条、第十条的撰写;

天津大学中国绿色发展研究院研究人员穆美竹,负责裁判规则第九条、第十一条的撰写;

天津大学副教授、法学博士陈学敏和天津大学中国绿色发展研究院研究人员徐建宇,负责裁判规则第十五条的撰写。

检察环境公益案件裁判规则第 1 条

生态环境修复具有时效性、季节性、紧迫性，不立即修复将导致生态环境损害扩大的，属于《中华人民共和国民事诉讼法》第一百零九条第（三）项规定的"因情况紧急需要先予执行的"情形 // 001

- 一、聚焦司法案件裁判观点 // 002
- 二、司法案例样本对比 // 002
- 三、司法案例类案甄别 // 010
- 四、类案裁判规则的解析确立 // 013
- 五、关联法律法规 // 015

检察环境公益案件裁判规则第 2 条

被告非法从事危险废物经营活动，当不能说明危险废物的处置情况时，检察机关有证据证明被告产生危险废物并实施了污染物处置行为的，人民法院可以推定该主张成立 // 017

- 一、聚焦司法案件裁判观点 // 018
- 二、司法案例样本对比 // 018
- 三、司法案例类案甄别 // 023
- 四、类案裁判规则的解析确立 // 025
- 五、关联法律法规 // 027

检察环境公益案件裁判规则第 3 条
环境污染导致生态环境损害无法通过恢复工程完全恢复的，恢复成本远大于其收益的或者缺乏生态环境损害恢复评价指标的，检察机关可以按虚拟治理成本核算环境修复费用 // 031

- 一、聚焦司法案件裁判观点 // 032
- 二、司法案例样本对比 // 032
- 三、司法案例类案甄别 // 040
- 四、类案裁判规则的解析确立 // 043
- 五、关联法律法规 // 045

检察环境公益案件裁判规则第 4 条
对非法采矿造成的生态环境损害，不仅要对造成矿产资源的损失进行认定，还要对开采区域的林草、水土、生物资源及其栖息地等生态环境要素的受损情况进行整体认定 // 047

- 一、聚焦司法案件裁判观点 // 048
- 二、司法案例样本对比 // 048
- 三、司法案例类案甄别 // 060
- 四、类案裁判规则的解析与确立 // 063
- 五、关联法律法规 // 063

检察环境公益案件裁判规则第 5 条
检察机关是否对违法行为人提起民事公益诉讼（包括刑事附带民事公益诉讼），不影响其就行政机关的不履职行为提起行政公益诉讼 // 065

- 一、聚焦司法案件裁判观点 // 066
- 二、司法案例样本对比 // 066
- 三、司法案例类案甄别 // 080

四、类案裁判规则的解析确立 // 083

　　五、关联法律法规 // 084

检察环境公益案件裁判规则第 6 条
针对危害野生动物资源的案件，当收购与贩卖等形成完整链条时，检察机关应当依法请求收购人承担生态环境侵权责任 // 085

　　一、聚焦司法案件裁判观点 // 086

　　二、司法案例样本对比 // 086

　　三、司法案例类案甄别 // 091

　　四、类案裁判规则的解析确立 // 094

　　五、关联法律法规 // 095

检察环境公益案件裁判规则第 7 条
对生态环境已无修复必要但实际受损的情形，检察机关可向人民法院提起诉讼，要求侵权人承担相应法律责任 // 101

　　一、聚焦司法案件裁判观点 // 102

　　二、司法案例样本对比 // 102

　　三、司法案例类案甄别 // 114

　　四、类案裁判规则的解析确立 // 117

　　五、关联法律法规 // 119

检察环境公益案件裁判规则第 8 条
环境民事公益诉讼案件中，可以综合考量被告的履行能力、修复方案、社会影响等因素，准许被告以劳务代偿的方式承担部分生态环境损害赔偿责任 // 125

　　一、聚焦司法案件裁判观点 // 126

　　二、司法案例样本对比 // 126

三、司法案例类案甄别 // 134

四、类案裁判规则的解析确立 // 137

五、关联法律法规 // 138

检察环境公益案件裁判规则第 9 条

造成社会公众生态环境精神利益损害的，检察机关可要求侵权人承担赔礼道歉的民事责任。案件诉讼过程中，侵权人主动承担并完成环境修复的，可免除其赔礼道歉责任 // 143

一、聚焦司法案件裁判观点 // 144

二、司法案例样本对比 // 144

三、司法案例类案甄别 // 148

四、类案裁判规则的解析确立 // 150

五、关联法律法规 // 154

检察环境公益案件裁判规则第 10 条

对于被告违反法律规定故意污染环境、破坏生态造成社会公共利益严重受损的，检察机关有权要求被告依法承担惩罚性赔偿责任 // 157

一、聚焦司法案件裁判观点 // 158

二、司法案例样本对比 // 158

三、司法案例类案甄别 // 166

四、类案裁判规则的解析确立 // 169

五、关联法律法规 // 172

检察环境公益案件裁判规则第 11 条

针对跨区划环境污染案件，最高人民检察院可通过公开听证确定监管责任，客观评价办案效果，并以此作为案件办结的重要依据 // 177

一、聚焦司法案件裁判观点 // 178

二、司法案例样本对比 // 178

三、司法案例类案甄别 // 183

四、类案裁判规则的解析确立 // 186

五、关联法律法规 // 190

检察环境公益案件裁判规则第 12 条
检察机关通过检察建议实现了督促行政机关依法履职、维护国家利益和社会公共利益目的的，不需要再向人民法院提起诉讼。已经提起诉讼的，可以由检察机关撤回起诉，也可以由人民法院裁定终结诉讼 // **191**

一、聚焦司法案件裁判观点 // 192

二、司法案例样本对比 // 192

三、司法案例类案甄别 // 199

四、类案裁判规则的解析确立 // 200

五、关联法律法规 // 202

检察环境公益案件裁判规则第 13 条
行政机关在履行职权过程中造成环境污染，损害社会公共利益的，检察机关可以提出检察建议，督促其依法履职。对于行政机关作出的整改回复，检察机关应当跟进调查；对于无正当理由未整改到位的，可以依法提起行政公益诉讼 // **203**

一、聚焦司法案件裁判观点 // 204

二、司法案例样本对比 // 204

三、司法案例类案甄别 // 214

四、类案裁判规则的解析与确立 // 217

五、关联法律法规 // 217

检察环境公益案件裁判规则第 14 条

违法行为人不履行、不完全履行环境修复义务时，应由主管行政部门代为履行，检察机关可通过行政公益诉讼对行政机关进行督促 // **223**

　　一、聚焦司法案件裁判观点 // 224

　　二、司法案例样本对比 // 224

　　三、司法案例类案甄别 // 235

　　四、类案裁判规则的解析与确立 // 239

　　五、关联法律法规 // 239

检察环境公益案件裁判规则第 15 条

在检察行政公益诉讼中，认定行政机关是否"不依法履行职责"需要从履职范围、履职期限和履职程度三个方面进行综合判断 // **245**

　　一、聚焦司法案件裁判观点 // 246

　　二、司法案例样本对比 // 247

　　三、司法案例类案甄别 // 262

　　四、类案裁判规则的解析确立 // 265

　　五、关联法律法规 // 270

检察环境公益案件裁判规则第 16 条

行政机关的"监督管理职责"，不仅包括具体行政处罚，也包括综合性治理职责。对仅作出行政处罚，生态环境公共利益未脱离受损状态的情形，检察机关可提出检察建议。对生态环境公共利益仍受到侵害的，检察机关可提起环境行政公益诉讼 // **273**

　　一、聚焦司法案件裁判观点 // 274

　　二、司法案例样本对比 // 274

　　三、司法案例类案甄别 // 286

四、类案裁判规则的解析确立 // 288

五、关联法律法规 // 289

检察环境公益案件裁判规则第 17 条

行政机关辩称因资金不足、技术能力有限、执法人员不足等客观原因限制无法履行行政职责的，不能作为免责事由予以支持 // 291

一、聚焦司法案件裁判观点 // 292

二、司法案例样本对比 // 292

三、司法案例类案甄别 // 298

四、类案裁判规则的解析确立 // 300

五、关联法律法规 // 302

检察环境公益案件裁判规则第 18 条

检察环境公益诉讼中，人民法院认为案件反映出生态环境行政管理中存在短板问题的，可以向相关行政主管部门发出司法建议 // 305

一、聚焦司法案件裁判观点 // 306

二、司法案例样本对比 // 306

三、司法案例类案甄别 // 311

四、类案裁判规则的解析确立 // 313

五、关联法律法规 // 314

检察环境公益案件裁判规则

第1条

生态环境修复具有时效性、季节性、紧迫性，不立即修复将导致生态环境损害扩大的，属于《中华人民共和国民事诉讼法》第一百零九条第（三）项规定的"因情况紧急需要先予执行的"情形

一、聚焦司法案件裁判观点

■ **争议焦点**

在检察环境公益诉讼中因情况紧急需要先予执行的"情况紧急"如何准确认定。

■ **裁判观点**

生态恢复性司法的核心理念是及时修复受损生态环境,恢复生态功能。补种复绿、增殖放流等生态环境修复方式对于填补生态环境损害具有重要作用,但是其往往具有时效性、季节性、紧迫性,若未能在特定期限内完成修复往往会造成生态环境损害的进一步扩大。因此,当生态环境修复具有时效性、季节性、紧迫性,不立即修复将导致生态环境损害扩大时,应当将其认定为《中华人民共和国民事诉讼法》(2023年修正)(以下简称《民事诉讼法》)第一百零九条第(三)项规定的"因情况紧急需要先予执行的"情形。此时,检察机关依法向人民法院申请先予执行的,人民法院可以裁定先予执行。

二、司法案例样本对比

样本案例一

浙江省××县人民检察院诉叶某某生态破坏民事公益诉讼案

- **法院**

浙江省××市中级人民法院

- **诉讼主体**

公益诉讼起诉人:浙江省××县人民检察院

被告：叶某某

• **基本案情**

2018年11月初，被告叶某某雇请他人在浙江省××县××街道××村村后属于××村范围内（土名"××湾"）的山场上清理枯死松木，期间滥伐活松树89株。经某农林技术服务有限公司鉴定，被告叶某某滥伐的立木蓄积量为22.9964立方米，折合材积13.798立方米，且案发山场属于国家三级公益林。浙江省××县人民检察院认为不需要追究叶某某的刑事责任，于2019年7月作出不起诉决定。但被告叶某某滥伐公益林山场林木的行为，违反《中华人民共和国森林法》（2009年修正，已修改）的规定，造成森林资源损失，破坏生态环境，损害了社会公共利益，根据《中华人民共和国环境保护法》（2014年修订）第六十四条、《中华人民共和国侵权责任法》第十五条①的规定，被告叶某某应承担修复生态环境的民事责任。××县人民检察院于2019年8月26日在《检察日报》进行公告，公告期满后没有适格主体提起诉讼，社会公共利益仍处于受损害状态，故根据《中华人民共和国民事诉讼法》（2017年修正，已修改）第五十五条第二款、《最高人民法院、最高人民检察院关于检察公益诉讼案件适用法律若干问题的解释》（法释〔2018〕6号，2018年3月2日起施行，已修改）第十三条第二款的规定，于2020年3月27日向人民法院提起环境民事公益诉讼。

经林业专家出具修复意见，××县人民检察院诉请判令被告叶某某在"××湾"山场补植2—3年生木荷、枫香等阔叶树容器种1075株。由于××县春季绿化造林工作即将结束，公益诉讼起诉人在起诉同时提出先予执行申请。浙江省××市中级人民法院于2020年3月31日作出民事裁定书，准予先予执行。后在先予执行过程中，由于种植木荷、枫香等阔叶树的时间节点已过，难以购置树苗，经林业专家重新进行修复评估，认定根据案涉林木损毁价值及补植费用9658.4元核算，共需补植1—2年生杉木苗1288株。检察机关据此于2020年4月2日变更诉讼请求和先予执行申请，请求判令被告依据修复意见在"××湾"山场补植1—2年生杉木苗1288株，连续抚育3年，且种植当年成活率不低于95%，3年后成活率不低于90%；如果被告未履行补植复绿的义务，则需承担9658.4元生态功能修复费用。

---

① 自2021年1月1日起，《中华人民共和国民法典》（以下简称《民法典》）正式施行，同时《中华人民共和国侵权责任法》（以下简称《侵权责任法》）废止。此处《侵权责任法》第十五条对应《民法典》第一百七十九条。

叶某某对公益诉讼起诉书的诉讼请求和理由无异议，并于2020年4月7日完成补植1288株杉木苗任务，××县自然资源和规划局于当日进行了验收。

浙江省××市中级人民法院认为，被告叶某某违反了《中华人民共和国森林法》（2009年修正，已修改）第二十三条、第三十二条的规定，未经许可，在公益林山场滥伐林木，数量较大，破坏了林业资源和生态环境，对社会公共利益造成了损害，应当承担相应的环境侵权责任。综合全案事实和鉴定评估意见，对浙江省××县人民检察院提起公益诉讼要求被告承担生态环境修复责任的主张予以支持。浙江省××县人民检察院提起本案公益诉讼的主体资格适格，程序合法。依照《中华人民共和国环境保护法》（2014年修订）第六十四条、《中华人民共和国侵权责任法》第十五条（对应《民法典》一百七十九条）、《最高人民法院关于审理环境民事公益诉讼案件适用法律若干问题的解释》（法释〔2015〕1号，2015年1月7日起施行，已修改）第十八条和第二十条之规定，浙江省××市中级人民法院判决被告叶某某自收到该院民事裁定书之日起三十日内在"××湾"山场补植1—2年生杉木苗1288株，连续抚育3年（截止到2023年4月7日），且种植当年成活率不低于95%，3年后成活率不低于90%；如果被告叶某某未按本判决的第一项履行判决确定的义务，则需承担生态功能修复费用9658.4元。

• 案件争点

浙江省××市中级人民法院裁定先予执行，要求被告叶某某自收到民事裁定书之日起三十日内在"××湾"山场补植1—2年生杉木苗1288株的判决是否适当。

• 裁判要旨

林地是森林资源的重要组成部分，是林业发展的根本。林地资源保护是生态文明建设中的重要环节，对于应对全球气候变化，改善生态环境有着重要作用。被告叶某某违反《中华人民共和国森林法》（2009年修正，已修改）第二十三条、第三十二条的规定，未经许可，在公益林山场滥伐林木，数量较大，破坏了林业资源和生态环境，对社会公共利益造成了损害，应当承担相应的环境侵权责任。综合全案事实和鉴定评估意见，人民法院对公益诉讼起诉人要求叶某某承担生态环境修复责任的主张予以支持。

但是森林生态环境修复需要考虑节气及种植气候等因素，如果未及时采取修复措施补种树苗，不仅增加修复成本，影响修复效果，而且将导致生态环境受到损害至修复完成期间的服务功能损失进一步扩大。叶某某滥伐林木、破坏生态环境的行为清楚明确，而当时正是植树造林的有利时机，及时补种树苗有利于新植树木的成活和生态环境的及时有效恢复。基于案涉补植树苗的季节性要求和修复生态环境的紧迫性，本案符合《中华人民共和国民事诉讼法》（2017年修正，已修改）第一百零六条第（三）项规定的因情况紧急需要先予执行的情形，故对公益诉讼起诉人的先予执行申请予以准许。

样本案例二

吴某某等十二人非法捕捞水产品刑事附带民事公益诉讼案

- **法院**

湖南省××市××区人民法院

- **诉讼主体**

公诉机关暨刑事附带民事公益诉讼起诉人：湖南省××市××区人民检察院

被告：吴某某等十二人

- **基本案情**

2017年6月，被告人吴某某在××湖捕龙虾贩卖时，通过××县的朋友介绍认识被告人王某某，并用被告人王某某的渔船作为捕龙虾的工具。因为上半年经营状况不好，龙虾贩卖生意处于亏损状态，被告人王某某等其他与被告人吴某某在一起捕龙虾的渔民向被告人吴某某提出要吴某某组织他们在××湖捕鱼，弥补捕龙虾贩卖的损失，否则将不再继续与被告人吴某某一起捕龙虾。为让这些渔民次年能继续与其一起在××湖捕龙虾贩卖，被告人吴某某找到被告人陈某1，要求被告人陈某1利用其熟悉××湖水域以及在相关渔政管理部门有一些朋友的便利，为他组织渔民采用电捕鱼方法捕鱼提供方便，被告人陈某1因与被告人吴某某是朋友，便同意为被告人吴某某提供捕鱼的信息。被告人吴某某因对曾在一起捕龙虾的被告人王某某比较信任和认可，便找到被告人王某某一起商议，邀集被告人王某某组织渔船和渔民在××湖中进行电捕鱼，所捕渔获物由被告人吴某某与渔民按四六分成，其中吴某某得四成，王某某等参加的渔民得六成。

2017年12月19日至2017年12月30日，被告人吴某某组织王某某、陈某2、田某1、贺某某、陈某3、罗某某、黄某某、田某2、何某某、吕某某多次在××湖水域使用国家明令禁用的"门板式"电网进行非法捕捞，共计捕捞渔获物1133.92斤，将渔获物销售给江某某，非法获利共计12280元。

2018年1月1日凌晨2时许，被告人吴某某、陈某1组织王某某、陈某2、田某1、贺某某、陈某3、罗某某、黄某某、田某2、何某某、吕某某分乘5条铁质渔船，每船2人，在××大桥至××矶之间的水域，使用国家明令禁用的"门板式"电网进行非法捕捞。当日6时50分许，吴某某等人正在××矶冷库码头转移非法捕捞渔获物时，被××航运公安局××分局民警当场抓获。现场查获的非法捕捞渔获物共计4300.1斤。

2018年5月29日，××区人民检察院依法提起刑事附带民事公益诉讼。附带民事公益诉讼起诉人诉称，被告人吴某某、陈某1、王某某、陈某2、田某1、贺某某、陈某3、罗某某、黄某某、田某2、何某某、吕某某为牟取非法利益，多次使用电捕鱼等禁用的工具捕捞水产品，严重影响电捕鱼作业范围内各类水生动物的种群繁衍，破坏了××湖和××江流域的渔业生态资源，损害了社会公共利益。经××科学研究院××水产研究所评估，被告人造成鱼潜在损失总量为成鱼损失量8600.2千克，鱼卵、仔鱼损失量4028787尾。其请求依法判令被告人吴某某、陈某1、王某某、陈某2、田某1、贺某某、陈某3、罗某某、黄某某、田某2、何某某、吕某某履行生态修复义务，在××江××段××矶水域放流成鱼8600千克、幼鱼4028787尾，并承担生态环境修复生态评估费用，逾期不履行应按照流放种类和数量对应的鱼类市场价格连带承担生态环境修复费用。同时，因国家规定的禁渔期于2018年6月30日结束，为充分利用××湖尚处于禁渔期的时机，更好地发挥修复××湖生态资源的作用，2018年6月20日，××市××区人民检察院向法院申请按照其提交的生态评估报告提出的生态修复意见先予执行被告人吴某某、陈某1、王某某、陈某2、田某1、贺某某、陈某3、罗某某、黄某某、田某2、何某某、吕某某在××江××段××矶水域放流成鱼8600千克、幼鱼4028787尾。

十二名被告人对公益诉讼起诉人提出的民事赔偿请求予以认可，未提出异议。

法院经审查认为，上述十二名被告人为牟取非法利益，连续多次使用电捕鱼等禁用的工具捕捞水产品，数量较大，违反了《中华人民共和国渔业法》（2013年修正）第三十条第一款、《中华人民共和国渔业法实施细则》（1987年制定，已修改）第二十条、《长江渔业资源管理规定》（已废止）第六条第一款的规定，严重影响电捕鱼作业范围内各类水生动物的种群繁衍，破坏了××湖和××江流域的水生物资源和水生态环境，损害了社会公共利益，应当连带承担恢复原状和水生态环境修复费用的民事责任。公益诉讼起诉人要求上述十二名被告人履行生态修复义务，在××江××段××矶水域放流成鱼8600千克、幼鱼4028787尾，并承担水生态环境、水生物资源修复评估费用的诉讼请求符合法律规定，予以支持。同时，公益诉讼起诉人的先予执行申请符合法律规定。据此，判决被告人吴某某、陈某1、王某某、陈某2、田某1、贺某某、陈某3、罗某某、黄某某、田某2、何某某、吕某某在××江××段××矶水域投放成鱼8600千克、幼鱼4028787尾，并决定对吴某某等十二名被告人先予执行，限被告人吴某某、陈某1、王某某、陈某2、田某1、贺某某、陈某3、罗某某、黄某某、田某2、何某某、吕某某于2018年6月25日在××江××段××矶水域放流成鱼8600千克、幼鱼4028787尾。

- 案件争点

湖南省××市××区人民法院裁定先予执行，要求吴某某等人于2018年6月25日在××江××段××矶水域放流成鱼8600千克、幼鱼4028787尾的判决是否适当。

- 裁判要旨

为及时修复被损害的渔业生态资源，检察机关可以申请法院裁定先予执行。先予执行在民事诉讼中一般适用于申请人生活或生产经营急需等紧急情况。修复受损生态环境通常也具有急迫性、时效性，有的一旦错过合适的修复时机，可能导致生态损害扩大甚至永久性功能损害。本案中，为在禁渔期结束前及时修复受损水域的渔业资源和生态环境，××区人民检察院向人民法院申请先予执行，保证了在禁渔期内增殖放流，既使受到损害的××湖和××江流域渔业生态资源得到修复，又从法律上惩治震慑了非法捕鱼行为，取得了良好的办案效果。

样本案例三

广东省××市人民检察院诉××垃圾厂、李某某污染环境民事公益诉讼案

- 法院

广东省××市中级人民法院

- **诉讼主体**

公益诉讼起诉人：广东省××市人民检察院

被告：××垃圾综合处理厂（以下简称"××垃圾厂"）、李某某

- **基本案情**

从2007年1月11日开始，被告李某某担任被告××垃圾厂的实际投资人及经营者。2007年5月18日，被告李某某代表被告××垃圾厂与××市××区××镇某经济合作社签订土地租用协议，租用××大岭北面山坡，同年5月22日签订合作种植树木合同及补充协议，××市××区××镇某经济合作社提供××大岭北约400亩土地合作种植树木，被告××垃圾厂可运送经筛选的垃圾上山开坑填埋、覆盖后种树。后被告李某某组织工人将未经处理的垃圾、垃圾焚烧后产生的炉渣堆放在后山。2016年3月22日，原××市××环境保护局作出行政处罚决定书，该决定书显示，被告××垃圾厂在生产过程中大气污染物治理设施未正常运行使用，责令被告××垃圾厂停止违法行为并罚款人民币1万元。2016年8月1日，原××市××区环境保护局在现场检查时，发现××垃圾厂未保持处置固体废物设施正常运行，在后方山体堆放垃圾。

经检测，××垃圾厂倾倒垃圾的方量为407390.1立方米，质量为24.78万吨。经鉴定评估，生态环境修复费用为8425.5万元，服务功能损失费用为1714.35万元，生态环境损害费用为二项总计10139.85万元。被告李某某于2017年10月修建两个垃圾渗滤液收集池，从2017年12月至2019年1月按规定委托外运及处置垃圾渗滤液。2019年9月，××市××区人民政府成立××垃圾厂非正规垃圾堆放点整治工作小组，制定《关于××镇某垃圾处理厂非正规垃圾堆放点清理整治工作实施方案》（以下简称《实施方案》），指令由××市××区××镇人民政府（以下简称"××镇政府"）具体负责项目清理、整治工作。根据《实施方案》，在前期整治阶段，由××镇政府委托××市××建筑工程有限公司实施项目前期整治工程，包括完善渗滤液处置措施、对施工工地进行围蔽和规范管理、完善施工通道建设、改建垃圾渗滤液一体化处理设备临时设施以应对3至9月的雨季和汛期，工程费用为3486200.49元。在整治处理阶段，××镇政府以政府采购的方式，委托中标企业××环保投资公司、××环卫公司、××建筑工程公司联合体于2020年9月底前完成主要的清理整治工作，包括对需要清理的垃圾按组分分类，按规范进行分类运输、分类处理；对作业区的污水进行无害化处置；于2020年12月20日前完成全部清理整治工作并通过验收，包括场地恢复和复绿工程等，工程费用为109955700元。另外，

为确定本次事件对生态环境造成的损害，共支出监测、鉴定、勘测费用共计448896.4元，其中××市××区人民检察院支付403796.4元，××市生态环境局××区分局支付45100元。

为防止被告转移财产，确保生态环境修复，2018年7月16日，××市人民检察院依法建议对××垃圾厂、李某某采取诉前财产保全措施，查封李某某名下全部财产超过一千万元。2018年7月27日，××市人民检察院向××市中级人民法院提起民事公益诉讼。2017年9月12日，××市××区人民检察院向当地环境保护主管部门等五个单位分别制发诉前检察建议，督促其在各自职责范围内查处涉案违法行为。各行政机关全部采纳建议内容，及时启动垃圾清理和环境整治工作。历时3年，共清运固废及固废污染土壤170多万吨，清理渗滤液26000多立方米。基于当地政府已委托第三方开展环境修复，法院采纳××市人民检察院《先予执行意见书》，于2020年8月21日作出裁定，裁定先予执行两被告名下财产，用于支付修复费用。

××市人民检察院在诉讼中向法院提出诉讼请求：1.判令××垃圾厂承担案涉场地生态环境修复费用113441900.49元；2.判令××垃圾厂赔偿案涉场地生态环境受到损害至恢复原状期间服务功能损失费用17143500元；3.判令××垃圾厂承担因本案诉讼而支出的鉴定评估费及其他合理费用共计448896.4元；4.判令××垃圾厂的实际投资人李某某，在企业对上述费用不能清偿时承担赔偿责任；5.判令××垃圾厂、李某某在省级以上电视台或全国发行的报纸公开赔礼道歉。

被告××垃圾厂、李某某辩称，对于公益诉讼起诉人认为××垃圾厂存在非法倾倒垃圾的行为以及因此造成损害结果的事实不持异议，但恳请法院充分考虑其针对公益诉讼起诉人诉请的答辩意见综合判定相关赔偿费用及被告的责任比例。

××市中级人民法院认为，生态环境是人类赖以生存发展的前提和基础，人人都有责任为保护和改善生态环境作出贡献，作为经营生态保护和环境治理的被告××垃圾厂更是责无旁贷。然而被告××垃圾厂受利益驱使，无视社会公共利益，恣意丢弃原生垃圾及筛下物，造成生态环境受损。虽被告××垃圾厂、李某某在事发后采取了一定的治理措施，但遗憾的是，生态环境在近十年时间里持续受损，受损的生态环境已无法在短期内恢复。因而，依法裁判被告××垃圾厂于判决发生法律效力之日起十日内，支付案涉场地生态环境修复费用113441900.49元（该费用支付至××市××区财政局账户，用于修复案涉生态环境，已先予执行的数额予以扣除）；被告××垃圾厂于判决发生法律效力之日起十日内，支付案涉场地生态环境受到损害至恢复原状期间服务功能损失费用 17143500 元（该费用支付至××市××区财政局账户，用于修复案涉生态环境）；被告××垃圾厂于判决发生法律效力之日起十日内，支付鉴定费及其他合理费用共计 448896.4 元（其中 403796.4 元返还给××市××区人民检察院，45100 元返还给××市生态环境局××区分局）；被告李某某在被告××垃圾厂不足以清偿上述确定的债务时，承担补充清偿责任；被告××垃圾厂、李某某于判决发生法律效力之日起十日内，在《××日报》A1 版或广东省省级以上电视台发表声明，公开赔礼道歉，道歉内容须经法院审定后发布。如果未按本判决指定的期间履行给付金钱业务，应当按照《中华人民共和国民事诉讼法》（2017 年修正，已修改）第二百五十三条规定，加倍支付迟延履行期间的债务利息。

• 案件争点

××市中级人民法院裁定先予执行两被告名下财产，用于支付修复费用是否适当。

• 裁判要旨

在检察公益诉讼中探索运用先予执行程序，能够保障受损生态环境得到有效修复。生态环境修复支出往往较大，在代履行主体已经先行开展生态环境修复的情况下，为防止被告转移财产，确保生态环境得到修复，人民法院可以裁定先予执行。

三、司法案例类案甄别

（一）事实对比

样本案例一叶某某生态破坏民事公益诉讼案中，由于××县春季绿化造林工作即将结束，公益诉讼起诉人在起诉同时提出先予执行申请。

样本案例二吴某某等十二人非法捕捞水产品刑事附带民事公益诉讼案中，为充分利用××湖尚处于禁渔期的时机，更好地发挥修复××湖生态资源的作用，公益诉讼起诉人向法院申请按照生态评估报告中的生态修复意见先予执行。

样本案例三××垃圾厂、李某某污染环境民事公益诉讼案中，由于行政机关已委托第三方开展生态环境修复，为防止被告转移财产，确保生态环境修复，公益诉讼起诉人依法向法院申请对××垃圾厂、李某某名下财产采取先予执行的保全措施。

从以上事实对比可以发现，三者均因情况紧急需要先予执行，但是其情况紧急的原因有所不同，在样本案例一中是因为当地绿化造林工作即将结束；在样本案例二中是因为当地禁渔期即将结束；在样本案例三中是因为当地政府已经开始了生态环境修复代履行工作。

（二）适用法律对比

样本案例一中法院认为被告叶某某违反了《中华人民共和国森林法》（2009年修正，已修改）第二十三条、第三十二条的规定，未经许可，在公益林山场滥伐林木，数量较大，破坏了林业资源和生态环境，对社会公共利益造成了损害，应当承担相应的环境侵权责任。××县人民检察院提起本案公益诉讼的主体资格适格，程序合法。依照《中华人民共和国环境保护法》（2014年修订）第六十四条、《中华人民共和国侵权责任法》（已失效）第十五条、《最高人民法院关于审理环境民事公益诉讼案件适用法律若干问题的解释》（法释〔2015〕1号，2015年1月7日起施行，已修改）第十八条和第二十条之规定，判决被告叶某某自收到裁定书之日起三十日内在"××湾"山场补植1—2年生杉木苗1288株，连续抚育3年（截止到2023年4月7日），且种植当年成活率不低于95％，3年后成活率不低于90％；如果被告叶某某未按本判决的第一项履行判决确定的义务，则需承担生态功能修复费用9658.4元；案件受理费50元，由被告叶某某负担。

样本案例二中法院认为被告人吴某某等十二人为谋取非法利益，连续多次使用电捕鱼等禁用的工具、方法捕捞水产品，数量较大，违反了《中华人民共和国渔业法》（2013年修正）第三十条第一款、《中华人民共和国渔业法实施细则》（1987年制定，已修改）第二十条、《长江渔业资源管理规定》（已废止）第六条第一款的规定，严重影响电捕鱼作业范围内各类水生动物的种群繁衍，破坏了××湖和××江流域的水生物资源和水生态环境，损害了社会公共利益，应当连带承担恢复原状和水生态环境修复费用的民事责任，公益诉讼起诉人要求上述十二名被告人履行生态修复义务，在××江××段××矶水域放流成鱼8600千克、幼鱼4028787尾，并承担水生态环境、水生物资源修复评估费用的诉讼请求符合法律规定，予以支持。据此，依照《中华人民共和国环境保护法》（2014年修订）第六条第三款、第六十四条，《中华人民共和国民法总则》①第

---

① 自2021年1月1日起，《中华人民共和国民法典》（以下简称《民法典》）正式施行，同时《中华人民共和国民法总则》（以下简称《民法总则》）废止。此处《民法总则》第一百七十九条对应《民法典》第一百七十九条。

一百七十九条,《中华人民共和国侵权责任法》(已失效)第八条、第十五条(对应《民法典》第一千一百六十八条、第一百七十九条),《最高人民法院关于审理环境民事公益诉讼案件适用法律若干问题的解释》(法释〔2015〕1号,2015年1月7日起施行,已修改)第十八条、第二十条、第二十二条,《中华人民共和国民事诉讼法》(2017年修正,已修改)第五十五条第二款和《最高人民法院、最高人民检察院关于检察公益诉讼案件适用法律若干问题的解释》(法释〔2018〕6号,2018年3月2日起施行,已修改)第二十条第一款之规定,责令被告人在××江××段××矶水域投放成鱼8600千克、幼鱼4028787尾,此判项内容已由法院先予执行上述十二名被告人68666元,并交付公益诉讼起诉人购买成鱼和幼鱼,投放于××江××段××矶水域。责令被告人共同赔偿公益诉讼起诉人因本案支付的专家评估费用10000元,限在本判决生效后十日内履行。

样本案例三中法院认为××垃圾厂受利益驱使,无视社会公共利益,恣意丢弃原生垃圾及筛下物,造成生态环境受损,依照《中华人民共和国侵权责任法》(已失效)第十五条第一款第(七)项、第六十六条(对应《民法典》第一百七十九条、第一千二百三十条),《中华人民共和国个人独资企业法》第二条、第三十一条,《中华人民共和国民事诉讼法》(2017年修正,已修改)第五十五条第二款,《最高人民法院、最高人民检察院关于检察公益诉讼案件适用法律若干问题的解释》(法释〔2018〕6号,2018年3月2日起施行,已修改)第十三条,《最高人民法院关于审理环境民事公益诉讼案件适用法律若干问题的解释》(法释〔2015〕1号,2015年1月7日起施行,已修改)第八条、第十五条、第十八条、第二十条、第二十一条、第二十二条、第二十三条、第二十四条第一款、第二十九条,《最高人民法院关于审理环境侵权责任纠纷案件适用法律若干问题的解释》(法释〔2015〕12号,2015年6月3日起施行,已废止)第二条、第六条、第八条之规定,判决被告××垃圾厂于判决发生法律效力之日起十日内,支付案涉场地生态环境修复费用113441900.49元(该费用支付至××市××区财政局账户,用于修复案涉生态环境,已先予执行的数额予以扣除);于判决发生法律效力之日起十日内,支付案涉场地生态环境受到损害至恢复原状期间服务功能损失费用17143500元(该费用支付至××市××区财政局账户,用于修复案涉生态环境);于判决发生法律效力之日起十日内,支付鉴定费及其他合理费用共计448896.4元(其中403796.4元返还给××市××区人民检察院,45100元返还给××市生态环境局××区分局);被告李某某在被告××垃圾厂不足以清偿上述确定的债务时,承担补充清偿责任;被告××垃圾厂、李某某于判决发生法律效力之日起十日内,在《××日报》A1版或广东省省级以上电视台发表声明，公开赔礼道歉，道歉内容须经本院审定后发布。如果未按本判决指定的期间履行给付金钱义务，应当依照《中华人民共和国民事诉讼法》（2017年修正，已修改）第二百五十三条规定，加倍支付迟延履行期间的债务利息。

从适用法律来看，上述案件中由于侵权人环境侵权行为指向的对象不同，因而其在实体上适用的法律会有差异。但是由于人民法院均裁定同意公益诉讼起诉人提出的先予执行申请，此时，三者均应当适用《中华人民共和国民事诉讼法》（2017年修正，已修改）第一百零六条第（三）项之规定。

（三）适用法律程序对比

从适用法律程序情况看，按照《最高人民法院关于人民法院案件案号的若干规定》（法〔2015〕137号，2016年1月1日起施行，已修改）要求和案件审理机关，样本案例一、三适用的均为民事一审程序；样本案例二适用的是刑事附带民事一审程序。

（四）类案大数据报告

截至2023年11月5日，以"检察机关""生态环境""公益诉讼""先予执行"为关键词，通过公开案例数据库检索，共检索到类案45件，经逐案阅看、分析，剔除重复案例后，总结出与本规则关联度较高的案件仅有3起，此3起案件即为上述样本案例。

从整体情况来看，上述数据反映出当前检察环境公益诉讼中有关"先予执行"的裁判规则正处于探索实践中，这也从侧面反映出总结相关裁判规则的重要意义。

四、类案裁判规则的解析确立

民事先予执行制度，是指为了及时、合理地维护受害方的利益，不基于生效判决就可以申请对义务人立即付诸执行的机制。先予执行对于恢复性司法模式的实现具有重要作用。当前，各地法院探索形成了以补种复绿、增殖放流等方式推动当事人履行生态环境修复责任的办法，以上修复方式具有时效性、季节性，需要先予执行制度予以保障。同时，环境污染与生态破坏案件往往具有临时性、危害大、持续时间长等特点，为及时修复受损生态环境，防止污染扩散和损害扩大，当前司法实践中也探索出生态环境修复代履行，但是由于部分案件生态环境修复费用巨大，亟须通过先予执行加以保障。因而，在办理检察环境公益诉讼案件中，为有效推动生态环境修复开展，防止当事人"打白条"，检察机关应当综合鉴定意见及行政机关意见，结合具体案情和生活经验，依法向法院申请先予执行。具体来看，检察机关申请先予执行建议参照以下思路。

（一）重点参考鉴定意见和行政机关意见确定生态环境修复方案

生态环境损害的量化和损害程度的定性，以及在此基础上修复方案的确定往往具有较高的科学性和技术性，办案人员往往难以凭借自身专业知识加以确定，并进而提出科学合理的诉讼请求。《人民检察院公益诉讼办案规则》（高检发释字〔2021〕2号，2021年7月1日起施行）第三十四条明确规定，人民检察院办理公益诉讼案件的证据包括鉴定意见，其第三十五条明确人民检察院办理公益诉讼案件，可以采取询问行政机关工作人员的方式开展调查和收集证据。《最高人民法院关于生态环境侵权民事诉讼证据的若干规定》（法释〔2023〕6号，2023年9月1日起施行）第二十五条明确，负有环境资源保护监督管理职责的部门及其所属或者委托的监测机构在行政执法过程中收集的监测数据、形成的事件调查报告、检验检测报告、评估报告等材料，以及公安机关单独或者会同负有环境资源保护监督管理职责的部门提取样品进行检测获取的数据，经当事人质证，可以作为认定案件事实的根据。以上规定为鉴定意见和行政机关意见的使用提供法律支撑。因而，检察机关可以重点参考鉴定意见和行政机关意见确定生态环境修复方案，并基于修复方案审视是否"因情况紧急"而需要先予执行。

（二）紧密结合行政机关意见和生活经验确定生态环境修复是否具有紧急性

一方面，生态环境、自然资源等行政部门作为地区生态环境修复的责任主体，其在特定区域生态环境修复工作开展过程中具有一定的经验，而且往往会作为代履行主体先行开展应急处理工作。如上述广东省××市人民检察院诉××垃圾厂、李某某污染环境民事公益诉讼案，地方政府先行开展了生态环境修复工作。另一方面，特定区域生态环境修复工作的开展需要结合生活经验，如浙江省××县人民检察院诉叶某某生态破坏民事公益诉讼案，由于特定造林季节即将结束，因而生态环境修复工作具有紧急性。

（三）紧密结合具体案情认定是否需要先予执行

由自然条件造成的生态环境修复的时效性、季节性紧急情况是不以人的意志为转移的，检察机关应当及时依法申请先予执行。对于代履行主体业已开展生态环境修复这一非自然情形，检察机关需要对代履行主体是否有能力完成生态环境修复工作，当事人是否有转移财产的风险等因素进行综合考虑来判断是否应依法申请先予执行。

五、关联法律法规

（一）《中华人民共和国民事诉讼法》（2017年修正，已修改）

第一百零六条 人民法院对下列案件，根据当事人的申请，可以裁定先予执行：

（一）追索赡养费、扶养费、抚育费、抚恤金、医疗费用的；
（二）追索劳动报酬的；
（三）因情况紧急需要先予执行的。

【法条变迁】《中华人民共和国民事诉讼法》（2023年修正）

第一百零九条 人民法院对下列案件，根据当事人的申请，可以裁定先予执行：

（一）追索赡养费、扶养费、抚养费、抚恤金、医疗费用的；
（二）追索劳动报酬的；
（三）因情况紧急需要先予执行的。

检察环境公益案件裁判规则

第 2 条

被告非法从事危险废物经营活动,当不能说明危险废物的处置情况时,检察机关有证据证明被告产生危险废物并实施了污染物处置行为的,人民法院可以推定该主张成立

一、聚焦司法案件裁判观点

■ 争议焦点

在检察环境公益案件中如何准确适用环境信息不利推定规则?

■ 裁判观点

国家实行危险废物许可证管理,即危险废物所具有的环境危害特性决定了从事危险废物的收集、贮存、利用、处置活动的单位须具备专业技术条件、设施设备、运营操作和管理能力。同时,相关法律规定了危险废物转移联单制度,该制度是追踪危险废物流向、实现危险废物"从摇篮到坟墓"全过程管理的重要手段。在产废单位未依法处置危险废物引发的环境民事公益诉讼案件中,存在虽无直接证据证明案涉危险废物已对环境造成污染,但因去向不明造成污染环境甚至危害人身财产安全的风险的情况。当产废单位和相关责任人未履行法定义务,非法从事危险废物经营活动,不能说明危险废物的去向和处置情况时,人民检察院有证据证明被告产生危险废物并实施了污染物处置行为的,可以推定对被告不利的事实主张即"危险废物被非法处置并污染了环境"的事实成立,并要求其承担相应的损害赔偿责任。在危险废物去向情况不明确的情况下适用环境信息不利推定规则,既体现了"严厉打击危险废物破坏环境违法行为"的理念,又能引导产废单位严格遵守危险废物管理法规、有效管控危险废物转移的环境风险。

二、司法案例样本对比

样本案例一

××市人民检察院诉××公司等环境公益诉讼案

- 法院

江苏省××市中级人民法院

• **诉讼主体**

公益诉讼起诉人：江苏省××市人民检察院
被告：××公司、黄某某、何某某、王某某、魏某某

• **基本案情**

2015年5月和6月，××公司将其工业生产活动中产生的83桶硫酸废液，以每桶1300—3600元不等的价格，交由黄某某处置。黄某某将上述硫酸废液运至××市区其租用的场院内，后以每桶2000元的价格委托何某某处置，何某某又以每桶1000元的价格委托王某某处置。王某某到物流园马路边等地随机联系外地号牌货车车主，分多次将上述83桶硫酸废液直接从黄某某存放处运出，要求他们带出××市后随意处置，共支出运费43000元。其中，魏某某将15桶硫酸废液从××市运至×县经济开发区后，在农地里倾倒3桶，余下12桶被丢弃在某工地上。除以上15桶之外，其余68桶硫酸废液王某某无法说明去向。2015年12月，×县环保部门巡查时发现12桶硫酸废液。经鉴定，确定该硫酸废液是危险废物。2016年10月，××公司将12桶硫酸废液合法处置，支付费用116740.08元。

2017年8月2日，江苏省×县人民检察院对××公司、江某某、黄某某、何某某、王某某、魏某某等向××市铁路运输法院提起公诉，该案经江苏省××市中级人民法院二审后，终审判决认定××公司、江某某、黄某某、何某某、王某某、魏某某等构成污染环境罪。

江苏省××市人民检察院在履行职责中发现以上破坏生态环境的行为后，依法公告了准备提起本案诉讼的相关情况，公告期内未有法律规定的机关和有关组织提起诉讼。2018年5月，江苏省××市人民检察院向江苏省××市中级人民法院提起本案诉讼，请求××公司、黄某某、何某某、王某某、魏某某连带赔偿倾倒3桶硫酸废液和非法处置68桶硫酸废液造成的生态环境修复费用，并支付其为本案支付的专家辅助人咨询费、公告费，要求五被告共同在省级媒体上公开赔礼道歉。

关于其余68桶硫酸废液是否污染了环境、污染后果如何等双方当事人存在分歧。公益诉讼起诉人认为，被告单位与被告人对于无法查明处置地点的68桶硫酸废液，应当推定其违法处置行为造成了生态环境的损害，环境修复费用可以适用虚拟治理成本法，比照已经查明的3桶硫酸废液污染一般农用地的事实，确定为4630852元。被告单位××公司辩称，其余68桶硫酸废液是否对环境造成了损害这一事实无法查清，具体吨数不能确定，处置地点不

能确定,参照Ⅱ类土壤计算生态环境修复费用,缺乏事实和法律依据,不应予以支持。

  法院经审理认为,根据《中华人民共和国固体废物污染环境防治法》(2016年修正,已修改)等法律法规,我国实行危险废物转移联单制度,申报登记危险废物的流向、处置情况等,是危险废物产生单位的法定义务;如实记载危险废物的来源、去向、处置情况等,是危险废物经营单位的法定义务;产生、收集、贮存、运输、利用、处置危险废物的单位和个人,均应设置危险废物识别标志,均有采取措施防止危险废物污染环境的法定义务。本案中,××公司对硫酸废液未履行申报登记义务,未依法申请领取危险废物转移联单,黄某某、何某某、王某某三位被告非法从事危险废物经营活动,没有记录硫酸废液的流向及处置情况等,××公司、黄某某、何某某、王某某四位被告逃避国家监管,非法转移危险废物,不能说明68桶硫酸废液的处置情况,没有采取措施防止硫酸废液污染环境,且68桶硫酸废液均没有设置危险废物识别标志,而容器上又留有出水口,即使运出××市后被整体丢弃,也存在液体流出污染环境甚至危害人身财产安全的极大风险。因此,根据《最高人民法院关于审理环境民事公益诉讼案件适用法律若干问题的解释》(法释〔2015〕1号,2015年1月7日起施行,已修改)第十三条"原告请求被告提供其排放的主要污染物名称、排放方式、排放浓度和总量、超标排放情况以及防治污染设施的建设和运行情况等环境信息,法律、法规、规章规定被告应当持有或者有证据证明被告持有而拒不提供,如果原告主张相关事实不利于被告的,人民法院可以推定该主张成立"之规定,本案应当推定其余68桶硫酸废液被非法处置并污染环境的事实成立。

  关于该项损害的赔偿数额。根据《关于虚拟治理成本法适用情形与计算方法的说明》(环办政法函〔2017〕1488号),该项损害的具体情况不明确,其产生的生态环境修复费用,可以适用虚拟治理成本法予以确定。如前所述,68桶硫酸废液的重量仍应以每桶1.426吨计算,共计96.96吨;单位治理成本仍应确定为6822.92元。关于受损害环境敏感系数。本案非法处置68桶硫酸废液实际损害的环境介质及环境功能区类别不明,可能损害的环境介质包括土壤、地表水或地下水中的一种或多种。而不同的环境介质、不同的环境功能区类别,其所对应的环境功能区敏感系数不同,存在2—11等多种可能。公益诉讼起诉人主张适用的系数7,处于环境敏感系数的中位,对应Ⅱ类地表水、Ⅱ类土壤、Ⅲ类地下水,而且本案中已经查明的3桶硫酸废液实际污染的环境介质即为Ⅱ类土壤。同时,四位被告也未能举证证明68桶硫酸废液实际污染了敏感系数更低的环境介质。因此,公益诉讼起诉人的主张具有合理性,同时体现了对逃避国家监管、非法转移处置危险废物违法行为的适度惩罚，应予采纳。综上，公益诉讼起诉人主张非法处置68桶硫酸废液产生的生态环境修复费用为4630852元（96.96×6822.92×7），应予支持。同时，如果今后查明68桶硫酸废液实际污染了敏感系数更高的环境介质，以上修复费用尚不足以弥补生态环境损害的，法律规定的机关和有关组织仍可以就新发现的事实向被告另行主张。

该项生态环境损害系××公司、黄某某、何某某、王某某四位被告的共同违法行为所致，四位被告应连带承担4630852元的赔偿责任。

• 案件争点

五位被告是否应就其余68桶硫酸废液承担生态环境损害赔偿责任？赔偿数额如何确定？

• 裁判要旨

生态文明建设是关系中华民族永续发展的根本大计，生态环境没有替代品，保护生态环境人人有责。产生、收集、贮存、运输、利用、处置危险废物的单位和个人，必须严格履行法律义务，切实采取措施防止危险废物对环境的污染。被告××公司、黄某某、何某某、王某某、魏某某没有履行法律义务，逃避国家监管，非法转移处置危险废物，任由危险废物污染环境，对此造成的生态环境损害，应当依法承担侵权责任。

样本案例二

××市××区人民检察院诉××公司、马某某环境污染民事公益诉讼案

• 法院

江苏省××市中级人民法院

• 诉讼主体

公益诉讼起诉人：江苏省××市××区人民检察院
被告：××公司、马某某

- 基本案情

××公司主要从事轴承、机械零部件等制造加工工作，公司环境影响报告表载明磨加工过程中产生的油泥、废润滑油均属危险废物，应交由有危废处置资质的单位处理。2017年至2019年，该公司副总经理胡某某联系无危险废物处置资质的个体废品收购人员马某某收废油泥、废润滑油，根据该公司制作的危险废物台账记录，收集的废油泥合计2.451吨、废润滑油合计23.9公斤。马某某收取上述废油泥、废润滑油后，又出售给其他回收废品的个人，该人已无法查找，其出售的废油泥、废润滑油去向不明。

××区人民检察院委托专家组开展论证咨询工作，专家组出具环境污染损害咨询意见认为：××公司和马某某未能依法合理处置的废油泥、废润滑油中含有的有毒有害物质未能得到有效控制，尚未处理的有毒有害物质进入了外环境，对外环境造成了污染，形成生态环境损害事实；综合考虑环境介质、环境敏感系数等因素，确定该案所涉环境损害数额为15万元至21万元。

法院经审理认为，××公司未严格按照危险废物规范化处置要求，将案涉危险废物交由无处置资质的马某某处理，马某某又交给无资质的收废品个人处置，导致案涉危险废物去向不明，存在污染环境甚至危害人身财产安全的风险。根据《最高人民法院关于审理环境民事公益诉讼案件适用法律若干问题的解释》（法释〔2015〕1号，2015年1月7日起施行，已修改）第十三条"原告请求被告提供其排放的主要污染物名称、排放方式、排放浓度和总量、超标排放情况以及防治污染设施的建设和运行情况等环境信息，法律、法规、规章规定被告应当持有或者有证据证明被告持有而拒不提供，如果原告主张相关事实不利于被告的，人民法院可以推定该主张成立"之规定，本案应推定案涉危险废物被非法处置并污染了环境的事实成立。因排放污染物的事实存在，但环境损害的事实系推定的事实，实际损害事实并不明确，故采用虚拟治理成本法评估确定生态环境损害数额。最终判决××公司、马某某赔偿生态环境损害修复费用15万元、承担事务性费用10800元，××公司、马某某承担连带赔偿责任。

- 案件争点

被告是否应就非法处置的废泥油、废润滑油承担生态环境损害赔偿责任？

- 裁判要旨

在检察机关提起的因产废单位及相关责任人非法处置危险废物承担民事赔

偿责任的民事公益诉讼案件中，事实认定上，根据此类案件的特点，在危险废物下落不明时推定对外环境造成污染，判处污染者承担环境修复费用等损失。一方面是加大对固体废物污染等行为惩治力度，另一方面是坚持最严格的环境污染损害赔偿和生态补偿、修复标准，倒逼企业规范处置危险废物，切实保护生态环境。

三、司法案例类案甄别

（一）事实对比

样本案例一××公司环境民事公益诉讼案，被告单位××公司对硫酸废液未履行申报登记义务，未依法申请领取危险废物转移联单，黄某某、何某某、王某某三位被告人非法从事危险废物经营活动，没有记录硫酸废液的流向及处置情况，××公司、黄某某、何某某、王某某四位被告逃避国家监管，非法转移危险废物，不能说明68桶硫酸废液的处置情况，没有采取措施防止硫酸废液污染环境。68桶硫酸废液均没有设置危险废物识别标志，而容器上又留有出水口，即使运出××市后被整体丢弃，也存在液体流出污染环境甚至危害人身财产安全的极大风险，可以推定其余68桶硫酸废液被非法处置并污染了环境的事实成立。

样本案例二××公司、马某某环境民事公益诉讼案，被告单位××公司因生产经营产生危险废物，其副总经理胡某某将危险废物交由无危险处置资质的个体废品收购人员马某某，马某某又擅自转让收取的危险废物给第三人个体，致使危险废物进入外界环境，造成了生态环境污染，被告单位××公司和被告人马某某的非法处置行为导致案涉危险废物去向不明，又不能说明危险废物的处置情况，存在污染环境甚至危害人身财产安全的风险，因此，推定案涉危险废物被非法处置并污染了环境的事实成立。

从认定事实情况看，样本案例一、二均是因产废单位非法处置危险废物，将危险废物交由无处置资质的人员几经转手引起的，危险废物的去向和处置情况均不明确，是否对环境造成了损害这一事实也无法查清。样本案例一中被告不能说明68桶硫酸废液的处置情况，并且根据相关证据显示，被告没有采取措施防止硫酸废液污染环境，也没有设置危险废物识别标志，而容器上又留有出水口，就证明存在危险废物流出污染环境甚至人身财产安全的极大风险，据此可以推定环境污染事实主张的成立；样本案例二案涉危险废物经马某某之手转出,接收人无法查找,危险废物去向更是不明,被告不能说明,其中有毒有害物质未能得到有效控制,进入了外环境,存在污染环境甚至危害人身安全的风险,据此可以推定环境污染事实的成立。

(二)适用法律对比

样本案例一××公司环境民事公益诉讼案,法院经审理认为,被告××公司、黄某某、何某某、王某某、魏某某没有履行法律义务,逃避国家监管,跨地转移、非法处置危险废物,任由危险废物污染环境,对此造成的生态环境损害,应当依法承担侵权责任。本案生态环境损害的后果系五位被告共同实施违法行为所致,依法应当承担连带责任。依照《中华人民共和国侵权责任法》第八条、第十五条、第六十五条(对应《民法典》第一千一百六十八条、第一百七十九条、第一千二百二十九条),《中华人民共和国固体废物污染环境防治法》(2016年修正,已修改)第十六条、第十七条、第五十二条、第五十三条、第五十五条、第五十七条、第五十九条、第八十五条、第八十九条,《最高人民法院关于审理环境民事公益诉讼案件适用法律若干问题的解释》(法释〔2015〕1号,2015年1月7日起施行,已修改)第十三条、第十五条、第十八条、第二十条、第二十二条、第二十三条、第二十四条,《中华人民共和国民事诉讼法》(2017年修正,已修改)第五十五条,《中华人民共和国人民陪审员法》第十四条、第十六条,《最高人民法院、最高人民检察院关于检察公益诉讼案件适用法律若干问题的解释》(法释〔2018〕6号,2018年3月2日起施行,已修改)第四条、第五条、第八条、第十三条,《最高人民法院关于适用〈中华人民共和国民事诉讼法〉的解释》(法释〔2015〕5号,2015年2月4日起施行,已修改)第九十条之规定,××市人民检察院的诉讼请求有事实和法律依据,应予以支持,判决××公司、黄某某、何某某、王某某、魏某某连带赔偿因非法处置68桶硫酸废液所产生的生态环境修复费用4630852元,支付至××市环境保护公益金专项资金账户。

样本案例二××公司、马某某环境民事公益诉讼案,法院经审理认为,××公司未严格按照危险废物规范化处置要求,将案涉危险废物交由无处置资质的马某某处理,马某某又交给无资质的收废品个人处置,最终导致案涉危险废物去向不明,存在污染环境甚至危害人身财产安全的极大风险。依照《最高人民法院关于审理环境民事公益诉讼案件适用法律若干问题的解释》(法释〔2015〕1号,2015年1月7日起施行,已修改)第十三条"原告请求被告提供其排放的主要污染物名称、排放方式、排放浓度和总量、超标排放情况以及防治污染设施的建设和运行情况等环境信息,法律、法规、规章规定被告应当持有或者有证据证明被告持有而拒不提供，如果原告主张相关事实不利于被告的，人民法院可以推定该主张成立"之规定，应当推定案涉危险废物被非法处置并污染了环境的事实成立。××公司、马某某对造成的生态环境损害应当承担连带赔偿责任，判决××公司、马某某赔偿生态环境损害修复费用15万元，并支付专家咨询费10800元。

（三）适用法律程序对比

从适用法律程序情况来看，按照《最高人民法院关于人民法院案件案号的若干规定》要求和案件审理机关，样本案例一、二适用的均为民事一审程序。

（四）类案大数据报告

截至2024年1月8日，以"非法处置危险废物""环境公益诉讼""检察院"为关键词，通过公开案例数据库检索，共检索到类案2241件，经筛除重复案件及不相关案件，实际共有52件。

从类案地域分布来看，当前案例主要集中在江苏省、河北省、山东省、江西省，其中江苏省的类案数量最多，共计11件。

从类案的法院级别来看，案件主要集中在基层人民法院和中级人民法院，其中高级人民法院占比为1.92%，共计1件；中级人民法院占比为53.85%，共计28件；基层人民法院占比为44.23%，共计23件。

从类案的审理级别来看，二审案件有25件，占比达到48.07%，类案往往牵涉多方利益，案件复杂性和争议性大，当事人选择上诉至二审法院以寻求进一步的法律救济或确认一审判决正确性的可能性较大，服判息诉率较低。

从案件案由来看，刑事案件占比较高，共计46件，其中41件属于"破坏环境资源保护罪"范畴；民事案件占比较低，共计6件。

从类案的裁判结果来看，全部或部分支持检察院诉讼请求的案件占比为44.23%，共计23件；维持原判案件占比为44.23%，共计23件；改判案件占比为11.53%，共计6件，包括1件民事案件与5件刑事案件，刑事案件改判多以撤销对被告人主刑或污染环境罪的判决为主。

四、类案裁判规则的解析确立

在环境公益诉讼案件中，由于环境问题专业性强，因而原告举证难，因果关系、污染行为、损害事实认定难，专业技术鉴定难等问题一直困扰着环境司法审判实践。认定事实和适用法律是法官进行裁判工作的两项基础性环节，认定事实又是适用法律的基础。在一般情况下，法官应当通过完全证明来认定案件事实，但是，当有关案件事实无法依据完全证明认定，但该事实又必须认定时，法官可以通过证据认定相关的间接事实，再由间接事实去推断有关的案件事实，这就是事实推定的方法。在一般的民事侵权举证规则难以查明环境污染案件事实时，为了更好地保护生态环境，就有必要在环境诉讼中引入和适用推定规则。通过环境信息不利推定规则的确立，有效破解被告作为证据持有人的优势地位。具体来说就是，被告非法从事危险废物经营活动，不能说明危险废物的处置情况时，人民检察院有证据证明被告产生危险废物并实施了污染物处置行为的，人民法院可以推定该主张成立。检察机关在办理非法处置危险废物案件过程中，应当注意以下几点。

（一）严格遵守环境事实成立不利推定规则的适用条件

在危险废除处置情况事实真伪不明的困境下，不利推定规则优于证明责任适用并不意味着只要被告人无法说明危险废物处置情况，就应当首先适用环境事实成立的不利推定规则。在各国司法活动中普遍遵循证据裁判规则，案件事实的认定必须依据证据进行。只有在穷尽一切证明手段，仍无法通过直接证据来证明危险废物的确切去向，以及该危险废物可能或者已经实际造成了环境损害时，检察人员才能考虑将推定作为证明的补充来认定事实。正因如此，环境事实成立的不利推定规则应当是穷尽一切证明手段后的一种不得已的最终选择。

（二）注意审查作为不利推定小前提的基础证据的真实可靠性

在环境污染事实成立的推定过程中，要想使所有责任人依法承担环境侵权责任，一个重要的条件就是作为不利推定小前提的证据是真实可靠的。检察人员应当从保证事实真实可靠的角度出发，将范围限制在众所周知、司法认知的事实、当事人双方陈述一致的事实和经充分证据证明达到证明标准的事实范围内，应当全面审查污染企业的生产工艺、生产时间、能源消耗情况、经批准或者备案的环境影响评价、采购材料数据、销售数据、防治污染设施建设和运行情况、污染物排放方式、污染行为人的进货记录、危险废物处置记录、现库存记录、公司工作人员、废物回收人员以及运输人员等人的证言，同时结合在案的其他证据进行综合审查判断。

（三）推定的不利事实的局限性

尽管环境信息的不利推定规则所解决的主要是检察机关与被告人之间的环境信息不对称问题，但这并不意味着可以进行不利推定的环境信息范围没有限定。综合《最高人民法院关于适用〈中华人民共和国民事诉讼法〉的解释》（法释〔2015〕5号，2015年2月4日起施行，已修改）、《最高人民法院关于民事诉讼证据的若干规定》（法释〔2001〕33号，2002年4月1日起施行，已修改）、《最高人民法院、最高人民检察院关于检察公益诉讼案件适用法律若干问题的解释》（法释〔2018〕6号，2018年3月2日起施行，已修改）的相关规定，本规则中的环境信息，是指污染物名称及排放、处置情况等可以直接作为排污行为、污染损害后果等环境侵权事实认定证据的信息。被告应当提供其所持有的上述环境信息，包括其依法应当持有的以及有证据证明被告持有的两种情况。

五、关联法律法规

（一）《中华人民共和国固体废物污染环境防治法》（2020年修订）

第二十条　收集、贮存、运输、利用、处置固体废物的单位和个人，应当采取防扬散、防流失、防渗漏或者其他防止污染环境的措施；不得擅自倾倒、堆放、丢弃、遗撒固体废物。

禁止任何单位或者个人向江河、湖泊、运河、渠道、水库及其最高水位线以下的滩地和岸坡等法律、法规规定禁止倾倒、堆放废弃物的地点倾倒、堆放固体废物。

第七十八条　产生危险废物的单位，应当按照国家有关规定制定危险废物管理计划，并向所在地县级以上地方人民政府环境保护行政主管部门申报危险废物的种类、产生量、流向、贮存、处置等有关资料。

前款所称危险废物管理计划应当包括减少危险废物产生量和危害性的措施以及危险废物贮存、利用、处置措施。危险废物管理计划应当报产生危险废物的单位所在地生态环境主管部门备案。

产生危险废物的单位已经取得排污许可证的，执行排污许可管理制度的规定。

第七十九条　产生危险废物的单位，必须按照国家有关规定贮存、利用、处置危险废物，不得擅自倾倒、堆放。

第八十条 从事收集、贮存、利用、处置危险废物经营活动的单位，应当按照国家有关规定申请取得许可证。许可证的具体管理办法由国务院制定。

禁止无许可证或者未按照许可证规定从事危险废物收集、贮存、利用、处置的经营活动。

禁止将危险废物提供或者委托给无许可证的单位或其他生产经营者从事收集、贮存、利用、处置活动。

第八十二条 转移危险废物的，应当按照国家有关规定填写、运行危险废物电子或者纸质转移联单。

跨省、自治区、直辖市转移危险废物的，应当向危险废物移出地省、自治区、直辖市人民政府生态环境主管部门申请。移出地省、自治区、直辖市人民政府生态环境主管部门应当及时商经接受地省、自治区、直辖市人民政府生态环境主管部门同意后，在规定期限内批准转移该危险废物，并将批准信息通报相关省、自治区、直辖市人民政府生态环境主管部门和交通运输主管部门。未经批准的，不得转移。

危险废物转移管理应当全程管控、提高效率，具体办法由国务院生态环境主管部门会同国务院交通运输主管部门和公安部门制定。

（二）《危险废物经营许可证管理办法》（2023 年修订）

第十八条 县级以上人民政府环境保护主管部门有权要求危险废物经营单位定期报告危险废物经营活动情况。危险废物经营单位应当建立危险废物经营情况记录簿，如实记载收集、贮存、处置危险废物的类别、来源、去向和有无事故等事项。

危险废物经营单位应当将危险废物经营情况记录簿保存 10 年以上，以填埋方式处置危险废物的经营情况记录簿应当永久保存。终止经营活动的，应当将危险废物经营情况记录簿移交所在地县级以上地方人民政府环境保护主管部门存档管理。

（三）《最高人民法院关于审理环境民事公益诉讼案件适用法律若干问题的解释》（法释[2015]1 号，2015 年 1 月 7 日起施行，已修改）

第十三条 原告请求被告提供其排放的主要污染物名称、排放方式、排放浓度和总量、超标排放情况以及防治污染设施的建设和运行情况等环境信息，法律、法规、规章规定被告应当持有或者有证据证明被告持有而拒不提供，如果原告主张相关事实不利于被告的，人民法院可以推定该主张成立。

（四）《最高人民法院关于适用〈中华人民共和国民事诉讼法〉的解释》（法释[2015]5号，2015年2月4日起施行，已修改）

第九十条 当事人对自己提出的诉讼请求所依据的事实或者反驳对方诉讼请求所依据的事实，应当提供证据加以证明，但法律另有规定的除外。

在作出判决前，当事人未能提供证据或者证据不足以证明其事实主张的，由负有举证证明责任的当事人承担不利的后果。

检察环境公益案件裁判规则
第 3 条

　　环境污染导致生态环境损害无法通过恢复工程完全恢复的，恢复成本远大于其收益的或者缺乏生态环境损害恢复评价指标的，检察机关可以按虚拟治理成本核算环境修复费用

一、聚焦司法案件裁判观点

■ 争议焦点

在生态环境损害案件中如何准确适用虚拟治理成本法？

■ 裁判观点

在生态环境损害案件中，由于环境问题具有科学技术性、综合复杂性和变动性等特点，凭损害结果往往已经无法固定证据，运用传统的环境修复金额作为损害后果缺乏相应的证据，如何科学量化生态环境的损害后果就是此类案件办理的难题。虚拟治理成本法是解决环境损害"难计算、难举证"问题，科学、合理地计算生态环境损害赔偿金额的黄金方法。在环境污染所致生态环境损害无法通过恢复工程恢复、恢复成本远远大于其收益或缺乏生态环境损害恢复评价指标的情形下，可以采用虚拟治理成本法来计算环境修复费用。虚拟成本治理法的具体计算方法为：污染物排放量×污染物单位治理成本×受损害环境敏感系数。

二、司法案例样本对比

样本案例一
许某1、许某2环境民事公益诉讼案

- **法院**

江苏省××市××区人民法院

- **诉讼主体**

公益诉讼起诉人：××市人民检察院
被告：许某1、许某2

基本案情

2010年上半年至2014年9月，许某1、许某2在江苏省××市××区租用他人厂房，在无营业执照、无危险废物经营许可证的情况下，擅自从事废树脂桶和废油桶的清洗业务。洗桶产生的废水通过排污沟排向无防渗漏措施的露天污水池，产生的残渣被堆放在污水池周围。

2014年9月1日，公安机关在许某1、许某2洗桶现场查获废桶7789只，其中6289只尚未清洗。经鉴定，未清洗的桶及桶内物质均属于危险废物，现场地下水、污水池内废水以及污水池四周堆放的残渣、污水池底部沉积物中均检出铬、锌等多种重金属和总石油烃、氯代烷烃、苯系物等多种有机物。

2015年6月17日，许某1、许某2因犯污染环境罪被××市××区人民法院分别判处有期徒刑二年六个月、缓刑四年，有期徒刑二年、缓刑四年，并分别判处罚金。许某1、许某2虽被依法追究刑事责任，但现场尚留存130只未清洗的废桶，残渣、污水和污泥尚未清除，对土壤和地下水持续造成污染。

经调查，在××市民政局登记的三家环保类社会组织，均不符合法律对提起公益诉讼主体要求的相关规定，不能作为原告向××市中级人民法院提起环境民事公益诉讼。

2015年12月21日，××市人民检察院以公益诉讼人身份，向××市中级人民法院提起民事公益诉讼，诉求：

1. 判令二被告依法及时处置场地内遗留的危险废物，消除危险；
2. 判令二被告依法及时修复被污染的土壤，恢复原状；
3. 判令二被告依法赔偿场地排污对环境影响的修复费用，以虚拟治理成本30万元为基数，根据该区域环境敏感程度以4.5—6倍计算赔偿数额。

公益诉讼起诉人认为，根据《××区洗桶厂场地环境调查技术报告》，场地排污对外环境的影响可采用虚拟治理成本法来计算，根据受污染影响区域的环境功能敏感程度乘以相应的倍数来确定。根据《项目地块及周边关系示意图》，该区域水体敏感受体为××湖，水体为Ⅲ类水体，污染修复费用为虚拟治理成本的4.5—6倍。该计算方法符合环境保护部制定的《环境损害鉴定评估推荐方法》。虚拟成本治理法适用于环境污染所致生态环境损害无法通过恢复工程完全恢复、恢复成本远大于其收益或缺乏生态环境损害恢复评价指标的情形。本案被告长期非法排污对地下水、周边环境造成的影响符合虚拟成本治理法适用条件。

被告的质证意见认为，不能以××湖作为敏感目标，也不能以××湖水质确定虚拟治理成本。对于没有证据证明土壤存在污染，也就谈不上土壤修复费用问题。

法院经审查认为，由于本案所涉地下水及洗桶厂周边环境，已难以通过工程予以恢复，其恢复成本远大于其收益并缺乏环境损害评价指标体系。根据环保部制定的《环境损害鉴定评估推荐办法》第二版，恢复成本远大于其收益或缺乏生态环境损害评价指标的情形，可适用虚拟成本治理法计算修复费用。本案中两被告长期排污对地下水和周边环境造成的污染，符合虚拟治理成本治理法的适用情形。根据××环境科技有限公司《环境调查技术报告》，一般洗桶废水处置费用为600元/吨。本案两被告洗桶产生废水500吨，洗桶废水虚拟治理成本为30万元。根据《最高人民法院关于审理环境民事公益诉讼案件适用法律若干问题的解释》（法释〔2015〕1号，2015年1月7日起施行，已修改）第二十三条的规定，合议庭考虑到本案污染者的过错程度、污染物性质、周边环境敏感度等因素，酌情确定本案以虚拟治理成本5倍计算赔偿数额为150万元。

- **案件争点**

场地排污对环境影响的修复费用采用虚拟治理成本法计算是否合理？

- **裁判要旨**

环境安全关乎社会的可持续发展和人民群众的生活幸福指数。检察机关提起公益诉讼，其目的是维护法律权威、维护社会公平正义、维护国家和社会公共利益。本案中，被告的环境侵权行为证据充分，损害后果严重，其应当承担法律责任。本案所涉地下水及洗桶厂周边环境，已难以通过工程予以恢复，其恢复成本远大于其收益并缺乏环境损害评价指标体系。法院应考虑本案污染者的过错程度、污染物性质、周边环境敏感度等因素，依据虚拟治理成本法酌情确定赔偿数额。

样本案例二

贵州省××市人民检察院诉肖某1、肖某2违法占用溶洞资源民事公益诉讼案

- **法院**

贵州省××市中级人民法院

- **诉讼主体**

公益诉讼起诉人：贵州省××市人民检察院

被告：肖某1、肖某2

• **基本案情**

从2015年下半年开始，原贵州省××县××村总支书记肖某1与其子肖某2，在未取得任何建设审批手续的情况下，私自占用××山天然溶洞及周边山林、土地，修建×××山庄，并对侵占的土地挖掘、硬化，在溶洞内修建娱乐设施、酒窖，山庄外修建围墙、大门等设施。其间，国土、住建、水务等行政机关多次责令其停止违法建设行为，但肖某1、肖某2仍建成×××山庄并对外营业。

2019年5月2日，××县自然资源局委托贵州××测绘有限公司测绘，确定肖某1、肖某2修建×××山庄改变了溶洞附近山涧地势，其养殖娃娃鱼修建的鱼塘和堡坎阻碍流水。2019年9月9日溶洞涨水，因排水不畅，水流从堡坎直接流出，淹没了公路，导致车辆和行人无法通行，同时冲坏了公路基础设施以及羊场地基和墙体。

2019年11月15日，××市人民检察院向社会公告了本案相关情况，公告期内未有法律规定的机关和有关组织提起民事公益诉讼，遂以前述诉讼请求提起本案检察公益诉讼。

11月25日，××市人民检察院委托具有环境地质勘查、地质灾害防治施工资质的某地质队开展"××县×××地质环境损害及生态修复评估"工作，旨在"查明×××地下河出口地带违法建筑占用土地的范围及对生态环境造成的损害程度，提出生态恢复建议方案，估算生态恢复所需的费用。"通过采用资料收集、地面调查、地形测量、水质检测等工作方法，某地质队于2020年1月20日作出《××县×××地质环境损害及生态修复评估报告书》。

2020年4月，某地质队向××市人民检察院提交《关于××县×××地质环境损害及生态修复评估报告书补充说明》，采用虚拟治理成本法计算×××山庄在建设和经营期间造成生态环境受损期间服务功能损失79613.8元。××市人民检察院通过申请××市环境公益诉讼专项账户资金向某地质队总计预付鉴定费128000元。

法院认为，因污染环境、破坏生态造成损害的，侵权人应当承担侵权责任。根据已生效的刑事裁定书以及××市人民检察院提交的来源于该案的其他相关证据，足以充分证明肖某2在未经行政机关批准，未取得合法用地、规划、建设、地质灾害评估、防洪评价等审批手续的情况下擅自占用山林土地、暗河溶洞违法违规修建案涉山庄，从事农家乐经营活动，客观造成××山岩壁周围土地、林木、溶洞、地下河等生态环境要素遭受严重破坏、阶段性局部污染等损害后果；肖某1与肖某2共同谋划商议开办山庄事宜，与肖某2共同贷款并提供担保，在山庄实际修建过程中利用身份提供帮助和便利，构成共同侵权，二人依法承担连带责任。肖某2开办的××县××山水产养殖基地和××县×××休闲避暑庄园的营业执照显示企业性质为个人独资企业而非有限责任公司，不具有完全独立承担民事责任的能力，肖某2作为投资人和建设经营者是实际侵权人，是适格的民事责任承担主体，其辩称应由开办的企业而非个人承担民事责任的意见不能成立，法院不予采纳；肖某1辩称山庄系由肖某2开办，其与山庄无关的意见与生效刑事裁定书认定事实不符，且未举证予以推翻，法院亦不予采纳。

肖某1、肖某2实施环境侵权行为及造成的损害后果主要表现为：

（一）破坏土地及林木资源；

（二）破坏溶洞特有的环境功能和生态价值；

（三）污染水资源；

（四）加剧自然灾害致害程度；

（五）存在遭受地质灾害事故的高风险。

肖某1、肖某2实施上述破坏生态环境和自然资源等行为，严重损害国家利益和社会公共利益，在法定机关或组织不提起诉讼的情况下，××市人民检察院以公益诉讼起诉人身份提起本案环境民事检察公益诉讼符合法律规定，且不受行政机关是否先期作出行政处罚、采取行政措施的制约，这正是国家为更加全面、严格地保护生态环境而特别设立环境民事检察公益诉讼制度的价值体现。综合全案证据、专家证人意见，根据相关规定，法院对××市人民检察院诉请肖某1、肖某2承担恢复原状、履行生态环境修复义务、支付生态环境修复费用、赔偿生态环境受损期间服务功能损失、赔礼道歉、承担鉴定费用的诉讼请求全部予以支持。

需要说明的是：

首先，关于肖某1、肖某2辩称某地质队不具有司法鉴定资质，其所作出的《生态修复评估报告》不能作为认定修复方案和修复费用的依据问题。法院认为，某地质队虽不具有环境损害司法鉴定资质，但其具有环境地质勘查、地质灾害防治施工等专业资质，鉴定人员具有工程测绘、造价资质或水文、工程、环境地质高级工程师职称，与本案所涉生态环境损害类型专业对口；制定的修复方案以拆除违法建筑为主，补植复绿为辅，符合《中华人民共和国土地管理法》（2019年修正）第七十七条关于限期拆除违法占地建筑并恢复土地原状的总体要求，亦是对××山岩壁及附属溶洞、暗河、山林土地等生态要素进行系统性恢复治理的现实需要作出的专业判断；《生态修复评估报告》通过省内权威专家评审组评定，得到专家证人出庭论证并提交专家意见书予以支持，能够作为认定环境侵权行为、环境受损程度范围、因果关系以及修复方案和修复费用的依据。对此，肖某1、肖某2既未书面申请补充鉴定或重新鉴定，亦未书面申请鉴定人到庭接受质询，是其对享有的诉讼权利作出的处分，应当自行承担相应的诉讼风险。根据专家评审意见第5条，修复费用为预算总投资，最终决算以审计部门审定为准。

其次，关于肖某1、肖某2辩称按虚拟治理成本法计算生态环境受损期间服务功能损失与事实不符的问题。×××山庄在建设、经营期间向溶洞暗河排放生活污水、生活垃圾产生阶段性局部污染的事实有《生态修复评估报告》和法院现场查勘结论予以证实。因水体具有自净清污能力，在山庄停止经营后，污染物已随水流动清除灭失，不具备损害观测和定量条件，采用虚拟治理成本法计算环境受损期间服务功能损失符合生态环境部制定的相关技术评估文件规定，法院对此予以确认。

- **案件争点**

按虚拟治理成本法计算生态环境受损期间的服务功能损失是否合理？

- **裁判要旨**

溶洞资源是宝贵的不可再生资源，其所附生态系统是全球生物多样性不可或缺的部分。但当前尚没有健全规范的保护制度，随意侵占、破坏溶洞资源的违法行为时有发生。检察机关应当立足生态环境和资源保护，充分履行公益诉讼检察职能，通过现场勘查、专业机构评估、专家证人出庭等方式，运用虚拟治理成本法科学确定公益损害数额，提出合理诉讼请求，切实保护好本地独具特色的溶洞资源。

样本案例三

上海铁路运输检察院诉××公司污染环境刑事附带民事公益诉讼案

- **法院**

上海××法院

- **诉讼主体**

公益诉讼起诉人：上海××检察院
被告：××公司、龚某某、贺某某、向某某

- **基本案情**

××公司主要从事铝合金门窗的生产加工，有危险废物产生。但该公司自2012年投产至今，在既没有申报环保部门的审批，又未配套相应环保设施的情况下擅自生产。该公司生产车间西北侧为铝材表处池，表处池自北向南共有1—5号处理单元，分别为除油后清洗池、除油池、钝化后第一次清洗池、钝化池、钝化后第二次清洗池，每个处理单元均有设立阀门的管道与一根总管相通，该总管排放口位于公司北侧围墙脚处的雨水沟渠，最终通至公司外侧雨水窨井，属于私设暗管行为。

被告人龚某某全权负责××公司的生产管理；被告人贺某某担任喷涂车间生产班长，是向某某的上级，主要负责水处理、喷粉、木纹转印；被告人向某某在喷涂车间从事铝材表面处理、洗涤工作，负责用清洁剂和铬化剂洗涤金属件，1号、3号、5号处理单元池的阀门定期打开，洗涤后的清洗废水通过上述总管排放至车间外面的雨水沟渠，最终通至公司外侧雨水窨井。

2017年12月13日，上海市××区环境保护局对××公司进行现场检查。经检测，该公司上述5个处理单元池内、总管排口处雨水沟渠内、东外侧雨水窨井内均检出锌、铬、锰等重金属，其中总管排口处雨水沟渠内废水中铬浓度为55.6 mg/L（超标36.1倍）、六价铬浓度为46.5 mg/L（超标92倍），东外侧雨水窨井内废水中铬浓度为1.29 mg/L，除油后清洗1号池中pH值为5.48，严重污染环境，损害社会公共利益。

经上海市环境科学研究院鉴定评估，××公司排放的废水中检出的特征污染物与处理池中废水的特征具有高度关联性，违法排污行为对外环境地表水体造成环境损害，××公司环境损害金额为人民币365475元。鉴定评估费人民币25000元。

××公司诉讼代理人辩称：

1. ××公司排放的废水中，铬以外重金属含量虽有检出，但并未超标，重金属铬确实超标，但系第三方原因导致，且排放周期短，如果公司使用的是无铬钝化剂，那么污染程度就会大大降低，结合公司污染时间短、危害小、环境损害赔偿金额应该大大降低。

2. 从窨井检测出的铬的含量并不高,所以恢复生态并不难,环境损害数额应该降低。

3. 法院判处的罚金应当折抵损害费用。

针对以上辩词,公诉人提出了针锋相对的意见:

1. ××公司的生产工艺,即使使用无铬钝化剂,其排放的污水中仍然会产生重金属,需要经污染处理设备处理才能排放。××公司自2012年投产开始,在未通过环评、未配备任何污染处理设施情形下,长达五年之久直接将含重金属的废水向外排放,排污时间长、性质恶劣。

2. 上海市环境科学研究院所做的环境损害鉴定评估是基于××公司进行正规化排污所需的设备投入及处置成本计算,而不仅仅是针对重金属铬短期超标的评估计算。

3. 对于第三方公司向××公司错发钝化剂的情况,××公司存在管理疏忽,对造成总管排口处雨水沟渠内总铬、六价铬超标的污染结果具有过错。

4. 诉讼代理人根据从窨井检测出的铬的含量并不高,推断恢复生态并不难,没有事实依据。

上海市环科院所作的环境损害评估,已经从有利于被告单位的角度出发,比如以最晚进××公司的向某某入职时间开始计算排污周期,排放频率也是以龚某某、贺某某、向某某三人中所述最低频率为准,并根据外环境河道的IV类水体性质,结合××公司的主观过错程度进行考虑,以最低系数3倍予以计算,故对方提出降低环境损害数额的理由不应支持。

法庭经审理认为,刑事附带民事公益诉讼起诉人出示的证据能够相互印证,予以确认。对××公司及其诉讼代理人提出的鉴定评估认定的环境损害赔偿数额过高的意见和理由,不予采纳。

2018年7月19日,上海××法院做出一审判决,以犯环境污染罪,分别判处三名被告人有期徒刑8—9个月不等,同时判处××公司赔偿环境损害数额人民币36.54万元,鉴定评估费2.5万元,于判决生效后三十日内向社会公众公开赔礼道歉。

• 案件争点

如何认定赔偿金额?

• 裁判要旨

本案被告行为是造成当下长江水域污染的典型行为,污染主体大多都是小微企业或无证作坊,没有污水处理设施,以暗管方式偷排或直接排放废水至河道，违法成本低，社会影响恶劣，仅仅通过传统的刑事处罚不足以达到惩罚与教育并重的法律效果，更不利于解决环境损害后果由地方政府买单的现状。因此，检察机关作为公益诉讼的代表，依法履行公益监督职责，提起刑事附带民事公益诉讼，以虚拟治理成本法确定合理的损害赔偿数额，向污染主体提出民事损害赔偿，并将赔偿款用以修复生态环境。

三、司法案例类案甄别

（一）事实对比

样本案例一许某1、许某2环境民事公益诉讼案，两被告人在无营业执照、无危险废物经营许可证的情况下，擅自从事废树脂桶和废油桶的清洗业务，将未清洗的桶及桶内危险物质排入露天污水池，对污水池周围的土壤、地下水和生态环境持续造成污染。

样本案例二肖某1、肖某2环境民事公益诉讼案，两被告人在未取得任何建设审批手续的情况下，擅自占用山林土地、暗河溶洞，实施违法违规建设行为，造成周围土地、林木、溶洞、地下河等生态环境要素遭受严重破坏。

样本案例三××公司环境刑事附带民事公益诉讼案，被告在未申报环保部门审批，也未配套相应环保设施的情况下擅自从事铝合金门窗生产加工，将含重金属的废水直接向外排放长达五年之久，排污时间长，严重污染环境，性质恶劣。

从认定事实情况来看，样本案例一、二、三环境损害数额均是通过虚拟治理成本法予以确定的。样本案例一具备了适用虚拟治理成本法的三种情形，案涉地下水及洗桶厂周边环境，已难以通过工程予以恢复，其恢复成本远大于其收益并缺乏环境损害评价指标。样本案例二山庄停止经营后，污染物随水流清除灭失，不具备损害观测和定量条件，采用虚拟治理成本法计算环境受损期间服务功能损失符合生态环境部制定的相关技术评估文件规定。样本案例三根据被告对危险废物排放频次的陈述以及外环境河道的水体性质，结合被告主管过错程度，确定适用最低系数3倍予以计算是合情合理的。

（二）适用法律对比

样本案例一许某1、许某2环境民事公益诉讼案，法院经审理认为，被告人许某 1、许某 2 实施了污染环境的行为，造成了环境污染的后果，应当依法承担相应的民事责任。公益诉讼人要求被告消除危险、恢复原状、赔偿损失的诉讼请求正当，法院予以支持。依照《中华人民共和国固体废物污染环境防治法》（2016 年修正，已修改）第十七条，《中华人民共和国环境保护法》（2014 年修订）第六条、第五十八条，《中华人民共和国侵权责任法》（已被《民法典》废止）第四条、第十五条、第六十五条、第六十六条，《中华人民共和国民事诉讼法》（2012 年修正，已修改）第五十五条、第一百四十二条，《最高人民法院关于审理环境民事公益诉讼案件适用法律若干问题的解释》（法释〔2015〕1 号，2015 年 1 月 7 日起施行，已修改）第十五条、第十八条、第十九条、第二十三条的规定，判令被告人许某 1、许某 2 将遗留的 130 只废桶、两个污水池中蓄积的污水及池底污泥、以及厂区内堆放的残渣委托有处理资质的单位全部清理处置，消除环境继续污染的危险，委托有土壤处理资质的单位制订土壤修复方案并提交环保局审核通过，赔偿对其他环境造成的损失 150 万元，支付至××市环境公益基金专用账户。

样本案例二肖某 1、肖某 2 环境民事公益诉讼案，法院经审理认为，依照《中华人民共和国土地管理法》（2019 年修正）第三十七条第二款、第四十四条第一款、第七十七条，《中华人民共和国森林法》（2019 年修订）第三十七条第一款，《中华人民共和国水法》（2016 年修正）第三十七条第二款，《中华人民共和国侵权责任法》第八条（对应《民法典》第一千一百六十八条），《最高人民法院、最高人民检察院关于检察公益诉讼案件适用法律若干问题的解释》第十三条，《最高人民法院关于审理环境民事公益诉讼案件适用法律若干问题的解释》（法释〔2015〕1 号，2015 年 1 月 7 日起施行，已修改）第十八条、第二十条、第二十一条、第二十二条，《中华人民共和国民事诉讼法》（2017 年修正，已修改）第五十五条、第一百四十二条、第一百五十二条之规定，判令被告委托具有专业资质的施工企业等第三方机构着手实施×××山庄及附属设备设施拆除和补植复绿等生态修复工程，并于正式施工前提交行政主管部门审核同意，赔偿生态环境受损期间服务功能损失 79613.8 元，汇入××市环境公益诉讼专项资金账户。

样本案例三××公司环境刑事附带民事公益诉讼案，法院经审查认为，被告单位××公司违反国家规定，在未申报通过环评及设置污水处置设备的情况下，擅自生产，将铝合金表面处理中产生的含有超标重金属的有毒废水通过暗管向外环境排放，严重污染环境。被告人龚某某作为单位生产负责人系直接负责的主管人员，被告人贺某某、向某某作为单位直接责任人员，上述单位及各被告人均构成污染环境罪，故起诉书指控的事实和罪名成立，法院应当支持。

被告单位××公司、龚某某、贺某某、向某某到案后均如实供述犯罪事实,应当依法从轻处罚;辩护人的相关辩护意见恰当,法院酌情予以采纳。附带民事公益诉讼起诉人的诉讼请求符合相关的法律规定,法院依法应当支持;被告单位及其诉讼代理人关于《××公司排污案件环境损害鉴定评估》认定损害赔偿数额过高的意见和理由,与法院查明的事实不符,法院不予采信。依照《中华人民共和国刑法》(2017年修正,已修改)第三十条、第三十一条、第三百三十八条、第三百四十六条、第六十七条第三款、第五十二条、第五十三条、第三十六条,《中华人民共和国环境保护法》(2014年修订)第四十二条、第六十四条及《中华人民共和国侵权责任法》第七条、第十五条第一款第(六)项和第(七)项、第二款、第六十五条(对应《民法典》第一千一百六十六条、第一百七十九条、第一千二百二十九条)之规定,判决被告单位××公司犯污染环境罪,判处罚金人民币10万元;判决被告人龚某某犯污染环境罪,判处有期徒刑九个月,并处罚金人民币5000元;判决被告人贺某某犯污染环境罪,判处有期徒刑八个月,并处罚金人民币2000元;判决被告人向某某犯污染环境罪,判处有期徒刑八个月,并处罚金人民币1000元;判处被告单位××公司赔偿环境损害数额人民币365475元,鉴定评估费25000元,并就污染环境行为向社会公众公开赔礼道歉。

(三)适用法律程序对比

从适用法律程序情况看,按照《最高人民法院关于人民法院案件案号的若干规定》要求和案件审理机关,样本案例一、二适用的为民事一审程序,样本案例三适用的为刑事一审程序。

(四)类案大数据报告

截至2024年1月8日,以"虚拟治理成本法""环境公益诉讼"为关键词,通过公开案例数据库检索,共检索到类案21件,经筛除重复案件及不相关案件,实际共有16件。整体情况如下:

从类案地域分布来看,当前案例主要集中在江苏省、广东省、福建省、江西省,其中江苏省占比达到50%,共计8件。

从类案的法院级别来看,中级人民法院审理的案件有9件且均为民事案件;基层人民法院审理的案件有5件且均为刑事案件;专门法院审理的案件有2件且均由海事法院审理。

从案件案由来看,刑事案件占比达到31.25%,共计5件,包括4件判处污染环境罪案件和1件判处非法生产、买卖、运输制毒物品、走私制毒物品罪案件；民事案件占比为 68.75%，共计 11 件，包括海事海商纠纷和侵权责任纠纷两类。

从类案的裁判结果来看，全部或部分支持检察院诉讼请求案件占比为 87.5%，共计 14 件；其他案件占比为 12.5%，共计 2 件。对环境污染损害数额计算采取虚拟治理成本法的诉讼请求，法院均认为符合案件实际情形，予以支持。

四、类案裁判规则的解析确立

环境损害是指因环境污染或者生态被破坏等违法行为导致的对人身、财产以及环境公益的不利后果及影响。在生态环境损害赔偿纠纷中，必须遵守"环境有价、损害担责"基本工作原则，但由于生态环境具有整体性、复杂性和变动性，并且环境自身具有一定的自净能力，常常导致无法检测到确切的生态环境损害，进而无法计算环境修复费用，因此如何确定环境损害数额就成了司法实践中的操作难题。虚拟治理成本法就成了突破这一困境的关键方法，这主要是因为环境公益诉讼的主要目的是停止环境污染行为，修复因环境污染行为给生态环境造成的损失。虚拟治理成本法作为环境价值评估方法之一，是指按照现行的治理技术和水平来治理排放到环境中的污染物所需要的支出，主要适用于环境污染所致生态环境损害无法通过恢复工程完全恢复、恢复成本远大于其收益或者缺乏生态环境损害恢复评价指标的情形。虚拟治理成本法在客观上并未实际修复环境，也并不等同于财产损失数额，因此不应当将虚拟治理成本法计算所得的数额直接适用于定罪量刑，但该数额在一定程度上反映了生态环境被侵害的程度，检察院应作为定罪、量刑的参考，严格遵守其适用条件，通过科学、严密、有序的论证提出合理的损害数额。

（一）围绕环境污染情况，提出合理诉求

检察机关提起环境民事公益诉讼，应当结合具体案情和相关证据合理确定污染者承担停止侵害、排除妨碍、消除危险、恢复原状、赔礼道歉、赔偿损失等民事责任。检察机关提起环境民事公益诉讼的第一诉求应是停止侵害、排除危险和恢复原状。其中，"恢复原状"应当是在有恢复原状的可能和必要的前提下，要求损害者承担治理污染和修复生态的责任。无法完全恢复或恢复成本远

远大于其收益的，可以准许采用替代性修复方式，也可以要求被告承担生态环境修复费用。

（二）围绕生态环境修复实际，确定赔偿费用

生态环境修复费用包括制定、实施修复方案的费用和监测、监管等费用。环境污染所致生态环境损害无法通过恢复工程完全恢复的，恢复成本远大于收益的，缺乏生态环境损害恢复评价指标、生态环境修复费用难以确定的，可以参考环境保护部制定的《环境损害鉴定评估推荐方法》，采用虚拟治理成本法计算修复费用，即在虚拟治理成本基数的基础上，根据受污染区域的环境功能敏感程度与对应的敏感系数相乘予以合理确定。

（三）围绕专业技术问题，引入专家辅助人

环境民事公益诉讼案件，涉及土壤污染、非法排污、因果关系、环境修复等大量的专业技术问题，检察机关可以通过甄选环境专家协助办案，厘清关键证据中的专业性技术问题。专家辅助人出庭就鉴定人作出的鉴定意见或者就因果关系、生态环境修复方式、生态环境修复费用以及生态环境受到损害至恢复原状期间服务功能的损失、评估内容与案件事实之间的关联性、评估所依据证据的充分性等专门性问题作出说明或提出意见，经质证后可以作为认定事实的根据。同时，应加强专家意见在环境损害鉴定中的规范运用，由于虚拟治理成本法的计算过程较为简易，专家可以快速计算得到环境损害数额，但专家意见也存在诸多类似危险废物排放数量认定不科学等不规范之处。检察机关在借助专家意见提高环境公益诉讼办案效率的同时也应当注重对专家意见的审查，保证办案质量。

（四）虚拟治理成本法适用的参考性

虚拟治理成本法是对生态环境采取虚拟治理而产生的成本计算方法，客观上并未修复环境，并不能直接等价于传统意义上的财产损失数额，并且在污染环境领域，行为人在主观上往往是概括放任的间接故意，对危害行为可能造成的生态损害没有能力判断。在环境刑事公益诉讼领域，根据主客观相一致的衡量原则，不应当将虚拟治理成本计算的数额直接适用于定罪量刑，但由于该数额一定程度上反应了生态环境受损的严重程度，可以作为定罪、量刑时的参考，在此基础上综合考虑行为人对危害后果的判断能力以及司法实践中确定的生态环境损害数额，严格遵循罪责刑相适应的原则。

五、关联法律法规

(一)《中华人民共和国固体废物污染环境防治法》(2020年修订)

第二十条 收集、贮存、运输、利用、处置固体废物的单位和其他生产经营者,应当采取防扬散、防流失、防渗漏或者其他防止污染环境的措施;不得擅自倾倒、堆放、丢弃、遗撒固体废物。

禁止任何单位或者个人向江河、湖泊、运河、渠道、水库及其最高水位线以下的滩地和岸坡等法律法规规定的其他地点倾倒、堆放、贮存固体废物。

(二)《最高人民法院关于审理环境民事公益诉讼案件适用法律若干问题的解释》(法释〔2015〕1号,2015年1月7日起施行,已修改)

第十八条 对污染环境、破坏生态,已经损害社会公共利益或者具有损害社会公共利益重大风险的行为,原告可以请求被告承担停止侵害、排除妨碍、消除危险、恢复原状、赔偿损失、赔礼道歉等民事责任。

第二十条 原告请求恢复原状的,人民法院可以依法判决被告将生态环境修复到损害发生之前的状态和功能。无法完全修复的,可以准许采用替代性修复方式。

人民法院可以在判决被告修复生态环境的同时,确定被告不履行修复义务时应承担的生态环境修复费用;也可以直接判决被告承担生态环境修复费用。

生态环境修复费用包括制定、实施修复方案的费用和监测、监管等费用。

第二十一条 原告请求被告赔偿生态环境受到损害至恢复原状期间服务功能损失的,人民法院可以依法予以支持。

检察环境公益案件裁判规则

第4条

对非法采矿造成的生态环境损害，不仅要对造成矿产资源的损失进行认定，还要对开采区域的林草、水土、生物资源及其栖息地等生态环境要素的受损情况进行整体认定

一、聚焦司法案件裁判观点

■ **争议焦点**

非法采矿造成的生态环境损害，损害范围应当如何认定？

■ **裁判观点**

非法采矿将直接导致开采区域的植被、土壤、河流被破坏，上述因素的破坏间接影响到林、草、动物栖息等自然因素的破坏，造成生态系统的整体破坏及生物多样性的减少，自然要素生态利益的系统损害必将最终影响到人类的生产生活和优美生态环境的实现。因此，非法采矿造成生态环境损害，不仅要对造成矿产资源的损失进行认定，还要对开采区域的林草、水土、生物资源及其栖息地等生态环境要素的受损情况进行整体认定。

二、司法案例样本对比

样本案例一

江苏省××市人民检察院诉王某某生态破坏民事公益诉讼案

- **法院**

江苏省××市中级人民法院

- **诉讼主体**

公益诉讼起诉人：江苏省××市人民检察院
被告：王某某

• 基本案情

2015年至2018年期间，王某某违反国家管理矿产资源法律规定，在未取得采矿许可证的情况下，使用机械在江苏省××市某林场原山林二矿老宕口内、×××大道建设施工红线外非法开采泥灰岩、泥页岩等合计十余万吨。××市人民检察院以王某某等人的行为构成非法采矿罪向××市中级人民法院提起公诉。该案审理期间，王某某已退赔矿石资源款4455998.6元。2020年3月、8月，江苏省××研究院先后出具《"××市××区王某某等人非法采矿案"生态环境损害评估报告》（以下简称《损害评估报告》）、《"××市××区王某某等人非法采矿案"生态环境损害（动物类）补充说明》（以下简称《补充说明》）。

公益诉讼人认为，王某某非法采矿造成国家矿产资源和生态环境破坏，损害社会公共利益，遂提起本案诉讼，诉请判令王某某承担生态破坏侵权责任，赔偿生态环境损害修复费用1893112元（具体包括：① 生态资源的损失中林木的直接经济损失861750元；② 生态系统功能受到影响的损失，含森林涵养水损失440233元，水土流失损失50850元，土壤侵蚀损失81360元，树木放氧量减少损失64243元，鸟类生态价值损失243122元，哺乳动物栖息地服务价值损失18744元；③ 修复期间生物多样性的价值损失132810元）以及事务性费用400000元，并提出了相应的修复方案。

被告辩称：

1. 其已充分认识到非法采矿行为的危害性，愿意赔偿非法采矿造成的矿产资源损失和生态环境损失，在本案审理过程中已经足额预缴了公益诉讼起诉人诉请的各项费用，请求法院充分考虑其认识错误的积极态度。

2. 被告对《损害评估报告》及《补充说明》有两点意见。

（1）植被遭到破坏的损失计算方法存在缺陷。《损害评估报告》载明，1号开采点因自身属于矿区，土壤贫瘠，植被分布以小乔木和灌草为主。2号开采点破坏的植被多为树龄超过20年的麻栎林，因1号开采点和2号开采点植被覆盖情况不一致，而林木的经济损失计算方法为面积乘以单价，报告中采用的单价系20年树木单价，该计算方法不科学。

（2）鸟类种子传播收益损失方面计算存在缺陷。《补充说明》载明两处位点生境栖息地观察到242只林鸟，将该林鸟单只年活动范围以巢穴为中心点，辐射面积为10亩，故单只林鸟年活动范围的面积按10亩计算。国家发展和改革委员会公布的公益林飞机播种价格为50元/亩，计算出鸟类种子传播收益损失242000元。该计算方法计算出的2420亩面积并非都是空白地等着鸟播种，非法采矿地区原有的树木也可以待种子成熟时自然落地,种子发芽取代播种,该计算方法相较于开采前已有植被的区域缺乏合理性。请求法院予以科学合理认定。

• 案件争点

被告王某某非法采矿造成的生态资源损失如何认定?生态环境损害赔偿如何计算?

• 裁判要旨

法院认为,非法采矿对生态资源造成复合性危害,在长江沿岸非法露天采矿,不仅造成国家矿产资源损失,还必然造成开采区域生态环境破坏及生态要素损失。环境和生物之间、生物和生物之间协同共生,相互影响、相互依存,形成动态的平衡。一个生态要素的破坏,必然会对整个生态系统的多个要素造成不利影响。非法采矿将直接导致开采区域的植被和土壤破坏,山的破坏影响到林、草蓄积,林、草减少影响到水土涵养,上述生态要素的破坏又直接、间接影响到鸟类和其他动物的栖息环境,造成生态系统的整体破坏及生物多样性的减少,自然要素生态利益的系统损害必将最终影响到人类的生产生活和优美生态环境的实现。被告王某某违反矿产资源法的规定,未取得采矿许可证即实施非法采矿行为,造成生态环境的破坏,主观存在过错,非法采矿行为与生态环境损害之间具有因果关系,应当依照《中华人民共和国侵权责任法》第六条(对应《民法典》第一千一百六十五条)之规定,对其行为造成的生态环境损害后果承担赔偿责任。

(一)关于生态环境损害计算问题

1. 生态资源的经济损失计算合理。《损害评估报告》载明,报告出具过程中,调查人员对案涉两个开采点及其周边均采用多种方式进行了较为详尽的现场调查。报告记载,"1号开采点因自身就属于矿区,加上非法开采,导致土壤瘠薄、石块嶙峋、水分条件差。植被分布以小乔木和灌草为主,但临近宕口没有被破坏的山体自然恢复情况良好,已经衍生出次生林生境。""2号开采点被破坏的森林群落主要是以麻栎林为主,该植被群落在××地区的分布广泛,在海拔50—250 m的山坡山谷均可见到,非法采矿区域的多数麻栎树龄超过20年,树形高大,树冠密集。采矿场破坏的植被主要是麻栎、山胡椒、茶条槭、杜仲以及灌木,树木的生长年限在20年左右,生态环境较好。"报告中记载的内容可以与公益诉讼起诉人出具的案涉开采现场图片等证据相互印证,对比未开采区域可见,两个开采点附近未开采区域树木等植被生长良好。非法采矿必将使被开采区域的植被遭到严重破坏，受损山体的修复及自然林地的恢复均需要合理周期，即较长时间才能重新恢复林地的生态服务功能水平，故《损害评估报告》以具有20年生长年限的林地作为参照计算具有一定合理性，《损害评估报告》制作人关于林木经济损失计算的解释科学，故法院对非法采矿行为造成林木经济损失861750元依法予以认定。

2. 鸟类生态价值损失计算恰当。森林资源为鸟类提供了栖息地和食物来源，鸟类种群维持着食物链的完整性，保持营养物质循环的顺利进行，栖息地的破坏必然导致林鸟迁徙或者食物链条断裂，一旦食物链的完整性被破坏，必将对整个森林生态系统产生严重的后果。《补充说明》载明，两处非法开采点是林鸟种群的主要栖息地和适宜生境，非法采矿行为造成鸟类栖息地被严重破坏，由此必然产生种子传播收益额及改善土壤收益额的损失。鸟类为种子的主要传播者和捕食者，可携带或者吞食植物种子，有利于生态系统次生林的自然演替；同时，次生林和原始森林系统的良性循环，也同样为鸟类的自然栖息地提供了庇护，对植物种子的传播具有积极意义。《补充说明》制作人从生态系统的完整性和种间生态平衡的角度，对非法采矿行为造成平衡性和生物多样性的破坏等方面对鸟类传播种子损失作出了详细解释，解释科学合理，法院予以采信，对非法采矿造成鸟类生态价值损失243122元予以认定。

3. 哺乳动物栖息地服务价值损失客观存在。森林生态系统是陆地生态系统的重要组成部分，同时也是哺乳动物繁衍和生存的主要栖息地之一。哺乳动物不仅对维持生态系统平衡有重要作用，还能够调节植物竞争，维护系统物种多样性以及参与物质和能量循环等，是改变生态系统内部各构件配置的最基本动力。《补充说明》载明，在两处非法开采点共记录到6种哺乳动物，认定非法采矿涉及的2处开采区域是哺乳动物的过境区域。鉴于小范围过境区域破坏而造成的哺乳动物生态环境损害尚无相关的研究成果或量化计算依据，无法量化其生态环境损害价值。对此法院认为，虽然《补充说明》考虑客观因素无法量化生态环境损害价值，但非法采矿行为造成山体破坏和植被毁坏，导致哺乳动物过境受到严重影响，对哺乳动物栖息地服务价值造成损失的情况客观存在。结合专家辅助人关于案涉非法采矿区域位于矿坑宕口及林场路口的实际情况，综合考虑上述区域植被覆盖率以及人类活动影响造成两区域内哺乳动物的种类和数量较少等客观因素，法院认为，公益诉讼起诉人主张按照其他生态环境损失1874368元的1%计算哺乳动物栖息地服务价值损失18744元具有一定的合理性，法院依法予以支持。

综上，《损害评估报告》及《补充说明》利用科学调查和实际勘测取得数据和资料，明确非法采矿行为所产生的直接经济价值和矿山生态系统所起的生态服务价值,评估方式适当,对生态资源的直接经济损失,以及生态系统功能受到影响的经济损失、生物多样性价值损失等生态资源损失计算方法科学合理,证据充分,结论可信,法院依法予以认定。王某某应当就其非法采矿造成的生态环境损失费用1893112元及损害评估等事务性费用400000元承担给付责任。

(二)关于生态环境修复问题

长江岸线是支撑长江经济带发展的重要资源,其生态环境的有效保护和统一治理对于维护长江流域生态系统的稳定具有非常重要的作用。恢复性司法理念要求受损的生态环境切实得到有效修复,系统保护需要从各个生态要素全方位、全地域、全过程保护,对破坏生态所造成的损失进行修复,也要从系统的角度对不同生态要素所遭受的实际影响予以综合考量,注重从源头上系统开展生态环境修复,注重自然要素生态利益的有效发挥,对长江流域生态系统提供切实有效的保护。鉴于非法采矿给生态环境造成了严重的破坏,应当采取消除受损山体存在的地质灾害隐患,以及从尽可能恢复其生态环境功能的角度出发,结合经济、社会、人文等实际发展需要进行总体分析判断。

《损害评估报告》建议,对受损山体应当采用削坡、修建截排水系统、矿区回填、种植藤蔓植物、喷播、穴植苗木等方法改善区内生态环境。本案中,1号开采点所在山林二矿地区修复项目即位于××市长江沿线10公里范围内需要治理的露天矿坑项目之中。公益诉讼起诉人提交的修复方案涵盖了山体修复、植被复种、绿地平整等生态修复治理的多个方面,充分考虑了所在区域生态环境结构的功能定位,体现了强化山水林田湖草等各种生态要素协同治理的理念,已经法庭技术顾问论证,结论科学,方法可行。王某某赔偿的生态环境损失费用中,林木的直接经济损失861750元,生态系统功能受到影响的损失包括森林涵养水损失440233元、水土流失损失50850元、土壤侵蚀损失81360元、树木放氧量的减少损失64243元,合计1498436元,上述费用属于改善受破坏的自然环境状况,恢复和维持生态环境要素正常生态功能发挥范畴,可用于侵权行为发生地生态修复工程及地质灾害治理工程使用。

本案中,生物栖息地也是重要的生态保护和修复目标,生物多样性受到影响的损失即鸟类生态价值损失243122元、哺乳动物栖息地服务价值损失18744元、修复期间生物多样性价值损失132810元,合计394676元,属于生物多样性恢复考量范畴,可在基础修复工程完成后,用于侵权行为发生地生物多样性的恢复及保护使用。法院将在判决生效后,邀请公益诉讼起诉人、人大代表、社会公众代表、相关行政职能部门人员、媒体代表等组成监督小组,共同对赔偿资金的使用及修复项目实施后生态环境恢复的程度和水平进行验收,有关信息将采用适当方式予以公示，接受社会监督，切实实现长江生态系统整体性和流域系统性保护。

生态环境要素变化与人类密切相关，坚持生态优先和保护优先，应当是我们的共识。环境司法的职能就在于通过依法受理、审理案件，引导公众树立正确的生态文明观，自觉遵守生态环境保护法律法规，共同善待生态环境，守护绿水青山，引导已经污染环境、破坏生态的侵权者主动修复遭受损害的生态环境。法院充分注意到，被告王某某表示已经意识到自身行为的违法性，通过代理人表达了对破坏生态环境的歉意，并积极主动预缴生态损害修复费用并在刑事案件中退赔矿石资源款，正在以实际行动消除侵权行为对生态环境所造成的损害。

综上，王某某非法采矿行为对生态环境造成破坏，损害了社会公共利益，公益诉讼起诉人关于生态资源损失的赔偿请求以及事务性费用支出均具有事实和法律依据，法院依法予以支持。依照《中华人民共和国环境保护法》（2014年修订）第六十四条，《中华人民共和国侵权责任法》第六条（对应《民法典》第一千一百六十五条），《最高人民法院关于审理环境民事公益诉讼案件适用法律若干问题的解释》（法释〔2015〕1号，2015年1月7日起施行，已修改）第十八条、第二十条、第二十一条、第二十四条，《中华人民共和国民事诉讼法》（2017年修正，已修改）第一百四十八条之规定，判决如下：

一、被告王某某对其非法采矿造成的生态资源损失1893112元承担赔偿责任（已缴纳），其中1498436元用于××市××矿生态修复工程及××市××区××街道××路口地质灾害治理工程使用，394676元用于上述地区生物多样性的恢复及保护使用。

二、被告王某某承担损害评估等事务性费用400000元（已缴纳），该款项于本判决生效后十日内划转至江苏省××市人民检察院。

样本案例二

王某1与湖南省××市人民检察院非法采矿民事公益诉讼上诉案

- 法院

湖南省高级人民法院

- **当事人**

上诉人：王某1

被上诉人（一审公益诉讼起诉人）：湖南省××市人民检察院

一审被告：夏某1、夏某2、范某某、肖某某、阳某某、甘某某、杨某某、夏某某、李某、王某2、陈某某、昌某某、姜某某、钱某某

- **基本案情**

下×湖地处××湖腹地，是××湖湿地的重要组成部分。下×湖跨××市和××县地界。该区域内矿产资源丰富，大部分区域位于南××湖省级自然保护区实验区及××湖省级自然保护区实验区。本案中，夏某1等人非法采砂区域为靠近下×湖的河道区域，非法采砂点水域分别属于××市和××县管辖，且均位于南××湖省级自然保护区实验区及××湖省级自然保护区实验区范围内，直接在河道上采砂，没有在下×湖洲内开采。

经查，李某通过案外人胡某得知××县与××市交界水域有多人非法挖砂，萌生了到该水域非法采砂获利的想法。2016年6月17日至8月1日，李某、夏某1与九江采××号采砂船船主王某1合伙采砂。经过商谈，夏某1与王某1达成协议，约定李某占销售利润的10％，夏某1与王某1各占销售利润的45％。具体人员分工为：夏某2、王某1负责，范某某记账，王某2负责收砂款及管理采砂船，李某、夏某某负责协调砂管站关系，肖某某、阳某某、陈某某等人负责安全管理、接砂船安全调度和砂石量方等工作。2016年6月18日至7月6日、2016年7月16日至7月21日，夏某1安排夏某2联系姜某某的湘沅江采××号采砂船，到原下×湖矮围附近水域一同合伙采砂，经三方协商，约定由李某占销售利润的10％，姜某某与夏某1各占销售利润的45％。具体人员分工为：夏某2负责，杨某某收砂款，李某负责协调砂管站关系，阳某某、陈某某、甘某某等人负责接砂船调度等工作。2016年7月22日至7月28日，夏某1与江苏籍××号采砂船在原下×湖矮围附近水域合伙采砂。具体人员分工为：夏某2负责，钱某某负责生产和管理工作，李某负责协调关系与接砂船调度，杨某某负责记账工作。2016年7月31日，昌某某联系夏某1后，安排昌某某的一艘采砂船在××市与××县交界的下×湖水域非法采砂一晚。2016年11月，夏某2征得夏某1同意后，与姜某某约定湘沅江采××号采砂船在下×湖北闸出口附近的赤磊洪道非法采砂，获利双方五五分成。2016年6月17日至8月1日，九江采××号采砂船在下×湖水域非法采砂，非法获利共计1476.132万元，其中夏某1分得664.2594万元。2016年6月18日至7月6日

和 7 月 16 日至 7 月 21 日，湘沅江采××号采砂船在××市与××县交界的下×湖水域非法采砂。2016 年 7 月 22 号到 7 月 28 日，江苏籍××号采砂船在××市与××县交界的下×湖水域非法采砂。其中湘沅江采××号采砂船在上述期限内非法采砂 25 天，江苏籍××号采砂船非法采砂 7 天。湘沅江采××号采砂船和江苏籍××号采砂船非法获利共计 632.3 万元，其中夏某 1 分得 284.535 万元。昌某某非法采砂一晚获利约 10 万元，其中夏某 1 分得 5 万元。2016 年 11 月，湘沅江采××号采砂船非法采砂获利共计 124.901 万元，其中夏某 1 分得 62.4505 万元。

2019 年 5 月 5 日，××检察院委托湖南省×司法鉴定中心就夏某 1 等人非法采砂行为是否造成生态环境影响以及为修复受损环境而采取必要合理措施所需要的费用等情况进行鉴定。该鉴定中心于 2019 年 5 月 31 日作出（20××）环鉴字第×号司法鉴定意见书，鉴定意见为：① 夏某 1 等人非法采砂行为未发生在规划的采区，其开采行为对非法采砂区域的生态环境造成的影响分为水环境质量受损、河床结构受损、水源涵养受损和水生生物资源受损；② 夏某 1 等人非法采砂行为所造成生态环境影响的空间范围共计约 9.9 万平方米的区域；③ 非法采砂行为造成的矿产资源损失为 2243.333 万元，水生生物资源损失为 2.653 万元，修复水生生物资源受损和河床结构与水源涵养受损所需的费用，分别为 7.969 万元和 865.61 万元。本案中无人身损害、应急处置费用和事务性费用。评估费用共计花费 16 万元。

另，2019 年 11 月 25 日，一审法院作出（2019）湘××刑初××号民事判决，认定夏某 1 等人在下×湖区域非法采砂，并对上述鉴定意见书载明的获利及修复费用予以确认。

2019 年 7 月 24 日，××检察院在《检察日报》发出公告，告知法律规定的机关和有关组织可以就夏某 1 等人非法采矿的行为提起民事公益诉讼。公告期满后，无适格主体提起诉讼，××检察院依法向一审法院提起本案诉讼。一审法院认为，本案争议焦点为：① 被告实施的采矿行为是否合法；② 被告实施的采矿行为，是否破坏了生态环境资源，如是，则需解决损失的认定及责任的承担问题。

1. 关于行为是否合法的问题。根据《中华人民共和国矿产资源法》（2009 年修正）第三条第三款规定，勘查、开采矿产资源，必须依法分别申请、经批准取得探矿权、采矿权，并办理登记。《中华人民共和国矿产资源法实施细则》（国务院令第 152 号，1994 年 3 月 26 日起施行）第五条亦规定，国家对矿产资源的勘查、开采实行许可证制度。勘查矿产资源，必须依法申请登记，领取勘查许可证，取得探矿权；开采矿产资源，必须依法申请登记，领取采矿许可证，取得采矿权。本案中，被告在下×湖区域挖取的砂石系国家矿产资源。根据××市砂石资源开采管理领导小组办公室证明、××市水务局《情况说明》、××县河道砂石综合执法局证明、××市河道砂石服务中心证明并结合另案生效判决认定的事实及各被告当庭陈述可证明被告未依法取得采矿许可证，私自开采国家矿产资源，应认定为非法采砂。

2. 关于环境是否受损的问题。一审法院认为，本案被告受利益的驱使，疯狂掠夺××湖水域岸线资源，严重威胁××湖河床的稳定性及防洪安全，破坏水生生物资源繁衍生存环境，经湖南省×司法鉴定中心鉴定：被告非法采砂行为对采砂区域的生态环境造成的影响分为水环境质量受损、河床结构受损、水源涵养受损和水生生物资源受损，其中水生生物资源损失为 2.653 万元，修复水生生物资源受损和河床结构与水源涵养受损所需的费用，分别为 7.969 万元和 865.61 万元，合计 873.579 万元。被告虽主张公共利益受损与其无关联，但本案各被告当庭陈述均认可实施了采砂行为，根据另案生效判决认定的事实及审理查明的事实，各被告实施的采砂行为非法，且鉴定意见书明确了采砂行为造成生态环境受损。故被告的采砂行为破坏了生态环境资源。

3. 关于损失认定的问题。各被告未提交反驳证据推翻案涉鉴定意见，故对鉴定意见载明的各项损失及修复费用予以确认。同时，根据《最高人民法院关于审理环境民事公益诉讼案件适用法律若干问题的解释》（法释〔2015〕1号，2015 年 1 月 7 日起施行，已修改）第二十二条规定，原告要求被告承担检验、鉴定费用，合理的律师费以及为诉讼支出的其他合理费用的，人民法院可以依法予以支持。鉴定费系查明本案案件事实所花费的必要合理费用，应由侵权人即本案各被告承担。

4. 关于责任承担的问题。就责任主体，经审查，夏某1、夏某2、范某某、肖某某、阳某某、甘某某、杨某某、夏某某、王某1、李某、王某2、陈某某、昌某某、姜某某、钱某某等人具备完全民事行为能力，其在下×湖周边区域非法采砂的行为对生态环境资源造成损害，侵害了社会公共利益，应承担对生态环境资源进行修复的民事责任。就如何担责，根据《中华人民共和国环境保护法》（2014 年修订）第六十四条规定，因污染环境和破坏生态造成损害的，应当依照《中华人民共和国侵权责任法》的有关规定承担侵权责任。《中华人民共和国侵权责任法》第八条（对应《民法典》第一千一百六十八条）规定，二人以上共同实施侵权行为，造成他人损害的，应当承担连带责任。《中华人民共和国民法总则》第一百七十八条第二款（对应《民法典》第一百七十八条第二款）规定，连带责任人的责任份额根据各自责任大小确定；难以确定责任大小的，平均承担责任。实际承担责任超过自己责任份额的连带责任人，有权向其他连带责任人追偿。《最高人民法院关于审理环境民事公益诉讼案件适用法律若干问题的解释》(法释〔2015〕1号,2015年1月7日起施行,已修改)第二十条第二款规定,人民法院可以在判决被告修复生态环境的同时,确定被告不履行修复义务时应承担的生态环境修复费用;也可以直接判决被告承担生态环境修复费用。根据审理查明的事实并结合上述法律规定,夏某1等人在各自参与非法采砂数量范围内构成共同侵权,应在各自参与非法采砂数量范围内承担连带赔偿生态环境修复费用的民事责任。经审理查明,修复费用共计873.579万元,本案非法采砂获利总额为2243.333万元,其中"九江采××号采砂船"获利1476.132万元,"湘沅江采××号"采砂船(2016年6月—7月采砂25天)与"江苏籍××号采砂船"(2016年7月22日—28日采砂7天)合计采砂32天,获利632.3万元,因现有证据无法核算上述两船只单独实际获利及造成损失情况,考虑两船只实际采砂天数,以实际采砂天数确定获利情况为宜,即"湘沅江采××号采砂船"获利493.9万元(632.3万元÷32天×25天),"江苏籍××号采砂船"获利138.4万元(632.3万元÷32天×7天)。"湘沅江采××号"采砂船(2016年11月)获利124.901万元,昌某某船只获利10万元。根据已查明的各被告实际参与的采砂情况确定其各自承担的民事责任比例:夏某1,100%;夏某2、杨某某,99.55%〔(1476.132万元+632.3万元+124.901万元)÷2243.333万元〕;范某某,94.43%〔(1476.132万元+632.3万元+10万元)÷2243.333万元〕;阳某某,88%〔(1476.132万元+493.9万元+10万元)÷2243.333万元〕;李某,93.9%〔(1476.132万元+632.3万元)÷2243.333万元〕;陈某某,87%〔(1476.132万元+493.9万元)÷2243.333万元〕;王某1、王某2、肖某某、夏某某,65.8%(1476.132万元÷2243.333万元);姜某某,27%〔(493.9万元+124.901万元)÷2243.333万元〕;甘某某,22%(493.9万元÷2243.333万元);钱某某,6%(138.4万元÷2243.333万元);昌某某,0.44%(10万元÷2243.333万元)。依据上述责任比例确定各自应承担的修复费用比例,即夏某1承担873.579万元修复费用,夏某2、杨某某承担869.6万元修复费用,范某某承担824万元修复费用,阳某某承担768万元修复费用,李某承担820万元修复费用,陈某某承担760万元修复费用,王某1、王某2、肖某某、夏某某承担574万元修复费用,姜某某承担235万元修复费用,甘某某承担192万元修复费用,钱某某承担52万元修复费用,昌某某承担3.8万元修复费用。同时,《中华人民共和国侵权责任法》第十五条(对应《民法典》第一百七十九条)规定,侵权人承担侵权责任的主要方式有:(一)停止侵害……(七)赔礼道歉,以上承担侵权责任的方式,可以单独适用,也可以合并适用。夏某1等十五人实施的侵权行为造成公共利益受损,使社会公众对公共环境的可期待值受到损害,且在全国范围内造成重大影响,故对××检察院主张夏某1等十五人在国家级媒体公开赔礼道歉的请求予以支持。

一审法院判决如下:

一、非法采砂造成的采砂水域河床原始结构、水源涵养量修复费用865.61万元、水生生物资源修复费用7.969万元,共计873.579万元,由被告夏某1承担。二、对前述第一项判决确定的赔偿责任,由被告夏某2、杨某某在869.6万元范围内承担连带赔偿责任;被告范某某在824万元范围内承担连带赔偿责任;被告阳某某在768万元范围内承担连带赔偿责任;被告李某在820万元范围内承担连带赔偿责任;被告陈某某在760万元范围内承担连带赔偿责任;被告王某2、王某1、肖某某、夏某某在574万元范围内承担连带赔偿责任;被告姜某某在235万元范围内承担连带赔偿责任;被告甘某某在192万元范围内承担连带赔偿责任;被告钱某某在52万元范围内承担连带赔偿责任;被告昌某某在3.8万元范围内承担连带赔偿责任。三、被告夏某1、夏某2、范某某、杨某某、肖某某、夏某某、阳某某、甘某某、李某、王某2、王某1、陈某某、昌某某、姜某某、钱某某就非法采矿行为在国家级媒体公开赔礼道歉(内容由法院审定)。四、驳回湖南省××市人民检察院的其他诉讼请求。以上履行义务,限判决生效后十日内履行完毕。案件受理费72950元,由夏某1、夏某2、杨某某、范某某、阳某某、李某、陈某某负担43770元,由王某2、王某1、肖某某、夏某某负担14590元,由姜某某负担7295元,由甘某某、钱某某负担6565.5元,由昌某某负担729.5元。鉴定费160000元由夏某1、夏某2、范某某、杨某某、肖某某、夏某某、阳某某、甘某某、李某、王某2、王某1、陈某某、昌某某、姜某某、钱某某承担。

上诉人王某1上诉称:上诉人是被夏某1、李某以合法采区的名义诱骗到下×湖水域采砂的,相对过错责任要轻。另外,虽说在利润分配方面李某占10%,夏某1和本人各占45%,但是李某、夏某1所得皆为纯利润,上诉人在所得中要支付高昂的燃油成本和船舶维修成本,所获纯利润不足200万元,并且刑事判决所有毛利润均予收缴,已承担不可承受之重。从事实而言,判决本案所有民事被告与夏某1承担连带责任,夏某1身负巨债,无民事执行能力,其他各被告执行能力有限,上诉人恐成民事判决唯一的被执行主体。上诉人现欠银行、原合伙人及邻里乡亲数千万元债务,自己早已家徒四壁,一旦刑事判决和民事判决执行上诉人船舶,上诉人势必走投无路,这在法律上是不公平和不合理的。根据刑事罪责自负、罪刑相适应及民事过错责任原则,在民事判决中笼统判决连带责任,上诉人认为是错误的,为此,恳请高院改判:

① 撤销(2019)湘××民初××号《民事判决书》;② 改判上诉人对574

万元的10%份额即57.4万元承担按份赔偿责任；③明确判决上诉人应承担的诉讼费。

• **案件争点**

1. 被告实施的采矿行为是否合法？
2. 被告实施的采矿行为，是否破坏了生态环境资源？如是，损失如何认定？责任如何承担？

• **裁判要旨**

《中华人民共和国环境保护法》（2014年修订）第六十四条规定"因污染环境和破坏生态造成损害的，应当依照《中华人民共和国侵权责任法》的有关规定承担侵权责任"。建设生态文明关系人民福祉，关乎民族未来，通过司法审判服务环境保护、促进绿色发展是人民法院的神圣职责。检察环境生态民事公益诉讼的主要任务是充分发挥司法审判、法律监督职能作用，维护社会公平正义，督促适格主体依法行使公益诉权，维护环境生态公共利益。下×湖地处××湖腹地，区域内矿产资源丰富，大部分位于南××湖省级自然保护区实验区及××湖省级自然保护区实验区，又是××湖湿地的重要组成部分。本案上诉人王某1与夏某1为首等黑恶势力，受利益的驱使，疯狂掠夺××湖水域岸线资源，严重威胁××湖河床的稳定性及防洪安全，破坏水生生物资源繁衍生存环境，经湖南省×司法鉴定中心鉴定：上诉人王某1及原审被告夏某1等人非法采砂行为对采砂区域的生态环境造成的影响分为水环境质量受损、河床结构受损、水源涵养受损和水生生物资源受损，其中水生生物资源损失为2.653万元，修复水生生物资源受损和河床结构与水源涵养受损所需的费用，分别为7.969万元和865.61万元，合计873.579万元。王某1与夏某1、夏某2、范某某、王某2、李某、夏某某、肖某某、阳某某、陈某某等原审被告分工合作、利用九江采××号采砂船共同实施了对××湖下×湖周边区域非法采砂行为，对采砂区域生态环境资源造成严重损害，严重侵害了环境公共利益，对采砂区域生态环境资源的损害属共同侵权行为。上诉人王某1与原审被告王某2、肖某某、夏某某只参与了利用九江采××号采砂船实施对××湖下×湖周边区域非法采砂行为，王某1非法获利664.2594万元，应该对其参与的共同侵权行为承担相应的民事责任。由于本案九江采××号采砂船的实际采砂量无法确定，原审按照王某1与夏某1、王某2、肖某某、夏某某等原审被告共同利用九江采××号采砂船获利1476.132万元占夏某1涉黑恶团伙全部非法获利2243.333万元的比例来确定其民事责任比例更符合本案实际。《中华人民共和国侵权责任法》第八条（对应《民法典》第一千一百六十八条）规定"二人以上共同实施侵权行为，造成他人损害的，应当承担连带责任"，上诉人王某1与原审被告夏某1、王某2、肖某某、夏某某共同侵权，王某1与其他原审被告具有共同的意思联络，上诉人王某1与原审被告王某2、肖某某、夏某某在574万元范围内承担连带赔偿责任于法有据。一审法院已经将王某1承担连带赔偿责任的金额限定在其参与实施的环境损害范围内。故王某1上诉"应该承担按份赔偿责任即对574万元的10％份额57.4万元承担按份赔偿责任"的上诉理由不能成立，二审法院不予采纳。判决生效后，王某1实际承担的连带责任超过自己责任份额的，可以向其他连带责任人追偿。至于各连带责任人之间份额一审判决没有明确，而上诉人上诉亦没有主张明确，这是当事人对自己诉讼权利的处分，二审法院可不对此进行评判。上诉人王某1提出执行能力的问题，不能成为免除或减轻其承担民事侵权责任的法定理由，该上诉理由二审法院亦不予采纳。

建设法治中国，每一个公民都不能置身事外，公民不仅仅是法治中国前行的受益者，更应该是参与者。我国是成文法国家，所有的正在有效实施的法律、法规均已经对社会公布，在我国范围内从事民事活动的一切组织和个人均有知晓并遵守法律的义务，因此当事人以不知晓法律为由提出抗辩法院不予支持。刑事责任与侵权民事责任是两种不同性质的责任，法律依据不同，承担责任的方式也不同。侵权人因同一污染环境的行为承担刑事责任后，不影响依法承担民事侵权责任。谁污染谁治理，谁破坏谁担责。原审被告夏某1等主张"承担了刑事责任，不应当再承担民事责任"、"不知道违法了"等答辩意见亦不成立，二审法院不予采纳。

另二审法院依法对当事人包括羁押在监狱的上诉人和原审被告送达了传票，考虑部分当事人羁押在监狱，采取了现场开庭与远程视频开庭结合的方式充分保障了当事人的诉讼权利。

综上所述，王某1的上诉请求不成立，应予驳回。一审判决认定事实清楚，适用法律正确，应予维持。依照《中华人民共和国民事诉讼法》（2017年修正，已修改）第一百四十四条、第一百七十条第一款第（一）项规定，判决如下：

驳回上诉，维持原判。

三、司法案例类案甄别

（一）事实对比

样本案例一江苏省××市人民检察院诉王某某生态破坏民事公益诉讼案，

法院认定被告王某某违反矿产资源法的规定，未取得采矿许可证即实施非法采矿行为，造成生态环境的破坏，主观存在过错，非法采矿行为与生态环境损害之间具有因果关系，应当依照《中华人民共和国侵权责任法》第六条之规定，对其行为造成的生态环境损害后果承担赔偿责任。被告非法采矿行为造成的生态环境损害范围主要包括生态资源的经济损失、鸟类生态价值损失、哺乳动物栖息地服务价值损失。

样本案例二王某1与湖南省××市人民检察院非法采矿民事公益诉讼上诉案，二审法院对一审法院查明的事实予以认定。一审法院认为被告在下×湖区域挖取的砂石系国家矿产资源，根据××市砂石资源开采管理领导小组办公室证明、××市水务局《情况说明》、××县河道砂石综合执法局证明、××市河道砂石服务中心证明并结合另案生效判决认定的事实及各被告当庭陈述可证明被告未依法取得采矿许可证，私自开采国家矿产资源，应认定为非法采砂。被告非法采砂行为对采砂区域的生态环境造成的影响分为水环境质量受损、河床结构受损、水源涵养受损和水生生物资源受损。

从事实认定来看，样本案例一和样本案例二均认为被告的非法采矿行为造成生态环境损害，但从具体的受损害范围方面各有不同。除直接经济损失外，样本案例一认定了鸟类、哺乳类动物受到的损害，样本案例二认定了水源涵养和水生生物资源受到的损害。

（二）适用法律对比

样本案例一江苏省××市人民检察院诉王某某生态破坏民事公益诉讼案，法院认为，依照《中华人民共和国侵权责任法》第六条之规定，被告王某某对其行为造成的生态环境损害后果承担赔偿责任。依照《中华人民共和国环境保护法》（2014年修订）第六十四条，《中华人民共和国侵权责任法》第六条（对应《民法典》第一千一百六十五条），《最高人民法院关于审理环境民事公益诉讼案件适用法律若干问题的解释》（法释〔2015〕1号，2015年1月7日起施行，已修改）第十八条、第二十条、第二十一条、第二十四条，《中华人民共和国民事诉讼法》（2017年修正，已修改）第一百四十八条之规定，判决被告王某某对其非法采矿造成的生态资源损失1893112元承担赔偿责任，其中1498436元用于××市××矿生态修复工程及××市××区××街道××路口地质灾害治理工程使用，394676元用于上述地区生物多样性的恢复及保护使用。判决被告王某某承担损害评估等事务性费用400000元，该款项于本判决生效后十日内划转至江苏省××市人民检察院。

样本案例二王某1与湖南省××市人民检察院非法采矿民事公益诉讼上诉

案，原审法院认为，根据《中华人民共和国矿产资源法》（2009年修正）第三条第三款规定，勘查、开采矿产资源，必须依法分别申请、经批准取得探矿权、采矿权，并办理登记。《中华人民共和国矿产资源法实施细则》（国务院令第152号，1994年3月26日起施行）第五条亦规定，国家对矿产资源的勘查、开采实行许可证制度。勘查矿产资源，必须依法申请登记，领取勘查许可证，取得探矿权；开采矿产资源，必须依法申请登记，领取采矿许可证，取得采矿权。本案中，被告在下×湖区域挖取的砂石系国家矿产资源。根据××市砂石资源开采管理领导小组办公室证明、××市水务局《情况说明》、××县河道砂石综合执法局证明、××市河道砂石服务中心证明并结合另案生效判决认定的事实及各被告当庭陈述可证明被告未依法取得采矿许可证，私自开采国家矿产资源，应认定为非法采砂。

根据《中华人民共和国环境保护法》（2014年修订）第六十四条规定，因污染环境和破坏生态造成损害的，应当依照《中华人民共和国侵权责任法》的有关规定承担侵权责任。《中华人民共和国侵权责任法》第八条（对应《民法典》第一千一百六十八条）规定，二人以上共同实施侵权行为，造成他人损害的，应当承担连带责任。《中华人民共和国民法总则》第一百七十八条第二款（对应《民法典》第一百七十八条第二款）规定，连带责任人的责任份额根据各自责任大小确定；难以确定责任大小的，平均承担责任。实际承担责任超过自己责任份额的连带责任人，有权向其他连带责任人追偿。《最高人民法院关于审理环境民事公益诉讼案件适用法律若干问题的解释》（法释〔2015〕1号，2015年1月7日起施行，已修改）第二十条第二款规定，人民法院可以在判决被告修复生态环境的同时，确定被告不履行修复义务时应承担的生态环境修复费用；也可以直接判决被告承担生态环境修复费用。根据审理查明的事实并结合上述法律规定，夏某1等人在各自参与非法采砂数量范围内构成共同侵权，应在各自参与非法采砂数量范围内承担连带赔偿生态环境修复费用的民事责任。二审法院认为，一审判决认定事实清楚，适用法律正确，应予维持。

（三）类案大数据报告

截至2024年1月12日，以"检察院""环境公益诉讼""非法采矿"为关键词，通过公开案例数据库共检索到类案62件，经筛除重复案件及不相关案件，实际共有36件。整体情况如下：

从类案地域分布看，当前案例主要集中在江西（6件）、河南（5件）、福建（4件）等地，其余案件分散在各地；从类案时间看，当前案例多发生于2019

年及以前,共16件,近三年案件量较少;从案件经历的审理程序看,当前案例中一审终审的案件共34件,一审终审率约为94%。

四、类案裁判规则的解析与确立

水、土壤、矿产、生物等环境要素紧密关联,因此检察机关办理环境民事公益诉讼案件,要坚持系统保护,坚持山水林田湖草沙一体化保护和系统治理理念,从生态系统整体性和系统性出发,对非法采矿行为造成的生态环境损害除矿产资源、水土流失等情况外,还需综合考虑开采区域的林草、生物资源及其栖息地等全方位生态要素及生物多样性的恢复。在某些方面损失明确但尚无法计算时,检察机关可参考专家意见和损害评估报告,根据破坏程度等酌情提出诉讼请求。

五、关联法律法规

(一)《中华人民共和国矿产资源法》(2009年修正)

第三条 矿产资源属于国家所有,由国务院行使国家对矿产资源的所有权。地表或者地下的矿产资源的国家所有权,不因其所依附的土地的所有权或者使用权的不同而改变。

国家保障矿产资源的合理开发利用。禁止任何组织或者个人用任何手段侵占或者破坏矿产资源。各级人民政府必须加强矿产资源的保护工作。

勘查、开采矿产资源,必须依法分别申请、经批准取得探矿权、采矿权,并办理登记;但是,已经依法申请取得采矿权的矿山企业在划定的矿区范围内为本企业的生产而进行的勘查除外。国家保护探矿权和采矿权不受侵犯,保障矿区和勘查作业区的生产秩序、工作秩序不受影响和破坏。

从事矿产资源勘查和开采的,必须符合规定的资质条件。

(二)《最高人民法院关于审理环境民事公益诉讼案件适用法律若干问题的解释》(法释[2015]1号,2015年1月7日起施行,已修改)

第十五条 当事人申请通知有专门知识的人出庭,就鉴定人作出的鉴定意见或者就因果关系、生态环境修复方式、生态环境修复费用以及生态环境受到损害至恢复原状期间服务功能的损失等专门性问题提出意见的，人民法院可以准许。

前款规定的专家意见经质证，可以作为认定事实的根据。

第二十条　原告请求恢复原状生态环境的，人民法院可以依法判决被告将生态环境修复到损害发生之前的状态和功能。无法完全修复的，可以准许采用替代性修复方式。

人民法院可以在判决被告修复生态环境的同时，确定被告不履行修复义务时应承担的生态环境修复费用；也可以直接判决被告承担生态环境修复费用。

生态环境修复费用包括制定、实施修复方案的费用和，修复期间的监测、监管等费用。

【法条变迁】《最高人民法院关于审理环境民事公益诉讼案件适用法律若干问题的解释（2020年修正）》

第十五条　当事人申请通知有专门知识的人出庭，就鉴定人作出的鉴定意见或者就因果关系、生态环境修复方式、生态环境修复费用以及生态环境受到损害至恢复原状期间服务功能的损失等专门性问题提出意见的，人民法院可以准许。

前款规定的专家意见经质证，可以作为认定事实的根据。

第二十条　原告请求恢复原状的，人民法院可以依法判决被告将生态环境修复到损害发生之前的状态和功能。无法完全修复的，可以准许采用替代性修复方式。

人民法院可以在判决被告修复生态环境的同时，确定被告不履行修复义务时应承担的生态环境修复费用；也可以直接判决被告承担生态环境修复费用。

生态环境修复费用包括制定、实施修复方案的费用，修复期间的监测、监管费用，以及修复完成后的验收费用、修复效果后评估费用等。

检察环境公益案件裁判规则

第 5 条

检察机关是否对违法行为人提起民事公益诉讼（包括刑事附带民事公益诉讼），不影响其就行政机关的不履职行为提起行政公益诉讼

一、聚焦司法案件裁判观点

■ 争议焦点

检察机关已经对违法行为人提起民事公益诉讼（包括刑事附带民事公益诉讼），能否再就行政机关的不履职行为提起行政公益诉讼？

■ 裁判观点

对于行政行为的相对人的违法行为，是选择提起民事公益诉讼（包括刑事附带民事公益诉讼）来督促行政行为的相对人履行恢复生态环境责任，还是选择提起行政公益诉讼督促行政机关履行监管职责，检察机关可以根据具体情况选择适用。负有监督管理职责的行政机关不得因行政行为的相对人已构成犯罪而怠于履行自己的法定职责。

二、司法案例样本对比

样本案例一

**安徽省××市××区人民检察院诉被告
××市林业局不履行法定职责一案**

- **法院**

安徽省××市××区人民法院

- **诉讼主体**

公益诉讼起诉人：××市××区人民检察院（以下称：××区检察院）
被告：××市林业局

• 基本案情

2016年4月至8月,张某某未经林业主管部门审批同意,擅自非法占有××市××镇××村××组林地面积达5.93亩(3956平方米)修建林区道路,改变林地用途。2016年9月26日,××市林业局作出行政处罚决定书,责令张某某在三个月内恢复原状,并处非法改变用途林地4.3亩(2871平方米)每平方米20元的罚款共计人民币57420元的林业行政处罚。同年10月8日,××市林业局接群众检举,认为张某某非法占有的林地面积鉴定有误,遂重新指派技术人员进行鉴定。经鉴定,张某某修建林区道路占有山场林地面积为5.93亩(3956平方米),林地林种为防护林,林地植被已被全部损毁,林地种植条件被严重毁坏。2016年10月9日,××市林业局依据《林业行政处罚程序规定》①第三十条,作出《关于撤销对张某某林业行政处罚的决定》,认为张某某的行为已达到刑事立案标准,决定撤销原行政处罚决定书,并将该案移交××市森林公安局调查。2016年10月9日,××市森林公安局对张某某涉嫌非法占有林地进行立案调查,并于2016年12月28日将该案移交检察机关审查起诉。截至2017年4月2日,张某某仅在道路滑坡处栽种三四百棵杉树苗,对此,××林业局既未重新对张某某作出处罚决定,也未采取有效措施予以应对,导致被毁林地不法侵害的状态持续存在,给生态环境保护工作带来很大的负面影响。2017年3月1日,××市人民检察院以检察建议督促被告履职监管后,被告既未回复该院,亦未采取有效措施依法全面履行其法定职责,致被毁林地至今未能恢复原状,国家和社会公共利益仍处于受侵害状态。

公益诉讼起诉人认为,张某某因涉嫌非法占有农用地,虽已被公安机关依法立案调查并移送检察机关审查起诉,但其未经林业行政主管部门审核同意,在案涉林地上从事非法修建林区道路活动,属于擅自改变林地用途的违法行为,且至今仍未将被毁林地恢复原状,对此,××市林业局既未作出行政处罚决定,也未采取有效措施予以应对,怠于履行林地资源保护职责。2017年3月1日,××市人民检察院以检察建议督促被告履职监管后,被告既未回复该院,亦未采取有效措施依法全面履行其法定职责,致被毁林地至今未能恢复原状,国家和社会公共利益仍处于受侵害状态。根据《全国人民代表大会常务委员会关于授权最高人民检察院在部分地区开展公益诉讼试点工作的决定》和最高人民检

---

① 1996年9月27日中华人民共和国林业部令第8号公布,自1996年10月1日起施行,现行有效。林业部经过两次国务院机构改革方案变更,现已不存在。该部门规章现由国家林业和草原局发布。

察院关于《人民检察院提起公益诉讼试点工作实施办法》（高检发释字〔2015〕6号，2015年12月24日起施行，已废止）第四十一条的规定，提起诉讼，请求依法判令：1.确认××市林业局怠于履行森林保护监管职责违法；2.判令××市林业局继续履行森林保护监管职责，依法督促张某某尽快恢复被毁林地。后因××市林业局在诉讼阶段，依法继续履行森林保护监管职责，督促张某某限期恢复被毁林地，公益诉讼起诉人根据《人民检察院提起公益诉讼试点工作实施办法》（高检发释字〔2015〕6号，2015年12月24日起施行，已废止）第四十九条的规定，变更诉讼请求，撤回第二项诉讼请求，仅保留第一项诉讼请求：确认××市林业局怠于履行森林保护监管职责违法。

××市林业局辩称如下。1.公益诉讼起诉人在本案中既提出了确认被告行政行为违法又要求被告履行行政职责，该两项请求相互矛盾，不符合行政诉讼法的相关规定。2.被告已履行行政职责且未怠于履行监管职责。2016年9月17日，××市××森林派出所接匿名举报，称案外人张某某违法占用林地在林区修建道路，被告所属的派出所受案后立即组织调查，并于2016年9月26日对违法行为人张某某作出行政处罚决定书。后又接群众举报，经重新调查核实张某某的违法行为已达到刑事立案标准，于2016年10月9日作出撤销行政处罚决定，并移送××市森林公安局进行刑事立案处理。侦查终结后经××市人民检察院向××市人民法院提起诉讼，××市人民法院于2017年5月9日作出刑事判决认定张某某的行为构成非法占有农用地罪并处罚金2万。据此被告已履行调查取证、移送司法机关处理等行政职责，且程序合法。3.起诉理由没有事实和法律依据。其一，针对张某某的违法行为被告曾作出行政处罚，因其已构成刑事犯罪，不能以行政处罚代替刑事处罚，被告遂撤销原行政处罚决定，将案件移交司法机关处理，该行政行为符合法律规定。至于司法机关处理后，是否应对同一违法行为人同一违法事实再作出行政处罚，法律未明确规定。根据（中办发〔2011〕8号）《关于加强行政执法与刑事司法衔接工作的意见》的相关规定，涉案行为人已受刑事处罚原则上不能再给予行政处罚。被告需待根据司法机关处理结果，就违法行为再作进一步处理。其二，本案在刑事案件未作出判决时由检察机关提起公益诉讼明显不当。既然案件已移交司法机关进行刑事处理，理应待刑事判决确认违法事实后，认为应当作出行政处罚的，若被告仍未对违法行为进行处罚，检察机关方可就被告不履行法定职责起诉。其三，既然检察机关认为张某某的违法行为改变林地用途未恢复原状，损害了国家和社会公共利益，其应当根据刑事诉讼法的相关规定在追究张某某刑事责任时一并提起附带民事诉讼，要求违法行为人在承担刑事责任的同时，一并承担民事责任；或者直接提起民事公益诉讼要求违法行为人张某某对毁损林地恢复原状。

故在法院未作判决和在张某某受到刑事追究后，再要求被告作出行政处罚督促其恢复被毁林地依据不足。综上，被告已依法及时履行了行政职责，且检察机关在刑事案件未作判决并在违法行为人受到刑事处罚后再要求被告作出行政处罚，督促违法行为人恢复被毁林地缺乏依据，因此请求法院驳回其诉讼请求。

• 案件争点

检察机关是否有权提起行政公益诉讼？被告行政机关是否怠于行使监督职责？

• 裁判要旨

法院认为，根据《全国人民代表大会常务委员会关于授权最高人民检察院在部分地区开展公益诉讼试点工作的决定》和最高人民检察院关于《人民检察院提起公益诉讼试点工作实施办法》（高检发释字〔2015〕6号，2015年12月24日起施行，已废止）第二十八条、第四十一条规定，人民检察院在履行职责中发现生态环境和资源保护、国有资产保护、国有土地使用权出让等领域负有监督管理职责的行政机关或者法律、法规、规章授权的组织违法行使职权或者不作为，造成国家和社会公共利益受到侵害，具有依法提起行政公益诉讼的权利。本案中，××区检察院在履行职责中发现××市林业局怠于履行法定职责后发出检察建议，××市林业局既未及时予以回复，亦未对张某某擅自改变林地用途的违法行为及时采取有效措施，导致被毁林地不法侵害的状态持续存在，给生态环境保护工作带来负面影响，为保护林地资源不受侵害，其有权以公益诉讼起诉人身份提起行政公益诉讼。

根据《中华人民共和国森林法》（2009年修正，已修改）第十三条及《林业行政处罚程序规定》第九条规定，××市林业局作为林业主管部门，负责本行政区域内林业管理和监督工作，负有对违反林业管理法律、法规的行为进行查处的职责。张某某擅自占用林地，导致被毁林地不法侵害的状态持续存在，××市林业局在收到检察院检察建议书后，既不及时书面予以回复，也未及时采取有效措施消除违法状态，直至××区检察院向法院提起行政公益诉讼后，方作出《责令张某某限期恢复原状通知书》，故公益诉讼起诉人主张确认××市林业局怠于履行森林保护监管职责违法，具有事实与法律依据，法院予以支持。

综上，案经法院审判委员会讨论决定，依照《中华人民共和国行政诉讼法》（2017年修正）第七十四条第二款第（二）项之规定，判决如下：

确认被告××市林业局怠于履行森林保护监管职责违法。

检察环境公益案件类案甄别与裁判规则确立

样本案例二
湖北省××市人民检察院诉被告××市林业局
不履行林业监督管理法定职责一案

- 法院

湖北省××市人民法院

- 诉讼主体

公益诉讼起诉人：××市人民检察院
被告：××市林业局

- 基本案情

2018年10月至2019年1月，行政行为的相对人夏某某未经行政许可，在未办理占用林地审批手续的情况下雇请工人和挖机在××市××镇××村和××村交界处，擅自占用、毁坏村民唐某某和熊某某承包的××山场，在其上林地修建道路、采挖风化石。2019年3月7日，经林业调查规划设计队现场勘测，确认夏某某修路、采石毁坏林地共计6749平方米，折合10.11亩。为此，××市人民检察院于2019年5月29日向××市林业局发出检察建议书，建议××市林业局依法履行林业监督管理职责，对夏某某毁坏林地的行为进行处理，恢复林地原状，保护国家和社会公共利益。2019年7月17日，××市林业局向××市人民检察院书面回复称已履行林业监督管理法定职责，由夏某某出资3万元，委托造林公司于植树季节时对被毁坏林地进行植被恢复。××市人民检察院于2020年4月14日、4月28日对整改情况进行了两次调查，经现场勘查后发现涉案山场的林木被破坏，大量石头裸露在外，地上有大量枯死的树枝，山场一侧被挖出一个大坑且有大量积水，靠山一侧有明显被采挖的痕迹，国家和社会公共利益处于持续受侵害状态。

另，2019年6月6日行政行为的相对人夏某某因违反土地管理法规，非法占用林地，改变被占用林地用途，数量较大，造成林地大量毁坏，其行为已构成非法占用农用地罪，被××市人民法院判处有期徒刑一年，缓刑二年，并处罚金人民币20000元。

公益诉讼起诉人认为：××市林业局作为当地林业主管部门，负有查处林业违法行为，保护林业资源的法定职责，但其至今未对行政行为的相对人夏某某毁坏林地、擅自改变林地用途的违法作出行政处理，未依照《中华人民共和国森林法》(2019年修订)、《中华人民共和国森林法实施条例》(2018年修订)的有关规定履行林业监督管理法定职责，导致行政行为的相对人夏某某毁坏的林地未予恢复，国家利益和社会公共利益处于持续受侵害状态。为督促××市林业局依法履行职责，促进行政机关依法行政，保护森林资源，维护国家利益和社会公共利益，现根据《中华人民共和国行政诉讼法》(2017年修正)第二十五条第四款和《最高人民法院、最高人民检察院关于检察公益诉讼案件适用法律若干问题的解释》(法释〔2018〕6号，2018年3月2日起施行，已修改)第二十一条第三款的规定，向法院提起诉讼。请求依法判令××市林业局在一定期限内继续履行监督管理职责，责令行政行为的相对人夏某某补种被毁坏林木一倍以上三倍以下的树木，恢复林地原状。

被告××市林业局辩称，1. 针对检察院提出的问题，我局高度重视并作出相应措施，因行政行为的相对人夏某某的违法行为涉嫌犯罪，我局执法部门已依法将该案移送××市森林公安局处理，行政行为的相对人夏某某已被判处非监禁刑。我局依照《中华人民共和国森林法实施细则》(国函〔1986〕57号，1986年5月10日起施行，已废止)的规定责令行政行为的相对人夏某某缴纳代履行植被修复资金三万元，与××公司签订《合同书》，由该公司负责绿化被毁林地。此后因其自身原因又未能及时履行义务，我局于2020年再次督促行政行为的相对人夏某某植树，但因客观情况影响搁置。2020年7月，我局又一次责令行政行为的相对人夏某某履行义务，夏某某再次出资与××公司签订合同，由该公司代履行植被修复。2. 对检察机关起诉的我局监管职责不到位的问题，我局高度重视并及时向检察机关反馈履职工作情况，切实保障行政行为的相对人夏某某毁坏的植被能够得到复绿，共同守护好一片蓝天。

• 案件争点

检察机关是否具有公益诉讼起诉人的诉讼主体资格？行政行为的相对人承担刑事责任后，××市林业局是否还需要根据《中华人民共和国森林法》(2019年修订)第七十六条的规定履行法定职责？

• 裁判要旨

法院认为，××市人民检察院具有公益诉讼起诉人的诉讼主体资格。《最高人民法院、最高人民检察院关于检察公益诉讼案件适用法律若干问题的解释》(法释〔2018〕6号，2018年3月2日起施行，已修改)第二十一条规定，人民检察院在履行职责中发现生态环境和资源保护、食品药品安全、国有财产保护、国有土地使用权出让等领域负有监督管理职责的行政机关违法行使职权或者不作为，致使国家利益或者社会公共利益受到侵害的，应当向行政机关提出检察建议，督促其依法履行职责。行政机关不依法履行职责的，人民检察院依法向人民法院提起诉讼。另据《中华人民共和国森林法》（2019年修订）第九条规定，县级以上地方人民政府林业主管部门，主管本区域的林业工作。本案中，被告××市林业局负有对本辖区内林业违法行为的法定监督管理职责。在经××市人民检察院依法督促其履行法定职责而未依法全面、正确、及时履行时，××市人民检察院有权依法对其提起行政公益诉讼。

关于行政行为的相对人夏某某承担刑事责任后，××市林业局是否还需要根据《中华人民共和国森林法》（2019年修订）第七十六条的规定履行法定职责的问题。法院认为，林业纠纷案件多具有融合性，同一违法行为往往涉及刑事、民事和行政不同法律责任，行政处理与刑事制裁的适用范围存在一定竞合，但二者在性质、形式和功能方面存在诸多不同。现行法律法规均未规定对于同一违反行政法上的违法行为在追究刑事责任后，不得再承担行政责任。对于此种情形下行政责任与刑事责任的具体适用，应当区别对待，即当行政责任内容与刑事责任内容具有相同的法律效果时，因刑事责任是最严厉的制裁措施，如行政责任已先行承担，则在刑事责任中应予以折抵；如刑事责任已先行承担，则刑事责任吸收行政责任。当行政责任内容的法律效果与刑事责任内容的法律效果不同时，行政责任与刑事责任应分别适用。行政公益诉讼起诉人是"可以"起诉，而不是"应当"起诉，只有当国家和社会缺乏提起民事公益诉讼的机关和有关组织，检察机关才是保护社会公共利益的最后一道防线。对于当行政行为的相对人构成刑事犯罪后，是选择提起刑事附带民事公益诉讼来督促行政行为的相对人履行恢复生态环境责任，还是选择提起行政公益诉讼督促行政机关履行监管职责，检察机关可以根据具体情况选择适用。本案行政行为的相对人夏某某因滥伐林木的行为已被追究刑事责任，判处有期徒刑、罚金、追缴违法所得，刑事部分罚金的法律效果与行政罚款的法律效果相同，追缴违法所得的法律效果与没收违法者滥伐的林木或者变卖所得的法律效果相同，因刑事责任是最严厉的制裁措施且刑事责任已先行承担，故刑事责任中罚金和追缴违法所得应吸收行政责任中罚款和没收违法者滥伐的林木或者变卖所得，因此××市林业局不应再对行政行为的相对人夏某某滥伐林木行为作出没收违法所得和罚款的行政处罚决定。但对于责令违法者补种滥伐株数三倍的树木，不能为本案刑事责任所包含和吸收。责令补种滥伐株数三倍的树木这种行政处理方式，更侧重于恢复性和教育性而非制裁与惩罚，其目的是要求违法者消除不良后果、修复被破坏的生态环境和资源。根据《中华人民共和国森林法》（2019年修订）第七十六第二款规定，滥伐林木的，由县级以上人民政府林业主管部门责令限期在原地或异地补种盗伐株数一倍以上三倍以下的树木，可以处滥伐林木价值三倍以上五倍以下的罚款；第八十一条规定"违反本法规定，有下列情形之一的，由县级以上人民政府林业主管部门依法组织代为履行，代为履行所需费用由违法者承担：（一）拒不恢复植被和林业生产条件，或者恢复植被和林业生产条件不符合国家有关规定；（二）拒不补种树木，或者补种不符合国家有关规定……"被告××市林业局作为本区域林业行政主管部门，依照法律规定，应责令行政行为的相对人补种被毁坏林木一倍以上三倍以下的树木，恢复林地原状。对于责令补种树木的树种、规格、补种时节、补种地点等，属于被告××市林业局的专业判断范围。如违法者拒不补种树木或者补种不符合国家有关规定的，由林业主管部门代为补种，再向违法者追缴代履行费用。此外，对于行政行为的相对人其行为构成犯罪后是选择提起刑事附带民事公益诉讼来督促其履行恢复被毁坏的生态环境的责任，还是选择提起行政公益诉讼督促行政机关履行监督管理职责，检察机关可以根据具体情况选择适用。负有监督管理职责的行政机关不得因行政行为的相对人已构成犯罪而将自己应当履行的法定职责推诿于他人或不作为。当相关行政机关怠于履行自己的法定职责而国家和社会又缺乏提起公益诉讼的机关和组织时，检察机关才是保护社会公共利益的最后一道防线。

同时，被告在收到人民检察院的检察建议书后，能及时向人民检察院作出书面回复，特别是在本案诉讼过程中能主动对行政行为的相对人作出行政处罚决定，并积极采取措施协调被处罚人夏某某出资与具有园林绿化工程施工资质的公司签订代为补种林木合同书，恢复林地原状，实现诉讼目的。法院对被告的上述积极履职行为给予肯定，但被告××市林业局在行政行为的相对人夏某某毁坏林地，擅自改变林地用途的违法行为发生后未及时、正确、完全履行林业监督管理法定职责，恢复林地原状，存在违法履职行为，致使国家利益和社会公共利益在较长时间里处于持续受侵害的状态的事实，法院亦予以确认。根据《中华人民共和国行政诉讼法》（2017年修正）第七十四条第二款"行政行为有下列情形之一的，不需要撤销或者判决履行的，人民法院判决确认违法……（二）被告改变原违法行政行为，原告仍要求确认原行政行为违法的……"和《最高人民法院关于执行〈中华人民共和国行政诉讼法〉若干问题的解释》（法释〔2000〕8号，2000年3月10日起施行，已废止）第五十条第三款"被告改变原具体行政行为，原告不撤诉，人民法院经审查认为原具体行政行为违法的，应当作出确认其违法的判决……"的规定，公益诉讼起诉人仍要求确认被告林业局未依法全面、正确、及时履行林业监督管理职责的行政行为违法具有事实和法律依据，法院予以支持。

综上，依照《中华人民共和国森林法》（2019年修订）第七十四条、《中华人民共和国行政诉讼法》（2017年修正）第七十四条第二款第（一）项、《最高人民法院、最高人民检察院关于检察公益诉讼案件适用法律若干问题的解释》（法释〔2018〕6号，2018年3月2日起施行，已修改）第二十五条第一款第（一）项之规定，判决如下：

确认被告××市林业局未依法全面、正确、及时履行林业监督管理法定职责的行为违法。

样本案例三
吉林省××市人民检察院诉××市××区卫生和计划生育局及××市某中医院卫生行政许可纠纷一案

- **法院**

吉林省××市中级人民法院

- **诉讼主体**

公益诉讼起诉人：××市××区人民检察院
被告：××市××区卫生和计划生育局
第三人：××市某中医院

- **基本案情**

2015年5月18日，被告为第三人进行法定代表人变更登记的同时，对其执业科目、人员资质等进行了校验。在第三人未提供环评合格报告的情况下，被告对第三人《医疗机构执业许可证》校验结果评定为合格，并为其换发了新的《医疗机构执业许可证》。

第三人于2012年新建综合楼时，未同时建设医疗污水处理设施，未经环保验收即投入使用。第三人将医疗污水经水质消毒粉处理后，通过渗井、渗坑排放。××市××区环境保护局于2014年1月8日对××市某中医院作出罚款10000元，责令改正并限期办理环保验收的处罚决定。由于资金问题，第三人未予整改。

2015年11月18日，××市××区人民检察院向被告发出检察建议，建议其采取有效监管措施，制止第三人继续排放医疗污水的行为。被告收到检察建议后，于同年11月23日向第三人下发了《关于加强污水处理确保达标排放的通知》，督促其加强消毒杀菌措施，确保污水排放达标，并做好建设污水处理设施的前期准备工作。同年12月10日，被告向××市××区人民检察院发出《区中医院医疗污水排放净化处理设施建设整改情况报告》，将履行监管职责的情况进行回复。同日，被告与中国市政工程××公司××分院签订了××市××区医疗污水处理工程建设工程设计合同。2016年3月7日，被告委托吉林省××环保设备工程有限公司作出《××市某中医院污水处理工程设计方案》；同年3月9日，被告向××市××区人民政府请示拨付污水处理设备资金；同年3月14日，工程建设资金拨付到位。

另，在公益诉讼起诉人与第三人环境污染责任纠纷一案中查明，2015年12月1日，吉林市××检测技术有限公司受××区环境保护局委托，对第三人沉淀池废水及周边土壤进行监测，检测结果为：化学需氧量、五日生化需氧量、悬浮物、总余氯等均超过国家标准。2016年1月26日，吉林省××环保工程开发有限公司出具了《关于××市某中医院排污问题的意见》。该意见的主要内容为：第三人将医疗污水未经消毒直接混入生活污水，可引起医源性细菌对地下水及生活用水的污染，存在细菌传播隐患；被告在污水处理过程中，虽然有沉淀、絮凝等简易污水处理设施，但未能满足排放标准要求，可能造成地下水及周围土壤的污染。第三人已与吉林省××环保设备工程有限公司签订了关于污水处理工程的承揽合同。工程已开工建设，目前正在施工。

公益诉讼起诉人认为，第三人新建的综合楼，未经环保验收即投入使用，不符合医疗机构职业登记审批条件。被告未能通过校验及时发现和纠正第三人违法排放污水的行为，根据《医疗机构管理条例》（2016年修订，已修改）第十六条、第四十条及《吉林省医疗机构审批管理办法（试行）》（已失效）第二十三条第十项、第四十四条第二款第十一项、第四十六条、第四十七条的规定，被告没有认真履行对医疗机构执业登记校验的审批职责，放任第三人违法排放医疗污水，其校验行为违法，应按照上述法律法规和规范性文件要求，依法履行监管职责，采取有效的监管措施，制止第三人违法排放医疗污水。请求：1.确认被告于2015年5月18日为第三人校验《医疗机构执业许可证》的行为违法；2.判令被告履行法定监管职责，责令被告限期对第三人的医疗污水净化处理设施进行整改。

被告辩称：被告因未及时学习《吉林省医疗机构审批管理办法（试行）》

（已失效）有关规定，按照《医疗机构管理条例实施细则》①为第三人校验《医疗机构许可证》的行政行为，存在履行职责不当的过错。被告正在积极履行对第三人的监管职责。××市××区人民政府已筹措资金，完善第三人的污水处理系统，第三人已与吉林省××环保设备工程有限公司签订了关于污水处理工程的承揽合同，污水处理工程正在施工建设，被告正积极督促第三人尽快施工，争取早日投入使用。

第三人述称：第三人是由××区政府举办的承担公益职能的事业单位，由于政府对公立医院投入不足，造成基础设施不完善。虽然第三人多次向政府申请污水处理改造，但由于政府资金短缺，没有得到及时解决。××市××区人民政府收到检察机关检察建议后，已将第三人污水处理项目列为政府集中采购执行计划。第三人已与吉林省××环保设备工程有限公司签订了关于污水处理工程的承揽合同，污水处理工程已开工建设，近期即可投入使用。

• 案件争点

检察机关是否有权提起行政公益诉讼？被告行政机关是否怠于行使监督职责？

• 裁判要旨

法院认为，根据国务院《医疗机构管理条例》（2016年修订，已修改）第五条及第四十条的规定，县级以上地方人民政府卫生行政部门负责本行政区域内医疗机构的监督管理工作。其监督管理职权包括负责医疗机构的设置审批、执业登记和校验、对医疗机构的执业活动进行检查指导等。被告对辖区内医疗机构具有监督管理的法定职责。

卫生部35号令《医疗机构管理条例实施细则》②第三十五条规定："办理校验应当交验《医疗机构执业许可证》，并提交下列文件：（一）《医疗机构校验申请书》；（二）《医疗机构执业许可证》副本；（三）省、自治区、直辖市卫生行

---

① 1994年8月29日中华人民共和国卫生部令第35号公布，自1994年9月1日起施行。该法规已被修订，当前有效法规为《国家卫生计生委关于修改〈医疗机构管理条例实施细则〉的决定》。该部门规章制定机关中华人民共和国国家卫生和计划生育委员会已于2018年3月被撤销。

② 1994年8月29日中华人民共和国卫生部令第35号公布，自1994年9月1日起施行。该法规已被修订，当前有效法规为《国家卫生计生委关于修改〈医疗机构管理条例实施细则〉的决定》。该部门规章制定机关中华人民共和国国家卫生和计划生育委员会已于2018年3月被撤销。

政部门规定提交的其他材料。"《吉林省医疗机构审批管理办法（试行）》（已失效）第四十四条规定，医疗机构申请校验时应提交校验申请、执业登记项目变更情况、接受整改情况、环评合格报告等材料。在第三人未提交环评合格报告的情况下，被告对第三人的《医疗机构职业许可证》校验为合格，违反上述法规、规章和规范性文件的规定，被告的校验行为违法。

第三人违法排放医疗污水，导致周边地下水及土壤存在重大污染风险。被告作为卫生行政主管部门，未及时制止，其怠于履行监管职责的行为违法。虽然被告在收到检察建议后，已向第三人发出了整改通知，并通过向××市××区人民政府申请资金的方式，促使第三人将污水处理工程投入建设。但目前，第三人仍通过渗井、渗坑违法排放医疗污水，且污水处理设施建设完工及环评验收需要一定的时间，故被告应当继续履行监管职责，督促第三人的污水处理工程及时完工，达到环评要求并投入使用，符合《吉林省医疗机构审批管理办法（试行）》（已失效）第四十四条规定的校验《医疗机构执业许可证》的条件。

综上，公益诉讼起诉人关于请求确认被告为第三人校验《医疗机构执业许可证》合格的行为违法及判令被告履行法定监管职责的诉讼请求，法院予以支持。依照《中华人民共和国行政诉讼法》（2014年修正，已修改）第七十四条第一款第（一）项、第二款第（一）项及第七十六条的规定，判决如下：

一、确认被告××市××区卫生和计划生育局于2015年5月18日对第三人××市某中医院《医疗机构执业许可证》校验合格的行政行为违法；

二、责令被告××市××区卫生和计划生育局履行监管职责，监督第三人××市某中医院在三个月内完成医疗污水处理设施的整改。

样本案例四

山西省××市××区人民检察院诉山西省××县××镇人民政府不履行监管、管护职责一案

• 法院

山西省××市××区人民法院

• 诉讼主体

公益诉讼起诉人：××市××区人民检察院

被告：××市××县××镇人民政府（以下称××镇人民政府）

• 基本案情

2015年7月至11月期间，杨某在未办理相关手续的情况下，擅自雇佣挖机将××县××镇××村的林地摧毁，种植玉米、红小豆等农作物，并修建简易房四间。经××县林业局对该地鉴定，被毁地块为灌木林地，系生态公益林，属××县天然林资源保护工程二期范围内，面积为266.25亩。之前2012年××镇人民政府成立天保工程领导组，负责对××镇范围内的天然林资源进行保护，并聘请森林管护人员进行巡查。案发后，××镇人民政府未采取任何措施制止杨某毁林开垦占地的违法行为。2017年9月18日，××市人民检察院以指定管辖决定书指定××镇人民政府在杨某毁坏林地一案中由××市××区人民检察院管辖。2017年9月28日，××市××区人民检察院向××镇政府发出检察建议书，被告××镇政府收到检察建议后，召开了分析研讨会、天保公益林管护员培训会，通过出动宣传车、印发宣传资料、悬挂横幅、张贴标语、召开法治讲座、组织送法下乡等活动进行了林业常识及法律法规宣传，并于2017年10月20日上午在杨某所在的××村召开杨某毁林案件警示教育现场会。2017年10月23日，被告××镇政府进行了回复，认为已履职到位。但经公益诉讼起诉人现场调查核实，杨某非法占用林地、毁林开垦的违法行为仍在继续。

公益诉讼起诉人认为，根据《中华人民共和国森林法》（2009年修正，已修改）第十九条规定："地方各级人民政府应当组织有关部门建立护林组织，负责护林工作"；××县天然林资源保护工程二期实施方案中第六章森林管护项目第三部分加强森林管护中规定："制止乱占林地，防止毁林开垦，××镇成立以镇长为组长的天保工程领导组，并且聘任森林管护人员进行监管，要求及时发现并制止盗伐森林和林木、毁林开垦、毁林采石、采砂、采土以及侵占林地等违法行为。××镇负有包括制止乱占林地，防止毁林开垦等森林管护职责。"××镇政府存在不依法履行职责的行为。经检察院提出检察建议督促后，被告仍不依法履行法定职责，国家和社会公共利益仍处于受侵害状态。特提起行政公益诉讼，请求：1. 确认××镇人民政府不依法履行护林监管职责的行为违法；2. 判令××镇人民政府依法履行制止杨某乱占林地、毁林开垦的管护职责。

被告辩称：一、被告在其职权范围内已积极履行了相应职责。在收到检察建议书后，立即在公益诉讼起诉人要求的期限内进行了书面回复。为加强天然林保护，被告成立了天保工程领导组，配备了护林员，组织、督促有关部门及基层单位对辖区内的天然林进行保护工作。在收到杨某毁林垦地案件线索后，又及时召开了分析研讨会、天保公益林管护员培训会，通过出动宣传车、印发宣传资料、悬挂横幅、张贴标语、召开法制讲座、组织送法下乡等活动进行了林业常识及法律法规宣传，并于2017年10月20日上午在杨某所在的××村召开杨某毁林案件警示教育现场会，深刻剖析此次案件发生的根源并提出整改意见。被告委托、安排相关部门、基层干部及护林员等多方力量对杨某进行了批评、教育，引导杨某尽快采取了补种措施，现树苗长势较好、成活率较高，被告已尽职。二、被告没有法定的制止职权，不具备法定的制止职责，且本案不具备履行法定制止职责的条件，公益诉讼起诉人的诉讼请求不能成立。首先，在法律实施保障方面，相关法律法规明确授权县级林业部门及县级以上人民政府土地行政主管部门通过采取责令停止违法行为、限期恢复原状、限期拆除地上建筑、罚款、补种林木的行政执法措施来制止毁林垦地行为，进而保护森林及土地资源，有权力、有义务履行法定制止职责的主体应是上述林业部门及国土部门。法律法规并未赋予被告制止毁林垦地的执法权。对公权力来说，"法无授权不可为"、"法无授权即禁止"。也就是说，在法律未赋予被告有制止毁林垦地执法权的情形下，被告不具备法定制止职责，无权采取行政执法措施制止该毁林垦地行为。其次，就杨某的行为，××区人民法院刑事附带民事公益诉讼判决书已判决杨某犯非法占用农用地罪，判处有期徒刑并处罚金，责令限期修复林地。杨某已受到刑事处罚，不应再对其采取行政处罚措施。且随着刑事附带民事公益诉讼判决的生效，侵害公益的行为已得到制止，公益受侵害状态也已停止，不存在行政机关再履行制止职责的前提，更不存在未制止被确认违法的前提，故公益诉讼人的全部诉讼请求均不能成立。

- **案件争点**

检察机关是否有权提起行政公益诉讼？被告行政机关对违法行为人的行为是否负有监管职责？

- **裁判要旨**

法院认为，公益诉讼起诉人××市××区人民检察院依照《人民法院审理人民检察院提起公益诉讼案件试点工作实施办法》（法发〔2016〕6号，2016年3月1日起施行）、《人民检察院提起公益诉讼试点工作实施办法》（高检发释字〔2015〕6号，2015年12月24日起施行，已废止）等的规定及指定管辖决定书，提起本案的行政公益诉讼，公益诉讼起诉人的起诉符合法律法规及相关政策的要求。

生态公益林具有维护生态、水土保持、保护环境、气候调节等重要作用，在加强生态公益林的建设、保护和管理过程中，相关责任单位应当依法履行相应的法定职责。依照《中华人民共和国森林法》（2009年修正，已修改）第十条、第十九条，《林业工作站管理办法》① 第三条之规定，设在乡镇的林业工作站依法对森林等资源实行管理和监督，且乡级人民政府设专职或者兼职人员负责林业工作，依法实施巡护森林、制止破坏森林资源的行为。本案中杨某于2015年7月至11月，未办理相关手续，擅自雇佣挖机将××县××镇××村的林地摧毁，种植玉米、红小豆等农作物，并修建简易房四间，致使大量生态灌木林地遭到破坏，该地森林资源受到严重损毁。被告林业管护队员监督管理职责不到位，致使杨某一直占用毁林土地，未拆除简易房，毁林开垦占地行为仍在持续，公益诉讼起诉人诉请要求确认被告××镇政府不履行护林监管职责的行为违法的诉讼请求依法应予支持。在杨某乱占林地、毁林开垦行为未彻底消除前，被告一直负有其管护职责。依照《中华人民共和国行政诉讼法》（2017年修正）第七十二条之规定，判决如下：

一、确认被告××镇人民政府不依法履行护林监管职责的行为违法；

二、责令被告××镇人民政府依法履行制止杨某乱占林地、毁林开垦的管护职责。

三、司法案例类案甄别

（一）事实对比

样本案例一安徽省××市××区人民检察院诉被告××市林业局不履行法定职责一案，行政行为的相对人夏某某已被检察机关提起刑事诉讼，但刑事判决尚未作出时，检察机关在履行职责过程中发现行政机关未履行监督职责的，可以提起行政公益诉讼督促行政机关履行职责。

样本案例二湖北省××市人民检察院诉被告××市林业局不履行林业监督管理法定职责一案，行政行为的相对人已经承担刑事责任，检察机关发现

---

① 2015年11月24日中华人民共和国国家林业局令第39号公布，自2016年1月1日起施行，现行有效。该部门规章制定机关中华人民共和国国家林业局已于2018年3月被撤销。

行政机关怠于履行法定职责的，可以提起行政公益诉讼督促行政机关履行职责。

样本案例三吉林省××市人民检察院诉××市××区卫生和计划生育局及××市某中医院卫生行政许可纠纷一案，检察机关对行政行为的相对人提起环境污染责任纠纷后，发现行政机关仍未完成监管职责的，可以提起行政公益诉讼督促行政机关履行职责。

样本案例四山西省××市××区人民检察院诉山西省××县××镇人民政府不履行监管、管护职责一案，行政行为的相对人承担刑事及附带民事责任后，行政机关的监管职责并不当然终止，检察机关发现行政机关怠于履行职责的，可以提起行政公益诉讼督促行政机关履行职责。

从事实认定情况看，样本案例一、二、三、四均认定检察机关可以就行政机关不履责的违法行为提起行政公益诉讼。其中，样本案例一检察机关提起行政公益诉讼发生在刑事案件判决之前，行政行为的相对人此时尚未受到刑事处罚。样本案例三检察机关对行政行为的相对人提起的是环境民事公益诉讼，后就行政机关未完全履职行为提起行政公益诉讼。样本案例二和样本案例四行政行为的相对人均受到了刑事处罚，但检察机关仍然向负有行政监管责任但未履职的行政机关提起行政公益诉讼。

（二）适用法律对比

样本案例一审理法院认为，公益诉讼起诉人××区检察院在履行职责中发现被告××市林业局怠于履行法定职责后发出检察建议，××市林业局既未及时予以回复，亦未对张某某擅自改变林地用途的违法行为及时采取有效措施，导致被毁林地不法侵害的状态持续存在，给生态环境保护工作带来负面影响。根据《全国人民代表大会常务委员会关于授权最高人民检察院在部分地区开展公益诉讼试点工作的决定》和最高人民检察院关于《人民检察院提起公益诉讼试点工作实施办法》（高检发释字〔2015〕6号，2015年12月24日起施行，已废止）第二十八条、第四十一条规定，人民检察院在履行职责中发现生态环境和资源保护、国有资产保护、国有土地使用权出让等领域负有监督管理职责的行政机关或者法律、法规、规章授权的组织违法行使职权或者不作为，造成国家和社会公共利益受到侵害，具有依法提起行政公益诉讼的权利。××区检察院有权以公益诉讼起诉人身份提起行政公益诉讼。

样本案例二审理法院认为，××市人民检察院具有公益诉讼起诉人的诉讼主体资格。根据《最高人民法院、最高人民检察院关于检察公益诉讼案件适用法律若干问题的解释》（法释〔2018〕6号，2018年3月2日起施行，已修改）第二十一条规定，人民检察院在履行职责中发现生态环境和资源保护、食品药品安全、国有财产保护、国有土地使用权出让等领域负有监督管理职责的行政机关违法行使职权或者不作为，致使国家利益或者社会公共利益受到侵害的，应当向行政机关提出检察建议，督促其依法履行职责。行政机关不依法履行职责的，人民检察院依法向人民法院提起诉讼。另据《中华人民共和国森林法》（2019年修订）第九条规定，县级以上地方人民政府林业主管部门，主管本区域的林业工作。本案中，被告××市林业局负有对本辖区内林业违法行为的法定监督管理职责。在经××市人民检察院依法督促其履行法定职责而未依法全面、正确、及时履行时，××市人民检察院有权依法对其提起行政公益诉讼。

样本案例三审理法院认为，根据国务院《医疗机构管理条例》（2016年修订，已修改）第五条及第四十条的规定，县级以上地方人民政府卫生行政部门负责本行政区域内医疗机构的监督管理工作。其监督管理职权包括负责医疗机构的设置审批、执业登记和校验、对医疗机构的执业活动进行检查指导等职权。被告对辖区内医疗机构具有监督管理的法定职责。卫生部35号令《医疗机构管理条例实施细则》[①]第三十五条规定："办理校验应当交验《医疗机构执业许可证》，并提交下列文件：（一）《医疗机构校验申请书》；（二）《医疗机构执业许可证》副本；（三）省、自治区、直辖市卫生行政部门规定提交的其他材料。"《吉林省医疗机构审批管理办法（试行）》（已失效）第四十四条规定，医疗机构申请校验时应提交校验申请、执业登记项目变更情况、接受整改情况、环评合格报告等材料。在第三人未提交环评合格报告的情况下，被告对第三人的《医疗机构职业许可证》校验为合格，违反上述法规、规章和规范性文件的规定，被告的校验行为违法。虽然被告在收到检察建议后，已向第三人发出了整改通知，并通过向××市××区人民政府申请资金的方式，促使第三人将污水处理工程投入建设。但目前，第三人仍通过渗井、渗坑违法排放医疗污水，且污水处理设施建设完工及环评验收需要一定的时间，故被告应当继续履行监管职责，督促第三人的污水处理工程及时完工，达到环评要求并投入使用。综上，公益诉讼起诉人关于请求确认被告为第三人校验《医疗机构执业许可证》合格的行为违法及判令被告履行法定监管职责的诉讼请求，法院予以支持。

---

① 1994年8月29日中华人民共和国卫生部令第35号公布，自1994年9月1日起施行。该法规已被修订，当前有效法规为《国家卫生计生委关于修改〈医疗机构管理条例实施细则〉的决定》。该部门规章制定机关中华人民共和国国家卫生和计划生育委员会已于2018年3月被撤销。

样本案例四审理法院认为，公益诉讼起诉人××市××区人民检察院依照《人民法院审理人民检察院提起公益诉讼案件试点工作实施办法》（法发〔2016〕6号，2016年3月1日起施行）、《人民检察院提起公益诉讼试点工作实施办法》（高检发释字〔2015〕6号，2015年12月24日起施行，已废止）等的规定及指定管辖决定书，提起本案的行政公益诉讼，公益诉讼起诉人的起诉符合法律法规及相关政策的要求。

（三）类案大数据报告

截至2024年1月12日，以"检察院""行政公益诉讼""民事""刑事""环境"为关键词，通过公开案例数据库检索，共检索到类案148件，经逐案阅看、分析，与本规则关联度较高的案件共有107件，因其中存在同一案件的一审、二审，严格意义上应将其认定为一件案件，故剔除前述情形后，实际共有97件案件。整体情况如下：

从类案地域分布来看，当前案例分布广泛，案件数量较多的地区为吉林省（17件）、内蒙古自治区（12件）、山东省（11件）；从类案结案时间来看，自2019年后，类案数量呈逐年下降趋势；从案件经历的审理程序看，当前案例中一审终审的案件共88件，一审终审率约为91%。

四、类案裁判规则的解析确立

环境污染及生态环境损害案件中，同一违法行为往往同时涉及刑事、民事和行政等不同法律责任。从行政机关的职责看，现行法律法规并未规定违法行为人在承担刑事或民事责任后，不再承担行政责任，且责任承担并无明确的先后顺序。相对应的，违法行为人已经承担刑事或民事责任后，负有相关监管职责的行政机关并不当然完成了行政监管职责，不可将其应当履行的法定职责推诿于他人或不作为。从检察机关的职责看，检察机关是保护社会公共利益的最后一道防线，无论是提起民事公益诉讼还是行政公益诉讼，根本目的是督促相关主体履行职责，维护国家和社会公共利益。因此，检察机关在履行职责中发现负有监管职责的行政机关违法行使职权或者不作为，致使国家利益或者社会公共利益受到侵害的，应当及时督促其依法履行职责，行政机关未及时、完全、正确履行职责的，可以依法提起行政公益诉讼。

五、关联法律法规

（一）《最高人民法院、最高人民检察院关于检察公益诉讼案件适用法律若干问题的解释》（法释〔2018〕6号，2018年3月2日起施行，已修改）

第二十一条　人民检察院在履行职责中发现生态环境和资源保护、食品药品安全、国有财产保护、国有土地使用权出让等领域负有监督管理职责的行政机关违法行使职权或者不作为，致使国家利益或者社会公共利益受到侵害的，应当向行政机关提出检察建议，督促其依法履行职责。

行政机关应当在收到检察建议书之日起两个月内依法履行职责，并书面回复人民检察院。出现国家利益或者社会公共利益损害继续扩大等紧急情形的，行政机关应当在十五日内书面回复。

行政机关不依法履行职责的，人民检察院依法向人民法院提起诉讼。

【法条变迁】《最高人民法院、最高人民检察院关于检察公益诉讼案件适用法律若干问题的解释》（2020年修正）

第二十一条　人民检察院在履行职责中发现生态环境和资源保护、食品药品安全、国有财产保护、国有土地使用权出让等领域负有监督管理职责的行政机关违法行使职权或者不作为，致使国家利益或者社会公共利益受到侵害的，应当向行政机关提出检察建议，督促其依法履行职责。

行政机关应当在收到检察建议书之日起两个月内依法履行职责，并书面回复人民检察院。出现国家利益或者社会公共利益损害继续扩大等紧急情形的，行政机关应当在十五日内书面回复。

行政机关不依法履行职责的，人民检察院依法向人民法院提起诉讼。

（二）《人民法院审理人民检察院提起公益诉讼案件试点工作实施办法》（法发〔2016〕6号，2016年3月1日起施行）

第十一条　人民检察院认为在生态环境和资源保护、国有资产保护、国有土地使用权出让等领域负有监督管理职责的行政机关或者法律、法规、规章授权的组织违法行使职权或不履行法定职责，造成国家和社会公共利益受到侵害，向人民法院提起行政公益诉讼，符合行政诉讼法第四十九条第二项、第三项、第四项规定的，人民法院应当登记立案。

检察环境公益案件裁判规则

第 6 条

针对危害野生动物资源的案件，当收购与贩卖等形成完整链条时，检察机关应当依法请求收购人承担生态环境侵权责任

一、聚焦司法案件裁判观点

■ 争议焦点

在破坏野生动物资源的民事检察公益诉讼中，收购野生动物的行为人是否应当承担民事生态环境侵权责任？

■ 裁判观点

在破坏野生动物资源的案件中，由于收购行为可能不直接损害生态环境资源，司法实践中难以确定收购者是否应当承担民事生态环境侵权责任。人民法院可以结合举证质证情况，认定收购者与猎捕者、经营者在主观上具有意思联络、在客观上存在配合行为的，可以确定收购者与收购野生动物导致的生态环境资源损害部分存在因果关系，要求收购者就收购部分承担民事生态环境侵权责任。

二、司法案例样本对比

样本案例一

浙江省××县人民检察院诉陆某某等四人
生态破坏民事公益诉讼案

- 法院

浙江省××市中级人民法院

- 诉讼主体

公益诉讼起诉人：浙江省××县人民检察院
被告：陆某某、徐某、程某某、王某

• 基本案情

被告陆某某、徐某系夫妻，二人在浙江省××县某农贸市场经营一家野味店。2018年11月，××县森林公安局接到公益志愿者举报后，在二人仓库内当场查获并扣押疑似白鹇3只、野猪11只、野兔42只、黄麂23只。经查，2017年12月底，被告王某经由被告程某某通过微信联系徐某购买猫头鹰1只，并通过录制宰杀视频验货、邮寄交付等方式完成交货，后由王某送给朋友食用。经鉴定，案涉3只疑似白鹇为白鹇，属国家二级保护动物；猫头鹰为雕鸮，属国家二级保护动物。经评估，陆某某非法收购、销售珍贵、濒危野生动物和非法收购其他野生动物的行为对生态环境资源造成的损害价值107860元，其中徐某共同参与的非法收购、销售珍贵、濒危野生动物和非法收购其他野生动物的行为造成的损害价值为97860元；程某某、王某的非法收购珍贵、濒危野生动物行为对生态环境资源造成的损害价值为15000元。陆某某、徐某、王某、程某某四人被另案追究刑事责任。浙江省××县人民检察院以徐某等四人为被告提起民事公益诉讼，诉请：陆某某支付生态环境和资源损害赔偿款107860元，徐某对其中97860元承担连带赔偿责任，程某某、王某各自分别对其中的15000元承担连带赔偿责任；四被告在媒体上赔礼道歉。

• 案件争点

1. 非法收购野生动物是否损害公共利益？
2. 四名被告如何承担民事侵权责任？

• 裁判要旨

野生动物是地球生命和自然生态体系重要组成部分，野生动物的生存状况同人类可持续发展息息相关。依法保护野生动物，拯救珍贵、濒危野生动物，不仅有利于维护生物多样性和生态平衡，也有利于保护生态系统的完整性，关系生态文明建设。因环境利益具有普惠性，公益诉讼起诉人××县人民检察院在履行职责中发现破坏生态环境等损害社会公共利益的行为，在经公告没有法律规定的机关和组织提起诉讼的情况下，可以向人民法院提起诉讼。

关于非法收购野生动物是否损害公共利益问题。第一，《中华人民共和国野生动物保护法》（2018年修正，已修改）第三十条规定，禁止生产、经营使用国家重点保护野生动物及其制品制作的食品，或者使用没有合法来源证明的非国家重点保护野生动物及其制品制作的食品。禁止为食用非法购买国家重点保护的野生动物及其制品。第二，非法收购与非法猎捕野生动物是利益链条上的不同环节。主观上，收购者与猎捕者之间存在共同的意思联络；客观上，非法收购是非法猎捕实现获利的渠道，使得通过非法猎捕野生动物持续获利的可能性存在。第三，根据科学研究和历史经验表明，侵入野生动物栖息地，猎捕和食用野生动物存在不可预知的环境与健康风险。猎捕、交易、运输和食用"野味"的整个过程均有可能释放风险，严重危害人民群众生命健康。综上，非法收购野生动物行为与生态资源损害之间具有法律上的因果关系。被告陆某某、徐某经营使用国家重点保护野生动物及没有合法来源证明的非国家重点保护野生动物；被告王某、程某某为食用非法购买国家重点保护的野生动物。四被告的行为对社会公共利益造成损害，应当承担相应的环境侵权责任。

关于责任承担问题。《中华人民共和国侵权责任法》（已废止）第八条（对应《民法典》第一千一百六十八条）规定，二人以上共同实施侵权行为，造成他人损害的，应当承担连带责任。被告陆某某、徐某在共同经营野味店的过程中非法收购、出售国家重点保护野生动物和没有合法来源证明的非国家重点保护野生动物，二人就共同实施的侵权行为承担连带赔偿责任。陆某某就案涉全部事实承担责任，经评估应支付生态环境和资源损害赔偿款人民币107860元。案涉三只白鹇中，有两只系徐某参与经营之前收购的，徐某对该只白鹇对应生态环境和资源损害赔偿款10000元可不承担责任。故徐某就97860元部分与陆某某承担连带责任。被告王某、程某某为食用目的从陆某某、徐某处非法购买国家重点保护的野生动物雕鸮，经评估对应生态环境和资源损害赔偿款15000元，王某、程某某就该部分与陆某某、徐某承担连带赔偿责任。四被告的行为对公众造成不利影响，由其在公众媒体上赔礼道歉有利于生态理念的宣传和树立。

综上，浙江省××市中级人民法院经审理认为，陆某某、徐某共同经营野味店的过程中非法收购、出售国家重点保护野生动物和没有合法来源证明的非国家重点保护野生动物，王某、程某某为食用目的非法收购国家重点保护野生动物，四被告行为对生态环境和资源造成损害，应当承担侵权责任。其中，陆某某就案涉全部事实承担责任，应支付生态环境和资源损害赔偿款107860元；徐某对其中97860元与陆某某承担连带赔偿责任；王某、程某某对其中15000元与陆某某、徐某承担连带赔偿责任。遂判决支持了公益诉讼起诉人的全部诉讼请求。该判决已经发生法律效力。

样本案例二

江苏省××市人民检察诉高某某等十人环境民事公益诉讼案

- **法院**

江苏省××市中级人民法院

- **诉讼主体**

公益诉讼起诉人：江苏省××市人民检察院

被告：高某某、谈某某、陈某1、潘某某、王某1、蒋某、陈某2、唐某某、李某某、王某2

- **基本案情**

2019年年初，高某某等八人在高×湖、邵×湖禁渔期内，使用电瓶、逆变器、电渔网等工具，多次采用快艇拉网方式电捕鱼，捕获渔获物1.3万余斤。李某2明知非法捕捞仍利用工作之便违规开闸。王某2明知系非法捕捞渔获物仍予收购。高某某、李某某等10人因非法捕捞行为已被另案依法追究刑事责任。江苏省××市人民检察院提起环境民事公益诉讼，请求判令高某某等十人在国家级媒体上公开赔礼道歉，并依法承担相应的生态环境损害赔偿责任。

- **案件争点**

1. 生态资源损失如何认定？具体包括案涉渔获物价值及被电击致死或伤害的其他鱼类损失估算是否恰当、鱼类繁殖的损失估算是否合理、鱼类饵料生物损害的补偿额估算是否恰当。

2. 生态资源损失赔偿责任如何承担？各被告是否应当承担相应的连带赔偿责任？

- **裁判要旨**

根据《中华人民共和国渔业法》（2013年修正）第三十条规定，电捕鱼系法律规定的禁止捕捞方式。高某某等人在禁渔期内，使用电瓶、逆变器、电渔网等工具，采用快艇拉网的方式，在包括邵×湖国家级种质资源保护区、高×

湖大银鱼湖鲚国家级水产种质资源保护区和高×湖青虾国家级水产种质资源保护区在内的水域多次电捕鱼。电捕鱼对生态资源造成了复合性危害。

高某某等人作为电捕鱼组织实施者,组织策划或直接实施电捕行为,造成生态资源重大损害,应当担责。李某某作为协助者,利用职务之便,在明知相关被告驾驶快艇在禁渔期夜间自高×湖通过庄台闸前往邵×湖,存在非法捕捞可能性的情况下,经高某某联系多次违规开闸协助快艇通行,其行为与本案生态资源损害结果之间有法律上的因果关系,理应担责。王某2作为收购者,长期与高某某联系收鱼,形成固定的"捕捞—销售—收购"链条。其作为链条中不可或缺的组成部分,在明知禁渔期的情况下,多次在高×湖畔码头等地点大量收购高某某向其贩卖的鲤鱼等渔获物,主观上存在过错,收购行为与生态资源损害之间具有因果关系,亦应担责。综上,本案中各被告均应依照《中华人民共和国侵权责任法》(已废止)第六条、第八条(对应《民法典》第一千一百六十五条、第一千一百六十八条)之规定,承担生态损害赔偿责任。

(一)关于生态资源损失认定问题

《渔业资源评估报告》系通过科学的取样和分析方法做出,《损失评估报告》以《渔业资源评估报告》为参考基础,方法合理,结论可信。法院依法对案涉渔获物价值及被电击致死或伤害的其他鱼类损失、对鱼类繁殖的损失、鱼类饵料生物损害的补偿额予以认定。

(二)关于生态资源损失赔偿责任承担问题

1. 高某某、谈某某、陈某1、潘某某、王某1、蒋某、陈某2、唐某某违反法律法规规定,多次实施电捕行为,应当在其各自参与非法捕捞范围内对生态资源损失承担相应的连带赔偿责任。

(1)高某某、谈某某、陈某1、潘某某组织策划、参与实施高×湖、邵×湖电捕鱼8次,造成包括渔业资源在内的湖域生态资源破坏,应当就其实施的非法捕捞行为造成的生态资源损失152.442万元承担连带赔偿责任。

(2)王某1、蒋某、陈某2系与高某某、谈某某、陈某1、潘某某共同在邵×湖参与实施电捕鱼5次,应当对其参与电捕鱼造成的生态资源损失145.48万元(计算方式为:全案渔获物数量13140斤−高×湖渔获物数量600斤=四人涉案渔获物数量12540斤,12540斤÷13140斤×152.442万元)与高某某、谈某某、陈某1、潘某某共同承担连带赔偿责任。

(3)唐某某在邵×湖参与电捕鱼一次,应当对其参与电捕鱼造成的生态资源损失52.67万元(计算方式为:全案渔获物数量13140斤−1月份渔获物总量 8600 斤＝唐某某涉案渔获物数量 4540 斤，4540 斤÷13140 斤×152.442 万元）承担赔偿责任，公益诉讼起诉人主张的上述计算方法并未超出唐某某参与电捕鱼活动被最终查获数量，法院依法予以支持。鉴于其系与高某某等 7 人共同实施电捕鱼行为，故高某某等七人应当分别在其承担的赔偿总额范围内与唐某某承担连带赔偿责任。

2. 因无明确证据证明李某某知晓高某某等人系采用电捕方式非法捕捞，故对公益诉讼起诉人关于李某某应当对其协助开闸行为造成的直接渔业资源损失 6.61 万元（计算方式为：全案渔获物数量 13140 斤－高×湖渔获物数量 600 斤＝12540 斤，12540 斤÷13140 斤×案涉渔获物的估算市场价值 6.93 万元）与高某某等 7 人承担连带赔偿责任的主张，法院依法予以支持。

3. 鉴于亦无证据证明王某 2 知晓高某某等人系采用电捕方式非法捕捞，故对公益诉讼起诉人关于王某 2 应当对其非法收购行为造成的直接渔业资源损失 3.95 万元（计算方式为：全案渔获物数量 13140 斤－高×湖渔获物数量 600 斤＝12540 斤，12540 斤÷13140 斤×渔获物中鲤鱼估算市场价值 41400 元）与高某某等 7 人承担连带赔偿责任的主张，法院亦予支持。

4. 高某某等十人分别或共同实施的行为造成了本案生态损害发生，《损失评估报告》系当地渔业监督管理机关江苏省××渔业管理委员会依据其执法职能，委托中国××研究所作出，该委托行为并不违反法律规定，且评估结论准确，咨询费用数额亦不违反《国家计委、国家环境保护总局计价格〔2002〕125 号关于规范环境影响咨询收费有关问题的通知》的相关规定，法院对公益诉讼起诉人关于高某某等十人给付渔业资源损失咨询费 5 万元的请求，依法予以支持。

湖泊具有多种功能，不仅为人类提供了丰厚的社会和经济效益，更具有极高的生态效益，在维持生态平衡、保护生物多样性和珍稀物种资源以及涵养水源、蓄洪防旱、降解污染等方面都起到了重要作用。高某某等十人实施的非法捕捞、非法收购行为，对高×湖、邵×湖生态资源的可持续发展产生较为负面的影响，也对湖泊生态环境造成较大破坏，损害了社会公共利益，故法院对公益诉讼起诉人要求高某某等十人在国家级媒体上公开赔礼道歉的诉讼请求依法予以支持。

三、司法案例类案甄别

（一）事实对比

样本案例一，浙江省××县人民检察院诉陆某某等四人生态破坏民事公益诉讼案。陆某某、徐某非法收购并销售珍贵、濒危野生动物，程某某、王某非法收购珍贵、濒危野生动物，四名被告均对生态环境资源造成损害，均被判决承担民事生态环境侵权责任。

样本案例二，江苏省××市人民检察诉高某某等十人环境民事公益诉讼案。高某某等八人在禁渔期内使用违法方式捕鱼，李某某明知非法捕捞仍违规开闸，王某2明知系非法捕捞渔获物仍予收购。高某某、李某某、王某某等十人造成渔业资源损失、破坏生态环境资源，均被判决承担相应的民事生态环境侵权责任。

从认定事实情况看，样本案例一、二中人民法院均从"收购珍贵濒危野生动物与非法猎捕、杀害珍贵濒危野生动物能否形成完整链条，判断收购者是否应当承担民事生态环境侵权责任以及民事生态环境侵权责任的多少。样本案例一人民法院从主观意思联络与客观谋利两个角度说明了非法收购与非法猎捕的链条关系，从而证明非法收购与生态环境损害间存在因果关系，判决王某、程某某对非法收购部分的珍贵、濒危野生动物承担民事生态环境侵权责任。样本案例二十名被告中，收购者王某2不只存在一次收购行为，而是与被告高某某存在长期联系，多次收购，与高某某等人的猎捕行为形成了完整且固定的"捕捞——销售——收购"链条，因此收购者王某某的收购行为与生态环境损害之间存在明确的因果关系，应当对收购部分造成的生态环境损害承担民事生态环境侵权责任。

（二）适用法律对比

样本案例一浙江省××县人民检察院诉陆某某等四人生态破坏民事公益诉讼案。法院经审理认为，根据《中华人民共和国环境保护法》（2014年修订）第六十四条，四被告的行为均对生态环境资源造成损害，应承担生态环境损害赔偿责任。四被告构成《中华人民共和国侵权责任法》（已废止）第八条（对应《民法典》第一千一百六十八条）规定的共同侵权，对造成的生态环境损害应承担连带赔偿责任。其中野味店经营者陆某某就全部生态环境损害承担10万余元的赔偿责任，徐某就经手野味店后造成的生态环境损害承担9万余元的赔偿责任，收购人程某某、王某应当对收购部分造成的生态环境损害承担1.5万元的赔偿责任。对于程某某、王某收购野生动物是否应承担民事生态环境侵权责任的问题。法院认为收购行为属于《中华人民共和国野生动物保护法》（2018年修正，已修改）第三十条规定的违法行为，且在本案中与陆某某和徐某的经营、出售行为形成链条，对生态环境资源的损害有因果关系，应承担收购国家重点保护的野生动物雕鸮造成的民事生态环境侵权责任。

样本案例二江苏省××市人民检察诉高某某等十人环境民事公益诉讼案。法院经审理认为，高某某等十名被告之间存在分工合作，共同损害生态环境资源，应承担民事生态环境侵权责任。根据《中华人民共和国渔业法》（2013年修正）第三十条，高某某等七人在禁渔期采用电瓶、逆变器、电渔网等工具进行捕捞属于违法行为，根据《中华人民共和国侵权责任法》（已废止）第六条（对应《民法典》第一千一百六十五条）应承担相应的民事生态环境侵权责任。李某某违规开闸为非法捕捞创造条件，与高某某等七名捕捞人在主观上存在共同意思联络、在客观上为捕捞行为创造了条件，与生态环境损害存在因果关系，根据《中华人民共和国侵权责任法》（已废止）第八条（对应《民法典》第一千一百六十八条）应就开闸行为造成的直接渔业资源损失6.61万元与高某某等捕捞人承担连带赔偿责任。王某某长期与高某某联系收鱼，在主观上明知鱼类为非法捕捞物，在客观上仍进行收购，与捕猎行为形成完整且固定的链条。根据《中华人民共和国侵权责任法》（已废止）第八条（对应《民法典》第一千一百六十八条），王某某应就收购部分与高某某等七名捕捞人共同承担生态环境损害赔偿责任共3.95万元。

（三）适用法律程序对比

从适用法律程序情况看，样本案例一、二均为检察院提起的环境民事公益诉讼，适用民事公益诉讼一审程序。

（四）类案大数据报告

截至2023年11月6日，在公开案例数据库中查找收购野生动物导致损害生态环境资源的检察公益诉讼案件，经逐案阅看、分析，剔除重复案件后，与本规则关联度较高的案件有31件，具体包括非法收购、运输、出售珍贵、濒危野生动物、珍贵、濒危野生动物制品罪或者非法猎捕、收购、运输、出售陆生野生动物罪的附带民事公益诉讼案件18件，涉及收购野生动物资源的民事侵权检察公益诉讼案件13件。

从案件年份分布来看，2018年至2023年收购野生动物导致损害生态环境资源的检察公益诉讼案件数量在2018—2020年大幅上升，并在2020年达到顶峰（14件），在2020—2021年快速下降、2021—2022年有所回升。

从案件审理法院的级别看，31件案件中，高级人民法院裁判的案件有1件；中级人民法院裁判的案件有14件；基层人民法院裁判的案件有16件。

从地域分布来看，与本裁判规则紧密相关的刑事附带民事公益诉讼案件和民事侵权类检察公益诉讼案件在地区分布上比较零散，涉及17个省、自治区、直辖市。其中云南省、四川省、湖南省、福建省相关案件最多（各3件），青海省、江西省、河北省、江苏省、浙江省、贵州省次之（各2件），河南省、上海市、海南省、天津市、内蒙古自治区、山东省、湖北省相关案件较少（各1件）。

从裁判结果来看，判处野生动物资源收购者承担民事生态环境侵权责任的案件有24件，占比约77.42%。

四、类案裁判规则的解析确立

野生动物是我国生态环境资源的重要部分，国家坚持和贯彻人与自然和谐共生的生态理念，严格打击危害野生动物资源的行为。人民检察院作为国家法律监督机关，以公益诉讼起诉人身份提起诉讼，是保护野生动物的重要手段。在检察公益诉讼的司法审判中应当抓住危害野生动物链条中的每一个环节，依法判定因果关系，让猎捕者、经营者、收购者等造成生态环境资源损失的行为主体都依法承担相应的民事生态环境侵权责任。由于损害生态环境资源类案件中收购行为可能不以杀害、营利为目的，不直接危害生态环境资源，人民法院在裁判过程中对收购行为与生态环境损害结果之间的因果关系难以判断。在收购者法律责任的判断上模棱两可、缺乏统一标准，既可能有损国家生态环境资源，也有可能给收购者带来过重的赔偿责任，难以实现法律效果与社会效果的双赢。在收购者是否应承担民事生态环境侵权责任的判断上，建议注意以下几点。

（一）动物资源收购者是否明知收购动物为保护动物和是否存在主观营利目的不影响裁判

环境损害具有潜伏性、复杂性特点，我国民事生态环境侵权适用无过错责任原则。在收购野生动物的案件中，收购者本人能否认识到收购的是野生动物、是否具有贩卖和损害野生动物资源的主观意图、是否具有国家重点保护野生动物驯养繁殖许可证，均不影响民事生态环境侵权责任的承担。

（二）认定收购者是否承担责任的关键，在于判断收购行为与猎捕行为、经营行为之间的链条关系

实际上，这就是判断收购者与猎捕者、经营者能否对生态环境资源构成共

同侵权的过程。一方面要注意收购者、猎捕者、经营者之间在主观上有无意思联络，另一方面需要从客观上判断收购者与猎捕者、经营者之间是否存在行为上的配合关系。

（三）加强收购行为与生态环境资源损害结果之间的因果关系论证

收购野生动物的检察民事公益诉讼适用特殊的举证责任规则。对公益诉讼起诉人而言，需要证明收购行为与生态环境损害结果之间存在初步关联性。对法院而言，要结合检察院与被告方的举证质证环节判断收购行为与生态环境损害结果间的因果关系是否存在。若收购者不能举证证明收购行为与生态环境损害结果不存在因果关系，人民法院应当依法认定因果关系存在。

（四）收购者应当与猎捕者、经营者对生态环境资源损失承担连带赔偿责任，赔偿范围限于收购行为造成的生态环境资源损失结果部分

根据《中华人民共和国民法典》第一千二百三十一条，在生态破坏共同侵权中，应当根据侵权人破坏生态的方式、范围、程度，以及行为对损害后果所起的作用等因素确定承担责任的大小。一般而言，收购者可能造成的生态环境损害局限于收购部分，可以按照《野生动物及其制品价值评估办法》《水生野生动物及其制品价值评估办法》依法确定收购部分野生动物价值，要求收购者承担民事生态环境侵权责任。

五、关联法律法规

（一）《中华人民共和国环境保护法》（2014年修订）

第六十四条　因污染环境和破坏生态造成损害的，应当依照《中华人民共和国侵权责任法》的有关规定承担侵权责任。

（二）《中华人民共和国侵权责任法》（已废止）

第六条　行为人因过错侵害他人民事权益，应当承担侵权责任。

根据法律规定推定行为人有过错，行为人不能证明自己没有过错的，应当承担侵权责任。

第八条　二人以上共同实施侵权行为，造成他人损害的，应当承担连带责任。

第十五条　承担侵权责任的方式主要有：（一）停止侵害；（二）排除妨碍；（三）消除危险；（四）返还财产；（五）恢复原状；（六）赔偿损失；（七）赔礼道歉；（八）消除影响、恢复名誉。

以上承担侵权责任的方式，可以单独适用，也可以合并适用。

【法条变迁】《中华人民共和国民法典》

第一千一百六十五条　行为人因过错侵害他人民事权益造成损害的，应当承担侵权责任。

依照法律规定推定行为人有过错，其不能证明自己没有过错的，应当承担侵权责任。

第一千一百六十八条　二人以上共同实施侵权行为，造成他人损害的，应当承担连带责任。

（三）《中华人民共和国民事诉讼法》（2017年修正，已修改）

第五十五条　对污染环境、侵害众多消费者合法权益等损害社会公共利益的行为，法律规定的机关和有关组织可以向人民法院提起诉讼。

人民检察院在履行职责中发现破坏生态环境和资源保护、食品药品安全领域侵害众多消费者合法权益等损害社会公共利益的行为，在没有前款规定的机关和组织或者前款规定的机关和组织不提起诉讼的情况下，可以向人民法院提起诉讼。前款规定的机关或者组织提起诉讼的，人民检察院可以支持起诉。

第一百四十八条　人民法院对公开审理或者不公开审理的案件，一律公开宣告判决。

当庭宣判的，应当在十日内发送判决书；定期宣判的，宣判后立即发给判决书。

宣告判决时，必须告知当事人上诉权利、上诉期限和上诉的法院。

宣告离婚判决，必须告知当事人在判决发生法律效力前不得另行结婚。

【法条变迁】《中华人民共和国民事诉讼法》（2023年修正）

第五十八条　对污染环境、侵害众多消费者合法权益等损害社会公共利益的行为，法律规定的机关和有关组织可以向人民法院提起诉讼。

人民检察院在履行职责中发现破坏生态环境和资源保护、食品药品安全领域侵害众多消费者合法权益等损害社会公共利益的行为，在没有前款规定的机关和组织或者前款规定的机关和组织不提起诉讼的情况下，可以向人民法院提起诉讼。前款规定的机关或者组织提起诉讼的，人民检察院可以支持起诉。

第一百五十一条　人民法院对公开审理或者不公开审理的案件，一律公开宣告判决。

当庭宣判的,应当在十日内发送判决书;定期宣判的,宣判后立即发给判决书。

宣告判决时,必须告知当事人上诉权利、上诉期限和上诉的法院。

宣告离婚判决,必须告知当事人在判决发生法律效力前不得另行结婚。

(四)《中华人民共和国野生动物保护法》(2013年修正,已修改)

第三十条 禁止生产、经营使用国家重点保护野生动物及其制品制作的食品,或者使用没有合法来源证明的非国家重点保护野生动物及其制品制作的食品。

禁止为食用非法购买国家重点保护的野生动物及其制品。

【法条变迁】《中华人民共和国野生动物保护法》(2022年修订)

第三十一条 禁止食用国家重点保护野生动物和国家保护的有重要生态、科学、社会价值的陆生野生动物以及其他陆生野生动物。

禁止以食用为目的猎捕、交易、运输在野外环境自然生长繁殖的前款规定的野生动物。

禁止生产、经营使用本条第一款规定的野生动物及其制品制作的食品。

禁止为食用非法购买本条第一款规定的野生动物及其制品。

(五)《中华人民共和国渔业法》(2013年修正)

第三十条 禁止使用炸鱼、毒鱼、电鱼等破坏渔业资源的方法进行捕捞。禁止制造、销售、使用禁用的渔具。禁止在禁渔区、禁渔期进行捕捞。禁止使用小于最小网目尺寸的网具进行捕捞。捕捞的渔获物中幼鱼不得超过规定的比例。在禁渔区或者禁渔期内禁止销售非法捕捞的渔获物。

重点保护的渔业资源品种及其可捕捞标准,禁渔区和禁渔期,禁止使用或者限制使用的渔具和捕捞方法,最小网目尺寸以及其他保护渔业资源的措施,由国务院渔业行政主管部门或者省、自治区、直辖市人民政府渔业行政主管部门规定。

(六)《中华人民共和国人民陪审员法》

第十六条 人民法院审判下列第一审案件,由人民陪审员和法官组成七人合议庭进行:(一)可能判处十年以上有期徒刑、无期徒刑、死刑,社会影响重大的刑事案件;(二)根据民事诉讼法、行政诉讼法提起的公益诉讼案件;(三)涉及征地拆迁、生态环境保护、食品药品安全,社会影响重大的案件;(四)其他社会影响重大的案件。

（七）《最高人民法院关于审理环境民事公益诉讼案件适用法律若干问题的解释》（法释[2015]1号，2015年1月7日起施行，已修改）

第十五条　当事人申请通知有专门知识的人出庭，就鉴定人作出的鉴定意见或者就因果关系、生态环境修复方式、生态环境修复费用以及生态环境受到损害至恢复原状期间服务功能的损失等专门性问题提出意见的，人民法院可以准许。

前款规定的专家意见经质证，可以作为认定事实的根据。

第十八条　对污染环境、破坏生态，已经损害社会公共利益或者具有损害社会公共利益重大风险的行为，原告可以请求被告承担停止侵害、排除妨碍、消除危险、恢复原状、赔偿损失、赔礼道歉等民事责任。

第二十条　原告请求恢复原状的，人民法院可以依法判决被告将生态环境修复到损害发生之前的状态和功能。无法完全修复的，可以准许采用替代性修复方式。

人民法院可以在判决被告修复生态环境的同时，确定被告不履行修复义务时应承担的生态环境修复费用；也可以直接判决被告承担生态环境修复费用。

生态环境修复费用包括制定、实施修复方案的费用和监测、监管等费用。

第二十四条　人民法院判决被告承担的生态环境修复费用、生态环境受到损害至恢复原状期间服务功能损失等款项，应当用于修复被损害的生态环境。

其他环境民事公益诉讼中败诉原告所需承担的调查取证、专家咨询、检验、鉴定等必要费用，可以酌情从上述款项中支付。

【法条变迁】《最高人民法院关于审理环境民事公益诉讼案件适用法律若干问题的解释》（法释〔2020〕20号，2021年1月1日起施行）

第十五条　当事人申请通知有专门知识的人出庭，就鉴定人作出的鉴定意见或者就因果关系、生态环境修复方式、生态环境修复费用以及生态环境受到损害至修复完成期间服务功能丧失导致的损失等专门性问题提出意见的，人民法院可以准许。

前款规定的专家意见经质证，可以作为认定事实的根据。

第十八条　对污染环境、破坏生态，已经损害社会公共利益或者具有损害社会公共利益重大风险的行为，原告可以请求被告承担停止侵害、排除妨碍、消除危险、修复生态环境、赔偿损失、赔礼道歉等民事责任。

第二十条　原告请求修复生态环境的，人民法院可以依法判决被告将生态环境修复到损害发生之前的状态和功能。无法完全修复的，可以准许采用替代性修复方式。

人民法院可以在判决被告修复生态环境的同时，确定被告不履行修复义务时应承担的生态环境修复费用；也可以直接判决被告承担生态环境修复费用。

生态环境修复费用包括制定、实施修复方案的费用，修复期间的监测、监管费用，以及修复完成后的验收费用、修复效果后评估费用等。

第二十四条　人民法院判决被告承担的生态环境修复费用、生态环境受到损害至修复完成期间服务功能丧失导致的损失、生态环境功能永久性损害造成的损失等款项，应当用于修复被损害的生态环境。

其他环境民事公益诉讼中败诉原告所需承担的调查取证、专家咨询、检验、鉴定等必要费用，可以酌情从上述款项中支付。

（八）《最高人民法院、最高人民检察院关于检察公益诉讼案件适用法律若干问题的解释》（法释[2018]6号，2018年3月2日起施行，已修改）

第二条　人民法院、人民检察院办理公益诉讼案件主要任务是充分发挥司法审判、法律监督职能作用，维护宪法法律权威，维护社会公平正义，维护国家利益和社会公共利益，督促适格主体依法行使公益诉权，促进依法行政、严格执法。

第七条　人民法院审理人民检察院提起的第一审公益诉讼案件，可以适用人民陪审制。

第十三条　人民检察院在履行职责中发现破坏生态环境和资源保护、食品药品安全领域侵害众多消费者合法权益等损害社会公共利益的行为，拟提起公益诉讼的，应当依法公告，公告期间为三十日。

公告期满，法律规定的机关和有关组织不提起诉讼的，人民检察院可以向人民法院提起诉讼。

【法条变迁】《最高人民法院、最高人民检察院关于检察公益诉讼案件适用法律若干问题的解释》（法释〔2020〕20号，2021年1月1日起施行）

第二条　人民法院、人民检察院办理公益诉讼案件主要任务是充分发挥司法审判、法律监督职能作用，维护宪法法律权威，维护社会公平正义，维护国家利益和社会公共利益，督促适格主体依法行使公益诉权，促进依法行政、严格执法。

第七条　人民法院审理人民检察院提起的第一审公益诉讼案件，适用人民陪审制。

第十三条　人民检察院在履行职责中发现破坏生态环境和资源保护，食品药品安全领域侵害众多消费者合法权益，侵害英雄烈士等的姓名、肖像、名誉、荣誉等损害社会公共利益的行为，拟提起公益诉讼的，应当依法公告，公告期间为三十日。

公告期满，法律规定的机关和有关组织、英雄烈士等的近亲属不提起诉讼的，人民检察院可以向人民法院提起诉讼。

人民检察院办理侵害英雄烈士等的姓名、肖像、名誉、荣誉的民事公益诉讼案件，也可以直接征询英雄烈士等的近亲属的意见。

检察环境公益案件裁判规则

第7条

对生态环境已无修复必要但实际受损的情形,检察机关可向人民法院提起诉讼,要求侵权人承担相应法律责任

一、聚焦司法案件裁判观点

■ **争议焦点**

受损生态环境已无修复必要，被告人以生态环境具有自净功能并已得到恢复为由主张免除或减轻生态环境修复责任或减免生态损害赔偿金的，应如何处理？

■ **裁判观点**

1. 污染者违反国家规定造成生态环境损害，以被污染生态环境有自净功能、已得到恢复为由主张免除或者减轻生态环境修复责任的，不影响人民检察院提起诉讼。

2. 受损生态环境无法修复或无修复必要，侵权人通过资源节约集约循环利用等方式实施环保技术改造，经评估能够实现节能减排、减污降碳、降低风险效果的，根据侵权人的申请，结合环保技术改造的时间节点、生态环境保护守法情况等因素，可将由此产生的环保技术改造费用适当抵扣其应承担的生态环境损害赔偿金。

3. 为达到环境影响评价要求、排污许可证设定的污染物排放标准或者履行其他生态环境保护法律法规规定的强制性义务而实施环保技术改造发生的费用，侵权人申请抵扣其应承担的生态环境损害赔偿金的，则不被支持。

二、司法案例样本对比

样本案例一

重庆市人民检察院第×分院诉××公司1等环境民事公益诉讼案

• **法院**

重庆市××人民法院

- 诉讼主体

公益诉讼起诉人：重庆市××人民检察院
被告：××公司1、××公司2、××公司3

- 基本案情

××公司1、××公司2、××公司3均无危险废物经营资质。2015年4月10日，××公司1分别与××公司2、××公司3签订合同，约定××公司1以420元/吨的价格向××公司2、××公司3出售盐酸，由××公司1承担运费。前述价格包含销售盐酸的价格和××公司1将废盐酸运回进行处置的费用。2015年7月开始，××公司1将废盐酸从××公司2、××公司3运回后，将废盐酸直接非法排放。2015年7月至2016年3月，××公司1非法排放废盐酸累计至少达717.14吨，造成××河受到污染。经评估，本次事件生态环境损害数额为6454260元，同时还产生事务性费用25100元及鉴定费5000元。本次污染事件发生后，××公司2和××公司3投入资金开展酸雾收集、助镀槽再生系统等多个方面的技术改造，环境保护水平有所提升。公益诉讼起诉人重庆市人民检察院第×分院认为××公司1、××公司2和××公司3应承担本次环境污染事件造成的损失，遂向人民法院提起诉讼请求判决××公司1、××公司2、××公司3承担生态环境损害赔偿金及鉴定费等共计6484360元，并向社会公众赔礼道歉。

- 案件争点

如何确定××公司1、××公司2、××公司3各自应支付的生态环境损害赔偿金？

- 裁判要点

法院生效裁判认为，根据《中华人民共和国固体废物污染环境防治法》（2015年修正，已修改）第五十七条规定，从事收集、贮存、处置危险废物经营活动的单位，必须向县级以上人民政府环境保护行政主管部门申请领取经营许可证；从事利用危险废物经营活动的单位，必须向国务院环境保护行政主管部门或者省、自治区、直辖市人民政府环境保护行政主管部门申请领取经营许可证。本案中，××公司2、××公司3作为危险废物的生产者，却将涉案危险废物交由未取得危险废物经营许可证的××公司1处置，违反了危险废物污染防治的法定义务。××公司1非法排放的危险废物中无法区分××公司2、××公司3各自提供的具体数量或所占份额，构成共同侵权，故××公司2和××公司3应对××公司1所造成的生态环境损害承担连带责任。

环境公益诉讼作为环境保护法确立的重要诉讼制度，其诉讼目的不仅仅是追究环境侵权责任，更重要的是督促引导环境侵权人实施环境修复，鼓励企业走生态优先、绿色发展的道路，实现环境保护同经济建设和社会发展相协调。××公司2和××公司3在案涉污染事件发生后实施技术改造，并请求以技术改造费用抵扣生态环境损害赔偿金。对技术改造费用能否用以抵扣应承担的生态环境损害赔偿金的问题，应秉持前述环境司法理念，对企业实施的环保技术改造的项目和目的加以区分，分类对待。如果企业实施的环保技术改造的项目和目的仅满足其环境影响评价要求、达到排污许可证设定的污染物排放标准或者履行其他法定的强制性义务，那么对该部分技术改造费用应不予抵扣；如果企业在已完全履行法律对企业设定的强制性环境保护义务基础之上，通过使用清洁能源，采用更优技术、工艺或设备等方式，实现资源利用率更高、污染物排放量减少、废弃物综合利用率提升等效果，则该部分技术改造费用就应考虑予以适当抵扣。

本案中，由于河流具有自净能力，受到污染的水体现已无必要进行生态环境修复。××公司2和××公司3愿意继续进行技术改造，其承诺实施的技术改造，有利于实现污染物的减量化、再利用和资源化，亦有利于降低当地的环境风险。因此，将××公司2和××公司3已实际支付的环保技术改造费用用于抵扣其应承担的生态环境损害赔偿金，符合环境公益诉讼维护社会公共利益的目的。为支持企业绿色转型，鼓励××公司2和××公司3投入更多的资金用于节能减排，法院将××公司2和××公司3各自可以抵扣的上限设定为其应承担的生态环境损害赔偿金的50%。故××公司2和××公司3在本判决生效后开展技术改造，在相同产能的前提下明显减少危险废物的产生或降低资源的消耗，且未因环境违法行为受到处罚，其已支付的技术改造费用凭技术改造效果评估意见和具有法定资质的中介机构出具的技术改造投入资金审计报告，可向人民法院申请抵扣。

在环境民事公益诉讼案件中，既要确保受损的生态环境得到及时有效修复，又要给予正确面对自身环境违法行为、愿意积极承担环境法律责任的企业继续进行合法生产经营的机会，实现保护生态环境与促进经济发展的平衡。2020年，××公司2和××公司3的生产经营受到一定影响，两家企业在案发后投入大量资金实施技术改造，且部分尚欠的技术改造费用已到清偿期，两家企业当前均出现一定程度的经营困难。为促发展、稳预期、保民生，最大限度维持企业的持续经营能力，对××公司2和××公司3请求分期支付的意见予以采纳，准许其两年内分三期支付生态环境损害赔偿金。

重庆市××人民法院作出一审民事判决：一、被告××公司1赔偿因非法排放废盐酸产生的生态环境修复费用6479360元、技术咨询费5000元，合计6484360元，限本判决生效之日起十日内支付至本院指定的司法生态修复费专款账户；二、被告××公司2和被告××公司3对本判决第一项确定的被告××公司1的赔偿款分别承担3242180元的连带清偿责任；三、被告××公司1、××公司2和被告××公司3在本判决生效之日起三十日内在重庆市市级以上媒体向社会公众赔礼道歉。宣判后，××公司2和××公司3不服，提起上诉，并在二审中提出分期支付申请和对其技改费用予以抵扣的请求。

二审法院作出二审民事判决如下：

一、维持重庆市××人民法院一审民事判决第一、第三项。二、撤销重庆市××人民法院一审民事判决第二项。三、××公司2、××公司3对××公司1应承担的生态环境损害赔偿金分别承担3242180元的连带清偿责任，在向重庆市××人民法院提供有效担保后，按照25％、25％及50％的比例分三期支付。具体支付时间为本判决生效之日起十日内各支付809920元及技术咨询费2500元；2021年12月31日前各支付809920元；2022年12月31日前各支付1619840元。技术咨询费在执行到位后十日内支付到重庆市人民检察院第×分院指定的账户。四、如果××公司2、××公司3在本判决生效后实施技术改造，在相同产能的前提下明显减少危险废物的产生或降低资源的消耗，且未因环境违法行为受到处罚，其已支付的技术改造费用可以凭技术改造效果评估意见和具有法定资质的中介机构出具的技术改造投入资金审计报告，在支付第三期款项时向人民法院申请抵扣。

样本案例二

山东省××市人民检察院诉王某某、马某某环境民事公益诉讼案

- **法院**

山东省××市中级人民法院

- **诉讼主体**

公益诉讼起诉人：山东省××市人民检察院

被告：王某某、马某某

• 基本案情

2014年2月至4月，王某某、马某某在未办理任何注册、安检、环评等手续的情况下，在××市××镇××村沙场大院北侧车间从事盐酸清洗长石颗粒项目，王某某提供场地、人员和部分资金，马某某出资建设反应池、传授技术、提供设备、购进原料、出售成品。在作业过程中产生约60吨的废酸液，该废酸液被王某某先储存于厂院北墙外的废水池内。废酸液储存于废水池期间存在明显的渗漏迹象，渗漏的废酸液对废水池周边土壤和地下水造成污染。随后废酸液又通过厂院东墙和西墙外的排水沟被排入村北的××河，对××河内水体造成污染。2014年4月底，王某某、马某某盐酸清洗长石颗粒作业被××市公安局查获关停后，盐酸清洗长石颗粒剩余的20余吨废酸液被王某某填埋在反应池内。该废酸液经××市环境监测站监测和××市环境保护局认定，其pH值小于2，根据国家危险废物名录及危险废物鉴定标准和鉴别方法，属于废物类别为"HW34废酸中代码为900-300-34"的危险废物。2016年6月1日，被告人马某某因犯污染环境罪，被判处有期徒刑一年六个月，缓刑二年，并处罚金人民币二万元（所判罚金已缴纳）；被告人王某某犯污染环境罪，被判处有期徒刑一年二个月，缓刑二年，并处罚金人民币二万元（所判罚金已缴纳）。

××市公安局办理王某某污染环境刑事一案中，××市公安局食药环侦大队《现场勘验检查工作记录》中记载"中心现场位于××沙场院内北侧一废弃车间内。车间内西侧南北方向排列有两个长20 m、宽6 m、平均深1.5 m的反应池，反应池底部为斜坡。车间北侧见一夹道，夹道内见三个长15 m、宽2.6 m、深2 m的水泥池。"现车间内西侧的北池废酸液被沙土填埋，受污染沙土总重为223吨。

2015年11月27日，××市公安局食药环侦大队委托山东省××设计院环境风险与污染损害鉴定评估中心对××市王某某、马某某污染环境案造成的环境损害程度及数额进行鉴定评估。该机构于2016年2月作出××市王某某、马某某污染环境案环境损害检验报告，认定：本次评估可量化的环境损害为应急处置费用和生态环境损害费用，应急处置费用为酸洗池内受污染沙土的处置费用5.6万元，生态环境损害费用为偷排酸洗废水造成的生态损害修复费用72万元，合计为77.6万元。

2016年4月6日，××市人民检察院向××市环境保护局发出×检行政违监检察建议，"建议对××河流域的其他企业、小车间等的排污情况进行全面摸排，看是否还存在向××河流域排放污染物的行为"。××市环境保护局于同年

5月3日回复称,"我局在收到××市人民检察院检察建议书后,立即组织执法人员对××河流域的企业、小车间的排污情况进行全面排查,经严格执法,未发现有向××河流域排放废酸等危险废物的环境违法行为"。

2017年2月8日,山东省××市中级人民法院会同公益诉讼人及王某某、马某某、××市环保局、××庄村委对王某某、马某某实施侵权行为造成的污染区域包括酸洗池内的沙土和周边居民区的部分居民家中水井地下水进行了现场勘验并取样监测,取证现场拍摄照片22张。环保部门向人民法院提交了2017年2月13日水质监测达标报告(8个监测点位水质监测结果均为达标)及其委托××公司1出具的2017年2月14日酸洗池固体废物检测报告(酸洗反应南池-40 cm pH值=9.02,-70 cm pH值=9.18,北池-40 cm pH值=2.85,-70 cm pH值=2.52)。公益诉讼人向人民法院提交的2017年3月3日由××市环境保护局委托××公司2对王某某酸洗池废池的检测报告,载明:反应池南池-1.2 m pH值=9.7,北池-1.2 m pH值<2。公益诉讼起诉人认为,《危险废物鉴别标准浸出毒性鉴别》(GB 5085.3—2007)和《土壤环境监测技术规范》(HJ/T 166-2004)规定,pH值≥12.5或者pH值≤2时为具有腐蚀性的危险废物。国家危险废物名录(2016版)HW34废酸一项900-300-34类为"使用酸进行清洗产生的废酸液";HW49其他废物一项900-041-49类为"含有或沾染毒性、感染性危险废物的废弃包装物、容器、过滤吸附介质"。涉案酸洗池内受污染沙土属于危险废物,酸洗池内的受污染沙土总量都应该按照危险废物进行处置。

公益诉讼起诉人提交的山东省××监测总站水工环高级工程师刘某某就地下水污染演变过程所做的咨询报告专家意见载明:一、地下水环境的污染发展过程。1.污染因子通过地表入渗进入饱和带(潜水含水层地下水水位以上至地表的地层),通过渗漏达到地下水水位进入含水层。2.进入含水层,初始在水头压力作用下向四周扩散形成一个沿地下水流向展布的似圆状污染区。3.当污染物持续入渗,在地下水水动力的作用下,污染因子随着地下水径流,向下游扩散,一般沿地下水流向以初始形成的污染区为起点呈扇形或椭圆形向下流拓展扩大。4.随着地下水径流形成的污染区不断拓展,污染面积不断扩大,污染因子的浓度不断增大,造成对地下水环境的污染,在污染源没有切断的情况下,污染区将沿着地下水径流方向不断拓展。二、污染区域的演变过程、地下水污染的演变过程,主要与污染的持续性,包气带的渗漏性,含水层的渗透性,土壤及含水层岩土的吸附性,地下水径流条件等因素密切相关。1.长期污染演变过程。在污染因子进入地表通过饱和带向下渗漏的过程中,部分被饱和带岩土吸附,污染包气带的岩土层;初始进入含水层的污染因子浓度较低,当经过一段时间的渗漏，吸附达到饱和后，进入含水层的污染因子浓度将逐渐接近或达到污水的浓度。污染因子进入含水层向下游拓展的过程中，通过地下水的稀释和含水层的吸附，开始会逐渐降低。达到饱和后，随着污染因子的不断注入，达到一定浓度的污染区将不断向下游拓展，污染区域面积将不断扩大。2. 短期污染演变过程。短期污染是指污水进入地下水环境经过一定时期，消除污染源，已进入地下水环境的污染因子和污染区域的变化过程。（1）污染因子的演变过程。在消除污染源阻断污染因子进入地下水环境的情况下，随着上游地下水径流和污染区地下水径流扩大区域的地下水的稀释及含水层岩土的吸附作用，污染水域的地下水浓度将逐渐降低，水质逐渐好转。（2）污染区域的变化。在消除污染源，阻止污水进入含水层后，地下水污染区域将随着时间的推移，在地下水径流水动力的作用下，整个污染区将逐渐向下游移动扩大。随着污染区扩大、岩土吸附作用的加强，含水层中地下水水质将逐渐好转，在经过一段时间后，污染因子将吸附于岩土层并稀释于地下水中，改善污染区地下水环境，最终使原污染区达到有关水质要求标准。

• 案件争点

如何确定王某某、马某某应承担的生态损害修复费用？

• 裁判要旨

一、关于王某某、马某某侵权行为认定问题

（一）关于涉案危险废物数量及处置费用的认定问题

审理中，山东××公司出具的检测报告指出涉案酸洗反应南池-40 cm、-70 cm 及-1.2 m 深度的 pH 值均在正常值范围内；北池-1.2 m pH 值<2 属于危险废物。涉案酸洗池的北池内原为王某某、马某某使用盐酸进行长石颗粒清洗产生的废酸液，后其用沙土进行了填埋。根据国家危险废物名录（2016版）HW34 废酸 900-300-34 和 HW49 其他废物一项 900-041-49 类规定，现整个池中填埋的沙土吸附池中的废酸液，成为含有或沾染腐蚀性毒性的危险废物。山东省××设计院环境风险与污染损害鉴定评估中心出具的环境损害检验报告中将酸洗池北池内受污染沙土总量 223 吨作为危险废物量，参照《环境污染损害数额计算推荐方法》中给出的"土地资源参照单位修复治理成本"清洗法的单位治理成本 250—800 元/吨，本案取值 250 元/吨予以计算处置费用 5.6 万元，具有事实和法律依据，并无不当，予以采信。（具体计算方法为：20 m×

6 m×平均深度1.3 m×密度1.3 t/m³＝203 t 沙土＋20 t 废酸＝223 t×250 元/t＝5.6 万元）

（二）关于涉案土壤、地表水及地下水污染生态损害修复费用的认定问题

××市环境监测站监测报告显示，废水池内残留废水的 pH 值<2，属于强酸性废水。王某某、马某某通过废水池、排水沟排放的酸洗废水系危险废物亦为有毒物质污染环境，致部分居民家中水井颜色变黄，味道呛人，无法饮用。监测发现部分居民家中井水的 pH 值低于背景值，氯化物、总硬度远高于背景值，且明显超标。储存于废水池期间渗漏的废水渗透至周边土壤和地下水，排入沟内的废水流入××河。涉案污染区域周边没有其他类似污染源，可以确定受污染地下水系黄色、具有刺鼻气味，且氯化物浓度较高的污染物，即由王某某、马某某实施的环境污染行为造成。

2017 年 2 月 13 日水质监测报告显示，在原水质监测范围内的部分监测点位，水质监测结果达标。根据地质环境监测专家出具的意见，可知在消除污染源阻断污染因子进入地下水环境的情况下，随着上游地下水径流和污染区地下水径流扩大区域的地下水稀释及含水层岩土的吸附作用，污染水域的地下水浓度将逐渐降低，水质逐渐好转。地下水污染区域将随着时间的推移，在地下水径流水动力的作用下，整个污染区将逐渐向下游移动扩大。经过一定时间，原污染区可能达到有关水质要求标准，但这并不意味着地区生态环境好转或已修复。王某某、马某某仍应当承担其污染区域的环境生态损害修复责任。在被告不能自行修复的情况下，根据《环境污染损害数额计算推荐方法》和《突发环境事件应急处置阶段环境损害评估推荐方法》的规定，采用虚拟治理成本法估算王某某、马某某偷排废水造成的生态损害修复费用。虚拟治理成本是指工业企业或污水处理厂治理等量的排放到环境中的污染物应该花费的成本，即污染物排放量与单位污染物虚拟治理成本的乘积。单位污染物虚拟治理成本是指突发环境事件发生地的工业企业或污水处理厂单位污染物治理平均成本。在量化生态环境损害时，可以根据受污染影响区域的环境功能敏感程度分别乘以 1.5 或 10 的倍数作为环境损害数额的上下限值。本案受污染区域的土壤、Ⅲ类地下水及××河Ⅴ类地表水生态损害修复费用，山东省××设计院环境风险与污染损害鉴定评估中心出具的环境损害检验报告中取虚拟治理成本的 6 倍，按照已生效的××市人民法院刑事判决书认定的偷排酸洗废水 60 吨的数额计算，造成的生态损害修复费用为 72 万元，即单位虚拟治理成本 2000 元/t×60 t×6 倍＝72 万元，具有事实和法律依据，并无不当。

二、关于侵权责任问题

《中华人民共和国侵权责任法》（已失效）第六十五条（对应《民法典》第一千二百二十九条）规定，"因污染环境造成损害的，污染者应当承担侵权责任。"第六十六条（对应《民法典》第一千二百三十条）规定，"因污染环境发生纠纷，污染者应当就法律规定的不承担责任或者减轻责任的情形及其行为与损害之间不存在因果关系承担举证责任。"山东省××市人民法院作出的刑事判决书认定王某某、马某某实施的环境污染行为与所造成的环境污染损害后果之间存在因果关系，王某某、马某某对此没有异议，并且已经发生法律效力。根据《中华人民共和国环境保护法》（2014年修订）第六十四条，《中华人民共和国侵权责任法》（已失效）第八条、第六十五条、第六十六条（对应《民法典》第一千一百六十八条、第一千二百二十九条、第一千二百三十条），《最高人民法院关于审理环境侵权责任纠纷案件适用法律若干问题的解释》（法释〔2015〕12号，2015年6月3日起施行，已废止）第十四条之规定，王某某、马某某应当对其污染环境造成社会公共利益受到损害的行为承担侵权责任。

山东省××市中级人民法院于2017年5月31日作出民事判决：

一、被告王某某、马某某在本判决生效之日起三十日内在××市环境保护局的监督下按照危险废物的处置要求将酸洗池内受污染沙土223吨进行处置，消除危险；如不能自行处置，则由环境保护主管部门委托第三方进行处置，被告王某某、马某某赔偿酸洗危险废物处置费用5.6万元，支付至××市环境公益诉讼基金账户。

二、被告王某某、马某某在本判决生效之日起九十日内对××市××镇××村沙场大院北侧车间周边地下水、土壤和××河内水体的污染治理制定修复方案并进行修复，逾期不履行修复义务或者修复未达到保护生态环境社会公共利益标准的，赔偿因其偷排酸洗废水造成的生态损害修复费用72万元，支付至××市环境公益诉讼基金账户。该案宣判后，双方均未提出上诉，判决已发生法律效力。

样本案例三

××市××区人民检察院诉刘某某水污染责任纠纷环境公益诉讼案

• 法院

湖北省××市××区人民法院

• 诉讼主体

公益诉讼起诉人：××市××区人民检察院

被告：刘某某

• 基本案情

湖北省××市××区人民法院于 2016 年 1 月 22 日作出的生效刑事判决认定，2014 年 6 月至 2015 年 5 月 13 日，刘某某在未取得工商营业执照和环保行政许可证，未向环保部门办理建设项目环境影响评价文件报批手续，没有安装建设废水污染物防治配套设施的情况下，在××市××经济开发区某村某组某号房屋擅自开办金属电镀表面处理加工厂，并将金属电镀加工过程中产生的电镀废液未经任何处理直接排放到该加工厂北侧路边的沟渠中。2015 年 5 月 6 日，××市环境保护局在对该加工厂外排口水体进行采样检测时，发现其重金属铬和锌分别超过国家标准 2.54 倍和 3.15 倍，遂当即责令其立即停止生产。同年 5 月 13 日，××市环境保护局在对该加工厂进行查封时发现其仍在违法加工。于是，再次对该加工厂外排口水体进行采样检测，检测结果显示重金属铬和锌分别超过国家标准 6.84 倍和 34.2 倍。

刘某某在 2015 年 9 月 11 日和 2015 年 10 月 8 日公安机关所作的讯问笔录中确认其金属电镀表面处理加工厂生产期间排放的电镀废水为 1000 吨。××市价格认证中心受检察机关委托，对刘某某金属电镀表面处理加工厂直接排放的电镀废水每吨处理费用进行价格认定，该中心于 2016 年 8 月 17 日作出价格认定结论书，认定刘某某金属电镀表面处理加工厂生产过程中所产生的电镀废水在基准日时的市场平均每吨综合处理费用（含运输费）为 67.35 元。受检察机关委托，湖北××公司 1、××市环境监察支队、××公司 2 的专家采用虚拟治理成本法对公共环境受损的修复费用及环境损害至恢复原状期间的环境服务功能损失进行了评估，于 2016 年 8 月 19 日出具了环境污染损害专家咨询意见，确定刘某某违法排放 1000 吨废水所造成的生态环境损害数额为 1000 吨×67.35 元/吨×3＝202050 元。经调查××市社会组织管理局，××市辖区内尚无登记的符合法律规定的提起公益诉讼的社会组织。

检察院认为，刘某某在未取得环保行政许可和办理环评手续、安装建设废水污染物防治配套设施的情况下，违法生产排放电镀废水，严重污染厂区附近周边环境，损害社会公共利益，刘某某对其造成的污染至今未采取任何修复治理措施，社会公共利益仍处于受侵害状态。根据《中华人民共和国侵权责任法》（已失效）第六十五条（对应《民法典》第一千二百二十九条），最高人民检察院《人民检察院提起公益诉讼试点工作实施办法》（高检发释字〔2015〕6号，2015年12月24日起施行，已废止）第十六条，最高人民法院《关于审理环境民事公益诉讼案件适用法律若干问题的解释》（法释〔2015〕1号，2015年1月7日起施行，已修改）第二十二条、第二十三条之规定，刘某某依法应当承担相应的民事侵权责任。鉴于目前本地没有适格主体提起诉讼，现根据《中华人民共和国民事诉讼法》（2012年修正，已修改）第五十五条、《全国人民代表大会常务委员会关于授权最高人民检察院在部分地区开展公益诉讼试点工作的决定》、《人民检察院提起公益诉讼试点工作实施办法》（高检发释字〔2015〕6号，2015年12月24日起施行，已废止）第十四条之规定，向法院提起诉讼，请依法裁判。

• 案件争点

污染行为的周边有关环境已经自然恢复原状，被告人是否还需要承担生态环境损害赔偿责任？

• 裁判要旨

法院认为，本案性质为水污染责任纠纷，系特殊侵权，适用无过错责任原则。因污染环境造成损害的，污染者应当承担侵权责任。因污染环境发生纠纷，权利人应就侵权行为和损害事实承担举证责任，污染者应当就法律规定的不承担责任或者减轻责任的情形及其行为与损害之间不存在因果关系承担举证责任。本案双方争议焦点为被告是否应该承担生态环境损害经济赔偿。

被告刘某某在未取得工商营业执照，未取得环保行政许可证，未安装建设废水污染物防治配套设施的情况下违法开办金属电镀表面处理加工厂，排放金属电镀加工过程中产生的重金属总铬、总锌、化学需氧量严重超标的电镀废液，废液未经任何处理，直接排放到该加工厂北侧路边的沟渠中，沟渠未经过硬化处理。该排放行为从2014年持续到2015年，致使加工厂周边地表水、地下水及土壤均受到污染。至今被告对加工厂周边环境没有进行有效处理，没有采取任何修复治理措施。根据《重金属污染综合防治"十二五"规划》：重金属可经空气、水、食物链等途径进入人体，生物毒性显著，易引发慢性中毒，具有致癌、致畸及致突变作用，对免疫系统有一定影响，威胁人体健康和食品安全；重金属在土壤中无法降解，对土壤的污染基本上是一个不可完全逆转的过程。

由于水体具有自净能力以及水体的不断流动，至起诉时排放处明渠已改暗渠，生态环境污染损害已无法检测到确切的生态环境损害。但是环境容量是有限的，向水体排放大量含重金属的污水，必然对水质、水体动植物以及地下水、土壤造成严重破坏。如不及时修复，污染的累积必然会超出环境承载能力，最终造成不可逆转的环境损害。因此，不能以现阶段无法检测到确切的生态环境损害为由免除污染者对曾经的污染行为应当承担的环境修复责任。

地表水、地下水和土壤虽然具备自净功能，但这是一个非常缓慢的过程。与地表水呈现动态循环，流动性强，更新周期短相比，地下水属于循环更新周期长的静态水，已经进入地下水的污染物质将在含水层长期滞留，且运移的速度缓慢，已经污染的含水层自然净化能力差，污染状况存在时间较长。与水体污染相比，土壤污染物更难迁移、扩散和稀释，所以将在土壤中不断积累；尤其是重金属在土壤中无法降解，对土壤的污染基本上是一个不可完全逆转的过程，土壤中的许多有机污染物也需要较长时间才能降解。刘某某排放的污水给生态环境造成了严重损害。虽然环境具有自净能力，但是环境容量是有限的，向水体排放大量含重金属的污水，必然对水质、水体动植物以及地下水、土壤造成严重破坏。如不及时修复，污染的累积必然会超出环境承载能力，最终造成不可逆转的环境损害。因此，不能认为排放废液的行为已经过去一年多了，损害社会公共利益的状态就不存在。

《人民检察院提起公益诉讼试点工作实施办法》（高检发释字〔2015〕6号，2015年12月24日起施行，已废止）第六条明确规定："人民检察院可以采取以下方式调查核实污染环境、侵害众多消费者合法权益等违法行为、损害后果涉及的相关证据及有关情况：咨询专业人员、相关部门或者行业协会等对专门问题的意见。"本案中三位专家出具的意见属于专业人员对专门问题的意见，具有客观性、公正性、权威性。在民事公益诉讼中，检察机关可以提出要求被告停止侵害、排除妨碍、消除危险、恢复原状、赔偿损失、赔礼道歉等诉讼请求，被告辩称无能力赔偿，不代表不应当承担环境损害赔偿责任，被告污染环境，损害社会公共利益，因此，公益诉讼人赔偿损失的诉求法院应当支持。

综上所述，被告刘某某违反法律规定，对电镀废液未经处理，非法排放，污染环境，造成公共环境损害的事实清楚，应依法承担侵权的民事责任。××检察院作为公益诉讼人起诉判令刘某某赔偿损失及承担合理费用的诉讼请求予以支持。据此，依照《中华人民共和国环境保护法》第六十四条，《中华人民共和国侵权责任法》（已失效）第七条、第十五条第（六）项、第六十五条、第六十六条（对应《民法典》第一千一百六十六条、第一百七十九条、第一千二百二十九条、第一千二百三十条），《最高人民法院关于审理环境民事公益诉讼案件适用法律若干问题的解释》（法释〔2015〕1号，2015年1月7日起施行，已修改）第十八条、第二十一条、第二十二条、第二十三条、第二十四条第一款之规定，判决如下：

一、被告刘某某于本判决生效之日起十五日内赔偿因其违法排放电镀废水造成的生态环境损害损失202050元，赔偿款付至××市××区财政局环保专用账户，用于修复被告刘某某损害的生态环境。

二、被告刘某某于本判决生效之日起十五日内给付公益诉讼起诉人××市××区人民检察院因本案环境损害专家咨询支付的专家咨询费3000元。

三、司法案例类案甄别

（一）事实对比

在样本案例一中，三被告公司均无危险废物经营资质，××公司1通过签订合同向××公司2和××公司3出售盐酸，并约定由××公司1将使用后的废盐酸运回处置。××公司1将废盐酸运回后直接非法排放，造成××河受到污染。污染事故发生后，由于河流具有自净能力，受到污染的水体现已无必要进行生态环境修复。公司2和公司3愿意投入资金开展酸雾收集、助渡槽再生系统等多方面技术改造，环境保护水平有所提升。

在样本案例二中，王某某、马某某在未办理任何注册、安检、环评等手续的情况下，从事盐酸清洗长石颗粒项目。废酸液储存于废水池期间存在明显的渗漏迹象，渗漏的废酸液对废水池周边土壤和地下水造成污染。被告王某某、马某某因环境污染罪均被判处刑罚；民事公益诉讼起诉期间，原污染区域的水质监测采样点位均为达标，但酸洗池废池的检测报告数值仍属于危险废物范围。

在样本案例三中，被告刘某某在未取得工商营业执照和环保行政许可证，未向环保部门办理建设项目环境影响评价文件报批手续，没有安装建设废水污染物防治配套设施的情况下，擅自开办金属电镀表面处理加工厂，违法生产、排放电镀废水，严重污染厂区附近周边环境，损害社会公共利益，刘某某对其造成的污染至今未采取任何修复治理措施。法院立案前，被告人已经承担了停止侵害、排除妨碍、消除危险等责任，周边有关环境已经自然恢复了原状，排放处明渠已改为暗渠，已无法检测到确切的生态环境损害。

从认定的事实情况来看，在案例一、二、三中，被告均无相关资质或未办理相关手续，违法排放废酸、废水，造成周边的河流水质的污染，尽管环境污染责任并不要求行为人具有主观过错，但三个案例中的被告主观上均具有明显的过错。污染发生后，案例一中的××公司2和××公司3投入大量的资金实施技术改造，两公司的生产经营也受到了一定的影响；而案例二、案例三中的被告未实施任何修复生态环境的行为，在违法排放废水废酸后不管不顾，或者仅履行司法机关、行政机关要求的强制性义务。在公益诉讼起诉期间，案例一、二、三中所涉及的原环境污染区域，因水体本身具有的自净功能，水质监测数值均已恢复至正常水平，周围环境已"恢复"了正常，无必要进行生态环境修复，三被告均以此主张减少或者免除生态环境修复费用或生态损害赔偿金。除此之外，案例一中的被告公司仅涉及民事侵权，而案例二、案例三中的被告还因环境污染行为被判处了相应的刑事处罚。

（二）适用法律对比

在样本案例一中，一审法院作出的判决要求三被告公司承担生态环境修复费用，而二审法院将其纠正为生态环境损害赔偿金，三被告承担连带赔偿责任。《中华人民共和国循环经济促进法》（2009年1月1日起施行，已修改）第三条规定："发展循环经济是国家经济社会发展的一项重大战略"。《中华人民共和国环境保护法》（2014年修订）第四十条第一款规定："国家促进清洁生产和资源循环利用。"第三款规定："企业应当优先使用清洁能源，采用资源利用率高、污染物排放量少的工艺、设备以及废弃物综合利用技术和污染物无害化处理技术，减少污染物的产生"。《中华人民共和国环境保护法》（2014年修订）第三十六条规定："国家鼓励和引导公民、法人和其他组织使用有利于保护环境的产品和再生产品，减少废弃物的产生"。可以看出，企业在生产、流通和消费等过程中进行减量化、再利用、资源化活动，属于法律对企业的倡导性义务。××公司2和××公司3在本次污染事件发生后，投入资金开展酸雾收集、助镀槽再生系统、焊接烟尘收集处理系统、废气监测、生化池及生活污水池等多个方面的技术改造，环境保护水平有所提升。由于对危险废物的减量化、再利用和资源化并非××公司2、××公司3的强制性义务，同时，该技术改造对热镀锌酸洗的企业亦具有示范作用。但××公司2和××公司3已经开展的环保技术改造，有的属于履行法律规定的强制性义务，有的已超出了强制性义务的范畴。因公诉人在统计危废排放数量时，无法精确统计二被告提供的危废数量，基于更好保护社会公共利益的目标，法院最终确定对二审后开展的环保技术改造所投入的资金予以抵扣两公司应承担的生态损害赔偿金。

在样本案例二中，尽管水质监测报告显示，在原水质监测范围内的部分监测点位，水质监测结果达标，但随着时间的推移，地下水污染区域在地下水径流水动力的作用下，整个污染区将逐渐向下游移动扩大。经过一定时间，原污染区可能达到有关水质要求标准，但这并不意味着地区生态环境好转或已修复。

《中华人民共和国侵权责任法》(已失效)第六十五条(对应《民法典》第一千二百二十九条)规定,"因污染环境造成损害的,污染者应当承担侵权责任。"第六十六条(对应《民法典》第一千二百三十条)规定,"因污染环境发生纠纷,污染者应当就法律规定的不承担责任或者减轻责任的情形及其行为与损害之间不存在因果关系承担举证责任。"同时根据已经发生效力的刑事判决书,王某某、马某某对其污染行为与所造成的环境污染损害后果之间的因果关系没有异议,王某某、马某某应当对其污染环境造成社会公共利益受到损害的行为承担侵权责任。

在样本案例三中,根据《人民检察院提起公益诉讼试点工作实施办法》(高检发释字〔2015〕6号,2015年12月24日起施行,已废止)第六条明确规定:"人民检察院可以采取以下方式调查核实污染环境、侵害众多消费者合法权益等违法行为、损害后果涉及的相关证据及有关情况:咨询专业人员、相关部门或者行业协会等对专门问题的意见。"本案中三位专家出具的意见属于专业人员对专门问题的意见,具有客观性、公正性、权威性。因环境容量有限,向水体中排放大量含重金属的污水,必然对水质、水体动植物以及地下水、土壤造成严重破坏。因此,不能以现阶段无法检测到确切的生态环境损害为由免除污染者对曾经的污染行为应承担的环境修复责任。

从法律适用角度看,样本案例一、二、三均实际适用了最高法关于环境民事公益诉讼的相关规定。

(三)适用法律程序对比

样本案例一、二、三从适用法律程序情况看,按照《最高人民法院关于人民法院案件案号的若干规定》要求和案件审理机关等级,经查证样本案例一、二、三均为民事案件,样本案例一的生效判决为二审程序作出,案例二、三适用法律程序均为一审程序。

(四)类案大数据报告

截至2024年1月13日,以"生态环境修复"或"生态环境损害赔偿"为关键词,通过公开案例数据库检索,共检索到类案1253件,其中,发生在近五年的案件共有775件,近五年的案件数量呈现逐年递减的趋势。

从地域分布来看,当前涉及生态环境修复和生态环境损害赔偿集中在江苏省、广东省、山东省,其中江苏省的案件量最多,达到84件。

从案件程序分类统计可以看到涉及生态环境修复和生态环境损害赔偿的审理程序分布状况。其中,一审案件有704件,占比56.18%;二审案件有279

件,占比 22.27%;再审案件有 203 件,占比 16.20%;执行案件有 1 件,其他案件有 66 件。

从二审裁判结果来看,当前条件下维持原判的有 200 件,占比为 71.68%;改判的有 68 件,占比为 24.37%;其他的有 11 件,占比为 3.95%。

从再审裁判结果来看,当前条件下维持原判的有 196 件,占比为 96.55%;改判的有 4 件,占比为 1.97%;其他的有 3 件,占比为 1.48%。

从标的额来看,有关的 675 件案件中,标的额在 10 万元以下(含 10 万元)的有 289 件,占比 42.82%;标的额在 10 万—50 万元的有 154 件,占比 22.82%;标的额在 50 万—100 万元的有 58 件,占比 8.59%;标的额在 100 万—500 万元的有 84 件,占比 12.44%;标的额在 500 万—1000 万元的有 30 件,占比 4.44%;标的额在 1000 万—5000 万元的有 45 件,占比 6.67%;标的额在 5000 万元以上的有 15 件,占比 2.22%。

四、类案裁判规则的解析确立

(一)检察环境民事公益诉讼制度

从检察环境民事公益诉讼制度来看,环境民事公益诉讼制度是在利害关系主体缺位的情况下,通过法律规定的机关和组织提起诉讼的方式对环境进行保护的一项制度。《中华人民共和国民事诉讼法》(2023 年修正)第五十八条赋予了人民检察院成为环境民事公益诉讼主体的资格,不但可以支持法律规定的机关或组织提起诉讼,亦可作为公益诉讼人直接提起诉讼。但检察机关在诉讼中要保持谦抑性,保证社会自治优先,只有当社会自治失灵时,检察机关方能对环境公益进行相应的救济。例如,在案例三中,检察院明确指出"目前本地没有适格主体提起诉讼"。

从检察环境民事公益诉讼制度的目的来看,究其根本也是为了保护公共利益和填补损失。就案例一而言,在环境污染事件发生后或者在公益诉讼过程中甚至在判决执行过程中,企业如果已经实施或者将要实施环保技术改造,因此而产生的费用能否用以抵扣企业应承担的生态环境损害赔偿金,当前法律和司法解释没有明确规定。环境公益诉讼作为环境保护法确立的重要诉讼制度,其诉讼目的不仅仅是追究环境侵权责任,更重要的是督促引导环境侵权人实施环境修复,鼓励企业走生态优先、绿色发展的道路,实现环境保护同经济建设和社会发展相协调。对技术改造费用能否用以抵扣应承担的生态环境损害赔偿金的问题,应秉持前述环境司法理念,对企业实施的环保技术改造的项目和目的加以区分,分类对待。具体而言,如果企业实施的环保技术改造的项目和目的仅满足其环境影响评价要求、达到排污许可证设定的污染物排放标准或者履行其他法定的强制性义务,那么对该部分技术改造费用应不予抵扣;如果企业在已完全履行法律对企业设定的强制性环境保护义务基础之上,通过使用清洁能源、采用更优技术、工艺或设备等方式,实现资源利用率更高、污染物排放量减少、废弃物综合利用率提升等效果,则该部分技术改造费用就应考虑予以适当抵扣。

从实践角度来看,企业本应赔偿因污染环境的行为所造成的损失。因取证、鉴定或者诉讼的滞后性等种种原因,经常会出现大气环境、水环境已经恢复至基线水平,污染者不需要再进行环境修复的情况。而环境受损期间的生态服务功能的损失,尽管有相应的计算方式,但生态服务功能的价值始终难以衡量。若以此来请求污染者赔偿损失,往往难以达到诉讼的目的。而样本案例一中的××公司2和××公司3通过增设环保项目来改善技术并愿意继续进行技术改造等有利于环境保护的行为,相较一次性赔偿而言,可以长期产生保护环境和生态的效果,亦可以对周边企业起到示范作用。因此,通过鼓励企业用技术改造的费用抵扣生态损害赔偿金,可以从根本上更好地实现检察环境公益诉讼制度的目标。

(二)生态环境修复责任的目的

在样本案例一、二、三中,被污染的河流、地下水具有一定的自净功能,并均已恢复至法定可接受水平,但这是否意味着污染者不再需要承担环境修复的责任?我们先从定义入手:生态环境修复责任,是指造成生态环境损害的行为人所承担的对受损生态环境采取一系列补救措施使其恢复至基线水平的一种责任。污染者为了减轻自己的责任,会以生态环境已恢复至基线水平、无法检测出污染为由要求不承担或者少承担责任。在样本案例二和案例三中,环境专家均指出了污染物的滞留性,尽管当前还未超过临界点,但随着时间的累积一旦发生质变,将会对生态环境造成不可逆的损害。因此,污染物浓度符合法定标准绝不是减轻或免除修复责任的理由。换言之,污染一旦发生,无论如何稀释,其污染物浓度一定会大于未发生污染时的水平。长此以往,必定会对整体的生态环境产生一定的影响。而污染未发生时的各种物质的含量通常不会有具体的数据,尽管污染物符合法定水平,但仍然高于原有的"基线水平"。因此,基于生态环境修复的目的,即使被污染的环境已经无需修复,污染者仍不可免除生态环境修复的责任。

（三）环境自净功能的局限

大气、河流处在不断的流动和变化中，污染因子随着时间推移不断向周围扩散，当污染源停止排污后，监测浓度也会随着时间不断减小，直至符合人体可接受的水平。但污染真的彻底消失了吗？答案当然是否定的，环境的自净功能仍有局限性。以二氧化硫为例，污染由点源扩散至大气中，随着气流向四周扩散，尽管浓度随着时间减小，如果不在源头进行转化处理，极易产生酸雨，对社会公众的人身和财产造成损害。再如重金属、微塑料等污染，随着水生生物捕食而进入其体内，若排污并非持续行为，再加上环境监测的滞后性，可能并不能监测到超标的污染情况。但此类污染极难去除或降解，作为食物链顶端的人，一旦食用含有污染因子的水生生物，重金属、微塑料等都会随之进入人体，给人体造成极大的损伤。

在流动性较差的水域中，污染因子的密度通常大于水本身，在静置中会逐渐沉积。而在两侧和底层的土壤往往具有一定的吸附性，污染因子随之附着在土壤颗粒上。与水体污染相比，土壤污染物更难迁移、扩散和稀释，所以在土壤中将不断积累；尤其是重金属在土壤中无法降解，对土壤的污染基本上是一个不可完全逆转的过程，土壤中的许多有机污染物也需要较长时间才能降解。该种情况在流动的水域中也存在。

有些污染行为看似仅直接污染了大气、水流，而大气、水流的污染随着时间的推移逐渐消散，但并不意味着被污染行为影响到的生态环境已经得到了恢复。因此，即便是环境污染在监测数值上得到了恢复，由于环境自净功能的局限性，仍需要污染者承担生态环境修复责任或者替代性责任，使生态环境得到实质上的修复。

五、关联法律法规

（一）《中华人民共和国侵权责任法》（已废止）

第七条　行为人损害他人民事权益，不论行为人有无过错，法律规定应当承担侵权责任的，依照其规定。

第八条　二人以上共同实施侵权行为，造成他人损害的，应当承担连带责任。

第十五条　承担侵权责任的方式主要有：……（六）赔偿损失；……

第六十五条　因污染环境造成损害的，污染者应当承担侵权责任。

第六十六条　因污染环境发生纠纷，污染者应当就法律规定的不承担责任或者减轻责任的情形及其行为与损害之间不存在因果关系承担举证责任。

【法条变迁】《中华人民共和国民法典》

第一千一百七十二条　二人以上分别实施侵权行为造成同一损害，能够确定责任大小的，各自承担相应的责任；难以确定责任大小的，平均承担责任。

第一千二百二十九条　因污染环境、破坏生态造成他人损害的，侵权人应当承担侵权责任。

第一千二百三十条　因污染环境、破坏生态发生纠纷，行为人应当就法律规定的不承担责任或者减轻责任的情形及其行为与损害之间不存在因果关系承担举证责任。

（二）《中华人民共和国环境保护法》（2014年修订）

第三十六条　国家鼓励和引导公民、法人和其他组织使用有利于保护环境的产品和再生产品，减少废弃物的产生。

国家机关和使用财政资金的其他组织应当优先采购和使用节能、节水、节材等有利于保护环境的产品、设备和设施。

第四十条第一款　国家促进清洁生产和资源循环利用。

第六十四条　因污染环境和破坏生态造成损害的，应当依照《中华人民共和国侵权责任法》的有关规定承担侵权责任。

（三）《中华人民共和国循环经济促进法》（2009年1月1日起施行，已修改）

第三条　发展循环经济是国家经济社会发展的一项重大战略，应当遵循统筹规划、合理布局，因地制宜、注重实效，政府推动、市场引导，企业实施、公众参与的方针。

（四）《中华人民共和国固体废物污染环境防治法》（2020年修订）

第八十条　从事收集、贮存、利用、处置危险废物经营活动的单位，应当按照国家有关规定申请取得许可证。许可证的具体管理办法由国务院制定。

禁止无许可证或者未按照许可证规定从事危险废物收集、贮存、利用、处置的经营活动。

禁止将危险废物提供或者委托给无许可证的单位或者其他生产经营者从事收集、贮存、利用、处置活动。

（五）《最高人民法院关于审理环境侵权责任纠纷案件适用法律若干问题的解释》（法释[2015]12号，2015年6月3日起施行，已失效）

第十四条　被侵权人请求恢复原状的，人民法院可以依法裁判污染者承担环境修复责任，并同时确定被告不履行环境修复义务时应当承担的环境修复费用。

污染者在生效裁判确定的期限内未履行环境修复义务的，人民法院可以委托其他人进行环境修复，所需费用由污染者承担。

（六）《最高人民法院关于审理环境民事公益诉讼案件适用法律若干问题的解释》（法释[2015]1号，2015年1月7日起施行，已修改）

第十八条　对污染环境、破坏生态，已经损害社会公共利益或者具有损害社会公共利益重大风险的行为，原告可以请求被告承担停止侵害、排除妨碍、消除危险、恢复原状、赔偿损失、赔礼道歉等民事责任。

第十九条　原告为防止生态环境损害的发生和扩大，请求被告停止侵害、排除妨碍、消除危险的，人民法院可以依法予以支持。

原告为停止侵害、排除妨碍、消除危险采取合理预防、处置措施而发生的费用，请求被告承担的，人民法院可以依法予以支持。

第二十一条　原告请求被告赔偿生态环境受到损害至恢复原状期间服务功能损失的，人民法院可以依法予以支持。

第二十二条　原告请求被告承担检验、鉴定费用，合理的律师费以及为诉讼支出的其他合理费用的，人民法院可以依法予以支持。

第二十三条　生态环境修复费用难以确定或者确定具体数额所需鉴定费用明显过高的，人民法院可以结合污染环境、破坏生态的范围和程度、生态环境的稀缺性、生态环境恢复的难易程度、防治污染设备的运行成本、被告因侵害行为所获得的利益以及过错程度等因素，并可以参考负有环境保护监督管理职责的部门的意见、专家意见等，予以合理确定。

第二十四条第一款　人民法院判决被告承担的生态环境修复费用、生态环境受到损害至恢复原状期间服务功能损失等款项，应当用于修复被损害的生态环境。

【法条变迁】《最高人民法院关于审理环境民事公益诉讼案件适用法律若干问题的解释》（2020年修正）

第十八条　对污染环境、破坏生态，已经损害社会公共利益或者具有损害社会公共利益重大风险的行为，原告可以请求被告承担停止侵害、排除妨碍、消除危险、修复生态环境、赔偿损失、赔礼道歉等民事责任。

第十九条 原告为防止生态环境损害的发生和扩大，请求被告停止侵害、排除妨碍、消除危险的，人民法院可以依法予以支持。

原告为停止侵害、排除妨碍、消除危险采取合理预防、处置措施而发生的费用，请求被告承担的，人民法院可以依法予以支持。

第二十一条 原告请求被告赔偿生态环境受到损害至修复完成期间服务功能丧失导致的损失、生态环境功能永久性损害造成的损失的，人民法院可以依法予以支持。

第二十二条 原告请求被告承担以下费用的，人民法院可以依法予以支持：

（一）生态环境损害调查、鉴定评估等费用；

（二）清除污染以及防止损害的发生和扩大所支出的合理费用；

（三）合理的律师费以及为诉讼支出的其他合理费用。

第二十三条 生态环境修复费用难以确定或者确定具体数额所需鉴定费用明显过高的，人民法院可以结合污染环境、破坏生态的范围和程度，生态环境的稀缺性，生态环境恢复的难易程度，防治污染设备的运行成本，被告因侵害行为所获得的利益以及过错程度等因素，并可以参考负有环境资源保护监督管理职责的部门的意见、专家意见等，予以合理确定。

第二十四条第一款 人民法院判决被告承担的生态环境修复费用、生态环境受到损害至修复完成期间服务功能丧失导致的损失、生态环境功能永久性损害造成的损失等款项，应当用于修复被损害的生态环境。

（七）《人民检察院提起公益诉讼试点工作实施办法》（高检发释字〔2015〕6号，2015年12月24日起施行，已废止）

第六条 人民检察院可以采取以下方式调查核实污染环境、侵害众多消费者合法权益等违法行为、损害后果涉及的相关证据及有关情况：

（一）调阅、复制有关行政执法卷宗材料；

（二）询问违法行为人、证人等；

（三）收集书证、物证、视听资料等证据；

（四）咨询专业人员、相关部门或者行业协会等对专门问题的意见；

（五）委托鉴定、评估、审计；

（六）勘验物证、现场；

（七）其他必要的调查方式。

调查核实不得采取限制人身自由以及查封、扣押、冻结财产等强制性措施。

人民检察院调查核实有关情况,行政机关及其他有关单位和个人应当配合。

第十四条 经过诉前程序,法律规定的机关和有关组织没有提起民事公益诉讼,或者没有适格主体提起诉讼,社会公共利益仍处于受侵害状态的,人民检察院可以提起民事公益诉讼。

第十六条 人民检察院可以向人民法院提出要求被告停止侵害、排除妨碍、消除危险、恢复原状、赔偿损失、赔礼道歉等诉讼请求。

检察环境公益案件裁判规则
第 8 条

环境民事公益诉讼案件中,可以综合考量被告的履行能力、修复方案、社会影响等因素,准许被告以劳务代偿的方式承担部分生态环境损害赔偿责任

一、聚焦司法案件裁判观点

■ **争议焦点**

是否可以准许环境民事公益诉讼案件的被告以劳务代偿的方式承担赔偿责任？裁量时应考虑的因素有哪些？

■ **裁判观点**

1. 劳务代偿是环境资源民事公益诉讼替代性修复方式之一。在被告因经济困难无力赔偿生态环境修复费用且生态环境修复已无可能或者没有必要的情况下，经其同意，可以让其提供一定次数的环境资源公益劳动，对损害的生态环境进行替代性修复。

2. 充分注重考量生态资源的保护与被告生存发展权利之间的平衡，在被告确无履行能力的情况下，可以考虑采用劳务代偿的方式，按照从事劳务行为的具体内容、强度及时间，经相关部门统计及量化后，在其应当承担的赔偿数额范围内予以折抵。

二、司法案例样本对比

样本案例一

江苏省××市人民检察院诉王某某等五十九人
生态破坏民事公益诉讼案

• **法院**

江苏省××市中级人民法院

• 诉讼主体

公益诉讼起诉人：江苏省××市人民检察院

被告：王某某等五十九人

• 基本案情

2018年1月至4月，张某某等人单独或共同在长江干流水域，使用网目尺寸小于3毫米的张网等禁用渔具，非法捕捞具有重要经济价值的长江鳗鱼苗至少4852条，后出售给王某某、高某某等人。其中，高某某等人为牟取非法利益，明知所收购的鳗鱼苗系他人非法捕捞所得，仍在××市××港1、××港2等地，分多次向张某某等非法捕捞人员收购鳗鱼苗至少5301条，并加价出售给王某某等人。王某某等人明知所收购的鳗鱼苗系他人非法捕捞所得，仍共同合伙出资向上述张某某等人、高某某等人以及其他身份不明的捕捞者或贩卖者收购长江鳗鱼苗至少116999条，后加价出售给××县鳗鱼苗养殖场的秦某某及其他收购人员。案涉鳗鱼于2014年被世界自然保护联盟列为濒危物种，至今无法人工繁育。

江苏省××市人民检察院从王某某等人刑事犯罪案件中发现损害长江生态资源的公益诉讼线索，于2019年2月14日决定立案调查。在查清案件事实的基础上，江苏省××市人民检察院走访多名渔业专家、渔政执法人员，调查本案非法捕捞行为给长江生态资源造成的损害。××研究中心出具了专家评估意见，认为本案非法捕捞、买卖鳗鱼苗所造成的危害，包括直接的鳗鱼资源损失、误捕的其他渔业资源损失以及水域生物链受到破坏的危害，所造成的鳗鱼资源及其他生态资源的损失应参照《江苏省渔业管理条例》（2012年修正，已修改）第四十条之规定，按鳗鱼资源直接损失的3倍计算。

另查明，本案王某某等收购者明知他人向其出售的鳗鱼苗是从长江中非法捕捞所得，仍多次、反复收购，甚至与捕捞者事先约定价格、支付保证金，非法捕捞者、贩卖者、收购者共同破坏了长江生态资源。对于非禁渔期相关人员采用禁用网具捕捞禁捕鱼种造成长江生态资源损失的行为，虽不构成刑事犯罪，但符合民事侵权责任的构成要件。

2019年7月15日，江苏省××市人民检察院对王某某等人提起民事公益诉讼，请求判令被告对其非法捕捞、收购、贩卖鳗鱼苗所造成的鳗鱼资源损失351万元承担赔偿责任及对造成的其他生态资源损失（按鳗鱼资源损失的1.5倍至3倍计算）承担连带赔偿责任，并聘请水产研究专家出庭，辅助说明非法捕捞行为给长江生物多样性以及长江水域生态系统带来的危害。2019年

10月24日，××市中级人民法院作出一审判决，判令王某某等十三人在858.9万元范围内承担连带赔偿责任，秦某某、高某某等七人、张某某等人分别在301.9万元、38.7万元、17.2万元范围内与王某某等十三人承担连带赔偿责任。

王某某等不服，提起上诉。2019年12月31日，江苏省高级人民法院作出二审判决认为，王某某等收购者明知捕捞鳗鱼苗必然会给长江生态资源造成损害，仍积极主动收购，并存在明显的意思联络，收购行为属于对长江生态资源的侵权行为。捕捞者采用竭泽而渔的方式捕捞鳗鱼苗，给长江生态资源造成的损害具有毁灭性，本案按鳗鱼资源损失的2.5倍计算长江生态损失合理。判决驳回上诉，维持原判。

• **案件争点**

收购者与捕捞者是否构成共同侵权？对生态环境损害赔偿责任分担是否合理？能否适用劳务代偿？

• **裁判要旨**

江苏省××市中级人民法院于2019年10月24日作出民事判决：一、王某某等非法收购者对其非法买卖鳗鱼苗所造成的生态资源损失连带赔偿人民币8589168元；二、其他收购者、捕捞者根据其参与非法买卖或捕捞的鳗鱼苗数量，承担相应赔偿责任或与直接收购者承担连带赔偿责任。王某某等被告提出上诉，江苏省高级人民法院于2019年12月31日作出民事判决：驳回上诉，维持原判。

法院生效裁判认为：

第一，非法捕捞造成生态资源严重破坏，当销售是非法捕捞的唯一目的，且收购者与非法捕捞者形成了固定的买卖关系时，收购行为诱发了非法捕捞，共同损害了生态资源，收购者应当与捕捞者对共同实施的生态破坏行为造成的生态资源损失承担连带赔偿责任。

第二，生态资源损失在无法准确统计时，应结合生态破坏的范围和程度、资源的稀缺性等因素，充分考量非法行为的方式破坏性、时间敏感性和地点特殊性，并参考专家意见，酌情作出判断。

第三，考虑到生态资源的保护与被告生存发展权利之间的平衡，在确定生态损害赔偿责任款项时可以考虑被告退缴违法所得的情况，以及在被告确无履行能力的情况下，可以考虑采用劳务代偿的方式，如参加保护长江生态环境等公益性质的活动或者配合参与长江沿岸河道管理、加固、垃圾清理等方面的工作，折抵一定赔偿数额。

考虑到本案中部分被告经济较为困难、年龄较大且经济偿付能力欠缺的实际情况,法院充分注重考量生态资源的保护与被告生存发展权利之间的平衡,在被告确无履行能力的情况下,考虑采用劳务代偿的方式,被告通过参加所在地渔政部门开展的保护长江生态环境等公益性质的活动,或者配合参与长江沿岸河道管理、加固、垃圾清理等方面的工作,按照从事劳务行为的具体内容、强度及时间,经相关部门统计及量化后,在其应当承担的赔偿数额范围内予以折抵。

样本案例二

江苏省××市人民检察院诉施某某非法狩猎刑事附带民事公益诉讼案

- 法院

江苏省××市人民法院

- 诉讼主体

公益诉讼起诉人:江苏省××市人民检察院
被告:施某某

- 基本案情

经审理查明,2018年10月7日至2018年10月22日,被告人施某某多次在××市××区××镇××村四组农田里,采用"张丝网、播鸟声"的方式,非法猎捕野生鸟类647只。经××司法鉴定中心鉴定,被告人施某某猎捕的鸟类中包含灰头鹀212只、云雀421只、白眉鹀3只、粟鹀1只、麻雀1只、环颈雉1只、山斑鸠5只、珠颈斑鸠2只,合计646只属于国家保护的有重要生态、科学、社会价值的陆生野生动物(简称"三有"动物)。被告人施某某归案后如实供述自己的罪行,案涉鸟类尸体被公安机关掩埋。

××市人民检察院于2019年1月16日在《××日报》刊登公告,督促有权提起诉讼的机关和组织对被告人施某某非法狩猎一案提起民事公益诉讼。公告期满后,未有相关机关和组织提起民事公益诉讼,社会公共利益仍处于受侵害状态,遂提起本案诉讼。2019年1月21日,××市人民检察院委托××市林业中心对案涉鸟类的价值进行评估。经评估,被告人施某某非法猎捕的鸟类总价值为人民币

193800元。审理中,双方达成协议:1. 被告人施某某赔偿国家资源损失费用人民币20000元(该款交由附带民事公益诉讼起诉人上缴国库,用于生态环境修复);2. 其余损失费用人民币173800元由被告人施某某以环境公益劳动的方式予以替代性赔偿。该协议就环境公益劳动的地点、时间、期限、内容、监管责任等进行了明确。

上述事实,被告人施某某在开庭审理过程中亦无异议,并有公安机关的受案登记表、立案决定书、侦破经过、证人宋某的证言、辨认笔录、搜查笔录、清点笔录、扣押决定书、扣押清单、××司法鉴定中心物证鉴定书、××市人民法院(2017)刑事判决书、《××日报》公告、××市林业中心的评估意见和××区××镇××村村民委员会关于被告人施某某家庭困难证明等证据证实,上述证据来源合法,真实有效,且能够相互印证,并经庭审质证,均具有证明效力,法院依法予以确认。

• 案件争点

刑事附带民事公益诉讼审理期间,公益诉讼起诉人与被告就民事公益诉讼部分达成协议,是否予以确认?被告人在赔偿困难的情况下,能否适用劳务代偿?

• 裁判要旨

本案系非法狩猎引发的刑事附带民事公益诉讼案件。案涉鸟类中有646只属于"三有"野生动物,是自然生态系统的固有组成部分,对维持生态平衡、促进生态系统物质循环具有重要作用。特别是案涉猎捕地点位于××湿地范围内,××湿地是全球数百万迁徙候鸟的停歇地、换羽地和越冬地,已经被列入世界自然遗产名录。大量猎捕野生鸟类将会严重破坏××湿地的生物多样性,致使湿地生态失衡。本案中,人民法院依法以非法狩猎罪判处被告人实刑的同时,判决其赔偿国家资源损失并赔礼道歉,体现了司法保护生态环境公共利益的功能。同时,人民法院考虑到本案被告人无业、家庭生活困难等情形,依法引导被告人以环境整治、林业看护等环境公益劳动的方式替代履行部分国家资源损失赔偿责任,体现了宽严相济的刑事政策和恢复性环境司法理念。

法院生效裁判认为:

灰头鹀、云雀、白眉鹀、粟鹀、环颈雉、山斑鸠、珠颈斑鸠等鸟类均属于国家三有保护野生动物,它们是自然生态系统的固有组成部分,对维持生态平衡、促进生态系统物质循环具有重要作用。因此,非法猎捕野生鸟类对生态环境的危害巨大。特别是本案被告人猎捕的地点位于世界自然遗产××湿地范围内,大量猎捕野生鸟类将会严重破坏××湿地的生物多样性,致使湿地生态失衡。《中华人民共和国野生动物保护法》(2018年修正,已修改)第六条规定:"任何组织和个人都有保护野生动物及其栖息地的义务。禁止违法猎捕野生动物、破坏野生动物栖息地。"本案中,被告人施某某违反狩猎法规,在禁猎期非法狩猎野生动物,数量多达646只,种类多达8种,极大破坏了野生动物资源,情节严重,其行为构成非法狩猎罪。公诉机关指控的犯罪事实清楚,证据确实充分,指控罪名成立。同时,被告人施某某的犯罪行为破坏了野生动物资源,损害了国家和社会公共利益,除应当受到刑事惩罚外,还应当承担相应的民事侵权责任,附带民事公益诉讼起诉人的诉讼请求合法有据,法院依法予以支持。双方就被告人施某某以环境公益劳动的方式替代性履行部分国家资源损失赔偿责任达成协议,不违反法律规定,亦不损害社会公共利益,法院予以认可。

样本案例三

吉林省××市人民检察院诉李某某生态破坏民事公益诉讼案

• 法院

吉林省××市中级人民法院

• 诉讼主体

公益诉讼起诉人:吉林省××市人民检察院

被告:李某某

• 基本案情

2018年12月至2019年1月,李某某非法猎捕狍子3只并全部出售,非法获利3000元。2019年8月21日,××县人民法院作出刑事判决书,以非法狩猎罪判处李某某有期徒刑六个月,缓刑十个月,并处罚金人民币3000元。2020年1月6日吉林省××市人民检察院向法院提出抗诉,二审法院于2020年4月21日作出刑事判决书,撤销××县人民法院刑事判决(2020)吉××刑抗××号,改判李某某犯非法狩猎罪,判处有期徒刑六个月,缓刑一年,并处罚金3000元。2020年5月6日,受××县人民检察院的委托,××司法鉴定所对动物价值进行鉴定,经鉴定狍子的物种价值为3000元。××市人民检察院就李某某非法猎捕狍子损害社会公共利益的事宜,于2020年5月25日立案并于同日在××网发布了公告。公告期满后，法律规定的机关和有关组织没有提起民事公益诉讼，××市人民检察院遂于2020年7月2日向××市中级人民法院提起民事公益诉讼。

本案审理过程中，××市中级人民法院及××市人民检察院工作人员共同走访了李某某所在的村委会，并赴李某某家中了解情况。经查，李某某家庭成员3人，配偶体弱多病，其子30岁尚未婚配，家庭主要收入来源为经营家庭承包地20亩，年收入3万元左右，赔付生态环境损害赔偿金较为困难。2020年12月15日，××市中级人民法院及××市人民检察院共同组织××县林业局、××县森林公安局、××县野生动物保护管理站，针对李某某以提供与环境资源相关的公益劳动折抵赔偿破坏生态行为所造成损失的可行性进行了论证，并制定了《关于李某某"公益劳务代偿"的方案》，明确了李某某"公益劳务代偿"的方式、换算、监督、审核、通过等事项。经与被告李某某居住地基层组织××县××镇××村村民委员会商讨，该村民委员会同意对李某某"公益劳务代偿"进行监督。

• 案件争点

被告人在赔偿困难的情况下，能否适用劳务代偿？劳务代偿如何具体实施？

• 裁判要旨

法院生效裁判认为：

《中华人民共和国野生动物保护法》（2018年修正，已修改）第二十一条第一款规定："禁止猎捕、杀害国家重点保护野生动物。"吉林省是狍子的栖息地、繁衍地之一，亦将狍子列入重点保护野生动物名录。被告李某某在禁猎区使用禁用工具非法猎捕国家野生动物和吉林省重点保护野生动物，其行为造成了狍子这一野生动物物种数量的减少，破坏了国家野生动物资源，致使生物多样性减少，损害了社会公共利益。依照《最高人民法院关于审理环境民事公益诉讼案件适用法律若干问题的解释》（法释〔2015〕1号，2015年1月7日起施行，已修改）第十八条规定"对污染环境、破坏生态，已经损害社会公共利益或者具有损害社会公共利益重大风险的行为，原告可以请求被告承担停止侵害、排除妨碍、消除危险、恢复原状、赔偿损失、赔礼道歉等民事责任"，被告李某某应承担相应民事责任。经鉴定狍子的物种价值为3000元，李某某猎捕3只，应承担生态环境修复费用9000元。参照《最高人民法院关于审理环境公益诉讼案件的工作规范（试行）》（2017年施行）第三十三条规定"对于因污染大气、水等具有自净功能的环境介质导致生态环境损害，原地修复已无可能或者没有必要的，人民法院可以判决被告支付生态环境修复费用，采取区域环境治理、劳务代偿、从事环境宣传教育等替代性修复方式"。鉴于被告李某某猎捕的野生动物狍子已经死亡，修复已无可能，被告李某某仅有务农收入且收入较低，在赔付其对生态环境造成的损失能力欠缺的实际情况下，采用公益劳务代偿折抵生态环境修复费用的方式更为适宜，即被告李某某可以参加巡山护林、野生动物保护、清理非法狩猎工具以及环境保护宣传等与环境保护相关的公益劳务，折抵应承担的生态环境修复费用。此种方式既符合"谁损害，谁赔偿"的环境立法宗旨，又可达到生态环境替代性补偿的目的，同时兼顾了生态资源保护与被告生存发展权利之间的平衡，相对于简单的"一罚了之"，更能体现环境公益诉讼制度设计的初衷。为此法院经论证后制定《关于李某某"公益劳务代偿"的方案》，被告李某某可依该方案所确定的内容履行。

附：《关于李某某"公益劳务代偿"的方案》

鉴于民事公益诉讼被告李某某仅有务农收入且收入较低，赔付其对生态环境造成的损失较为困难，拟判令其以提供与环境资源相关的公益劳动折抵赔偿破坏生态行为所造成的损失（以下简称公益劳务代偿）。经××市中级人民法院及××市人民检察院共同组织××县林业局、××县森林公安局、××县野生动物保护管理站共同论证，制定具体方案如下。

1. "公益劳务代偿"的方式

参加与环境资源保护相关的公益劳动，如参加巡山护林、野生动物保护、清理非法狩猎工具、保护环境的法律宣传等公益劳动，用于折抵应承担的生态环境修复费用。

2. "公益劳务代偿"的换算

"公益劳务代偿"以小时或天为计算单位，根据吉林省2019年度国民经济农、林、牧、渔行业平均工资，结合当地劳务用工的价格等情况，拟按每小时25—50元，每天200—400元计算。

本案拟按每小时25元计算。本案拟判决被告承担生态修复费用9000元，即 $9000÷25=360$ 小时，即被告从事360小时公益劳动。

3. "公益劳务代偿"的监督

公益劳务代偿的监督，一般应由被执行人所在的基层组织监督，即居民委员会或村民委员会。

本案中，经与××县××镇××村党委书记姜某某商讨，其代表村委会同意对李某某公益劳务代偿进行监督。具体的监督方式为对李某某参加公益劳动的时间、地点、劳动的内容、劳动的成果、劳动时长等进行登记，由村委会选派的监督人及村委会主任签字确认并留有照片等备查。

4."公益劳务代偿"的审核

公益劳务代偿的审核，一般应由审理法院及被执行人所在地的相关环保部门共同进行审核。在审核过程中，法院要定期回访。

本案拟由市中级人民法院、市人民检察院、××县林业局、××县野生动物保护管理站的工作人员共同对被执行人的劳动时长、劳动成果等进行审核。在审核过程中，市法院要定期回访两次。

5."公益劳务代偿"的通过

公益劳务代偿是否审核通过应由人民法院决定。对经审核已达到判令的公益劳动时长的，由执行法院下发执行终结裁定书。对未通过审核的，则在审核之日起十日内裁定对生态环境修复费进入强制执行。

本案由市中级人民法院最终确定是否审核通过。

三、司法案例类案甄别

（一）事实对比

样本案例一中，2018年上半年张某某等非法捕捞者在长江干流水域，使用网目尺寸小于3毫米的禁用渔具非法捕捞长江鳗鱼苗并出售牟利。王某某等非法收购者明知长江鳗鱼苗系非法捕捞所得，单独收购或者通过签订合伙协议、共同出资等方式建立收购鳗鱼苗的合伙组织，共同出资收购并统一对外出售，均分非法获利。秦某某在明知王某某等人向其出售的鳗鱼苗系在长江中非法捕捞的情况下，仍多次予以收购。2019年7月，××市人民检察院以王某某等五十九人实施非法捕捞、贩卖、收购长江鳗鱼苗的行为，破坏长江生态资源，损害社会公共利益为由提起民事公益诉讼，请求判令王某某等五十九人对所造成的生态资源损害结果承担连带赔偿责任。江苏省××市中级人民法院一审判决，判令王某某等十三名非法收购者对其非法买卖鳗鱼苗所造成的生态资源损失连带赔偿850余万元；秦某某等其他收购者、捕捞者根据其参与非法买卖或捕捞的鳗鱼苗数量，承担相应赔偿责任或与直接收购者承担连带赔偿责任。同时，考虑到本案中部分被告经济较为困难、年龄较大且经济偿付能力欠缺的实际情况，明确可以采用劳务代偿的方式折抵部分生态损害赔偿数额。江苏省高级人民法院二审维持原判。

样本案例二中，2018年10月7日至22日被告人施某某非法猎捕野生鸟类

647只。经鉴定，猎捕的鸟类中合计646只属于国家保护的有重要生态、科学、社会价值的陆生野生动物。一审审理中，江苏省××市人民检察院提起附带民事公益诉讼，请求判令施某某赔偿因侵权造成的国家资源损失193800元，在市级以上媒体公开赔礼道歉。江苏省××市人民法院一审认为，被告人施某某违反狩猎法规，在禁猎期非法狩猎国家保护的野生动物，数量多达646只，种类多达8种，情节严重，其行为构成非法狩猎罪。其犯罪行为破坏了野生动物资源，损害了国家和社会公共利益。以非法狩猎罪判处被告人施某某有期徒刑八个月，判令施某某赔偿国家资源损失人民币193800元，在××市级以上公开发行的报纸上发表赔礼道歉声明。同时，人民法院考虑本案被告人无业、家庭生活困难等情况，依法引导被告人以环境整治、林业看护等环境公益劳动的方式替代履行部分国家资源损失赔偿责任。

样本案例三中，2018年12月至2019年1月被告在××县的禁猎区放置了九个禁用的工具猎套，捕获3只野生狍子并全部出售，非法获利3000元。被告在禁猎区使用禁用工具非法猎捕国家"三有"动物和吉林省重点保护野生动物，造成野生动物损失。吉林省××市中级人民法院一审认为，被告应承担生态环境修复费用9000元，鉴于被告猎捕的野生动物狍子已经死亡，修复已无可能，被告仅有务农收入且收入较低，在赔付其对生态环境造成的损失能力欠缺的实际情况下，采用公益劳务代偿折抵生态环境修复费用的方式更为适宜，判令被告于判决生效之日起六个月内完成公益劳动360小时，以赔偿其破坏生态行为造成的野生动物损失，如被告未提供环境资源公益劳动或提供的环境资源公益劳动未能经法院审核通过，则在审核之日起十日内裁定对生态环境修复费进入强制执行。

从认定事实情况看，样本案例一、二、三均对修复生态环境的可能性、被告的履行能力等事实情况进行了分析认定。样本案例一江苏省××市人民检察院诉王某某等五十九人生态破坏民事公益诉讼案中，"考虑到本案中部分被告经济较为困难、年龄较大且经济偿付能力欠缺的实际情况，本院充分注重考量生态资源的保护与被告生存发展权利之间的平衡，在被告确无履行能力的情况下，考虑采用劳务代偿的方式。被告通过参加所在地渔政部门开展的保护长江生态环境等公益性质的活动，或者配合参与长江沿岸河道管理、加固、垃圾清理等方面的工作，按照从事劳务行为的具体内容、强度及时间，经相关部门统计及量化后，在其应当承担的赔偿数额范围内予以折抵"；样本案例二江苏省××市人民检察院诉施某某非法狩猎刑事附带民事公益诉讼案中，人民法院考虑本案被告人无业、家庭生活困难等情况，依法引导被告人以环境整治、林业看护等环境公益劳动的方式替代履行部分国家资源损失赔偿责任；样本案例三吉林省

××市人民检察院诉李某某生态破坏民事公益诉讼案中,"鉴于被告李某某猎捕的野生动物狍子已经死亡,修复已无可能,被告李某某仅有务农收入且收入较低,在赔付其对生态环境造成的损失能力欠缺的实际情况下,采用公益劳务代偿折抵生态环境修复费用的方式更为适宜,即被告李某某可以参加巡山护林、野生动物保护、清理非法狩猎工具以及环境保护宣传等与环境保护相关的公益劳务,折抵应承担的生态环境修复费用"。

(二)适用法律对比

样本案例一江苏省××市人民检察院诉王某某等五十九人生态破坏民事公益诉讼案主要适用《中华人民共和国环境保护法》(2014年修订)第六十四条,《中华人民共和国侵权责任法》(已废止)第六条、第八条(对应《民法典》第一千一百六十五条、第一千一百六十八条),《最高人民法院关于审理环境民事公益诉讼案件适用法律若干问题的解释》(法释〔2015〕1号,2015年1月7日起施行,已修改)第十五条、第十八条、第二十条、第二十三条、第二十四条,《最高人民法院、最高人民检察院关于检察公益诉讼案件适用法律若干问题的解释》(法释〔2018〕6号,2018年3月2日起施行,已修改)第二条、第七条,《中华人民共和国民事诉讼法》(2017年修正,已修改)第五十五条。

样本案例二江苏省××市人民检察院诉施某某非法狩猎刑事附带民事公益诉讼案主要适用《中华人民共和国野生动物保护法》(2018年修正,已修改)第三条第一款,《中华人民共和国侵权责任法》(已废止)第四条第一款、第十五条(对应《民法典》第一百八十七条、第一百七十九条),《中华人民共和国民事诉讼法》(2017年修正,已修改)第五十五条,《最高人民法院、最高人民检察院关于检察公益诉讼案件适用法律若干问题的解释》(法释〔2018〕6号,2018年3月2日起施行,已修改)第二十条。

样本案例三吉林省××市人民检察院诉李某某生态破坏民事公益诉讼案适用《中华人民共和国环境保护法》(2014年修订)第六十四条、《最高人民法院关于审理环境民事公益诉讼案件适用法律若干问题的解释》(法释〔2015〕1号,2015年1月7日起施行,已修改)第十八条第一款、《中华人民共和国民事诉讼法》(2017年修正,已修改)第五十五条。

从法律适用情况看,样本案例一、二、三判定以劳务代偿形式承担生态修复责任、生态环境损害赔偿责任的主要依据是《中华人民共和国民事诉讼法》(2017年修正,已修改)第五十五条、《中华人民共和国环境保护法》(2014年修订)第六十四条、《中华人民共和国侵权责任法》(已废止)第八条(对应《民法典》第一千一百六十八条)、《最高人民法院关于审理环境民事公益诉讼案件适用法律若干问题的解释》(法释〔2015〕1号,2015年1月7日起施行,已修改)第十八条、第二十条。

(三)类案大数据报告

截至2023年11月26日,以"检察机关""环境公益诉讼""环境民事公益诉讼""劳务代偿"为关键词,在公开案例数据库进行检索,经逐案阅看、分析,与本规则关联度较高的案件共有12件,因其中存在同一案件的一审、二审裁判,严格意义上应将其认定为一件案件,故剔除前述情形后,实际共有11件案件。

从类案地域分布来看,当前案件主要集中在江苏省,共4件,占总案件数的36.36%。其余案件分布在辽宁省、湖南省、山东省、吉林省、上海市、海南省、福建省等,均为1件,各占总案件数的9.09%。

从类案结案时间来看,当前案件均审结于2019—2023年。其中2022年审结4件,占总案件数的36.36%。2021年审结3件,占总案件数的27.27%。2019年审结2件,占总案件数的18.18%。2020年、2023年均审结1件,各占总案件数的9.09%。

从案件的审理程序来看,大部分案件一审终审,占总案件数的90.91%。仅有1件历经二审程序,占总案件数的9.09%。总体而言,服判息诉率较高。

从一审法院的级别和类型来看,7件由中级人民法院审理,3件由基层人民法院审理,1件由海事法院审理,分别占总案件数的63.63%、27.27%、9.09%。

从案件类型来看,检察机关直接提起的环境民事公益诉讼案件有6件,均为生态破坏民事公益诉讼,占总案件数的54.55%。检察机关以刑事附带民事公益诉讼形式提起的案件有4件,占总案件数的36.36%。另有1件海洋自然资源与生态环境民事公益诉讼案件,占总案件数的9.09%。

从案件是否就民事公益诉讼部分达成调解协议的角度来看,达成协议的共5件,占总案件数的45.45%。未达成调解协议的共6件,占总案件数的54.55%。

四、类案裁判规则的解析确立

劳务代偿是环境民事公益诉讼中生态修复责任、生态环境损害赔偿责任的特殊承担方式之一,主要用于环境民事公益诉讼中被告存在破坏生态的行为,但被破坏的生态环境已无修复可能或者没有修复的必要,且被告经济困难,对于金钱赔偿不能履行的情况。在这种情况下,人民法院可以允许被告提供一定数量的生态环境公益劳动,对损害的生态环境进行替代性修复,抵扣部分生态环境损害赔偿费用。

在环境民事公益诉讼案件中,时常面临因被告经济困难或其他原因无法履行损害赔偿责任,或者被破坏的生态已经无法恢复或无恢复必要的困境。在这种情况下,案件即使办结,经济赔偿也无法到位,生态环境也无法得到修复。因此,相比无力承担的赔偿金,允许被告"以劳代偿",既可以减轻被告的经济压力,充分彰显司法温度,又可以极大地调动被告履行赔偿责任的积极性,有助于判决内容的实际履行,避免了"案件空判""执行难"等问题。此种方式既符合"谁损害,谁赔偿"的环境立法宗旨,又可达到生态环境替代性补偿的目的,同时兼顾了生态资源保护与被告生存发展权利之间的平衡,相对于简单的"一罚了之",让被告身体力行参与生态环境保护,更能体现环境公益诉讼制度设计的初衷。同时,一些公开的巡山护林、补种树木、野生动物保护、垃圾清理等与环境保护相关的公益行动,也可以起到强化社会公众生态环境保护意识的效果。

具体实施方面,可以参照样本案例三吉林省××市人民检察院诉李某某生态破坏民事公益诉讼案的做法,由人民法院和人民检察院组织有关单位,针对被告"以劳代偿"的可行性进行论证,研究制定被告劳务代偿的具体方案,明确劳务代偿的方式、换算、监督、审核、通过等事项,并在司法判决中对有关方案予以确认。

五、关联法律法规

(一)《中华人民共和国民事诉讼法》(2017年修正,已修改)

第五十五条 对污染环境、侵害众多消费者合法权益等损害社会公共利益的行为,法律规定的机关和有关组织可以向人民法院提起诉讼。

人民检察院在履行职责中发现破坏生态环境和资源保护、食品药品安全领域侵害众多消费者合法权益等损害社会公共利益的行为,在没有前款规定的机关和组织或者前款规定的机关和组织不提起诉讼的情况下,可以向人民法院提起诉讼。前款规定的机关或者组织提起诉讼的,人民检察院可以支持起诉。

【法条变迁】《中华人民共和国民事诉讼法》(2023年修正)

第五十八条 对污染环境、侵害众多消费者合法权益等损害社会公共利益的行为，法律规定的机关和有关组织可以向人民法院提起诉讼。

人民检察院在履行职责中发现破坏生态环境和资源保护、食品药品安全领域侵害众多消费者合法权益等损害社会公共利益的行为，在没有前款规定的机关和组织或者前款规定的机关和组织不提起诉讼的情况下，可以向人民法院提起诉讼。前款规定的机关或者组织提起诉讼的，人民检察院可以支持起诉。

（二）《中华人民共和国环境保护法》（2014年修订）

第六十四条 因污染环境和破坏生态造成损害的，应当依照《中华人民共和国侵权责任法》的有关规定承担侵权责任。

（三）《中华人民共和国侵权责任法》（已废止）

第八条 二人以上共同实施侵权行为，造成他人损害的，应当承担连带责任。

【法条变迁】《中华人民共和国民法典》

第一千一百六十八条 二人以上共同实施侵权行为，造成他人损害的，应当承担连带责任。

（四）《最高人民法院关于审理环境民事公益诉讼案件适用法律若干问题的解释》（法释〔2015〕1号，2015年1月7日起施行，已修改）

第十八条 对污染环境、破坏生态，已经损害社会公共利益或者具有损害社会公共利益重大风险的行为，原告可以请求被告承担停止侵害、排除妨碍、消除危险、恢复原状、赔偿损失、赔礼道歉等民事责任。

第二十条 原告请求恢复原状的，人民法院可以依法判决被告将生态环境修复到损害发生之前的状态和功能。无法完全修复的，可以准许采用替代性修复方式。

人民法院可以在判决被告修复生态环境的同时，确定被告不履行修复义务时应承担的生态环境修复费用；也可以直接判决被告承担生态环境修复费用。

生态环境修复费用包括制定、实施修复方案的费用和监测、监管等费用。

第二十三条 生态环境修复费用难以确定或者确定具体数额所需鉴定费用明显过高的，人民法院可以结合污染环境、破坏生态的范围和程度、生态环境的稀缺性、生态环境恢复的难易程度、防治污染设备的运行成本、被告因侵害行为所获得的利益以及过错程度等因素，并可以参考负有环境保护监督管理职责的部门的意见、专家意见等，予以合理确定。

第二十四条　人民法院判决被告承担的生态环境修复费用、生态环境受到损害至恢复原状期间服务功能损失等款项，应当用于修复被损害的生态环境。

其他环境民事公益诉讼中败诉原告所需承担的调查取证、专家咨询、检验、鉴定等必要费用，可以酌情从上述款项中支付。

【法条变迁】《最高人民法院关于审理环境民事公益诉讼案件适用法律若干问题的解释》（2020年修正）

第十八条　对污染环境、破坏生态，已经损害社会公共利益或者具有损害社会公共利益重大风险的行为，原告可以请求被告承担停止侵害、排除妨碍、消除危险、修复生态环境、赔偿损失、赔礼道歉等民事责任。

第二十条　原告请求修复生态环境的，人民法院可以依法判决被告将生态环境修复到损害发生之前的状态和功能。无法完全修复的，可以准许采用替代性修复方式。

人民法院可以在判决被告修复生态环境的同时，确定被告不履行修复义务时应承担的生态环境修复费用；也可以直接判决被告承担生态环境修复费用。

生态环境修复费用包括制定、实施修复方案的费用，修复期间的监测、监管费用，以及修复完成后的验收费用、修复效果后评估费用等。

第二十三条　生态环境修复费用难以确定或者确定具体数额所需鉴定费用明显过高的，人民法院可以结合污染环境、破坏生态的范围和程度，生态环境的稀缺性，生态环境恢复的难易程度，防治污染设备的运行成本，被告因侵害行为所获得的利益以及过错程度等因素，并可以参考负有环境资源保护监督管理职责的部门的意见、专家意见等，予以合理确定。

第二十四条　人民法院判决被告承担的生态环境修复费用、生态环境受到损害至修复完成期间服务功能丧失导致的损失、生态环境功能永久性损害造成的损失等款项，应当用于修复被损害的生态环境。

其他环境民事公益诉讼中败诉原告所需承担的调查取证、专家咨询、检验、鉴定等必要费用，可以酌情从上述款项中支付。

（五）《最高人民法院、最高人民检察院关于检察公益诉讼案件适用法律若干问题的解释》（法释〔2018〕6号，2018年3月2日起施行，已修改）

第二十条　人民检察院对破坏生态环境和资源保护、食品药品安全领域侵害众多消费者合法权益等损害社会公共利益的犯罪行为提起刑事公诉时，可以向人民法院一并提起附带民事公益诉讼，由人民法院同一审判组织审理。

人民检察院提起的刑事附带民事公益诉讼案件由审理刑事案件的人民法院管辖。

【法条变迁】《最高人民法院、最高人民检察院关于检察公益诉讼案件适用法律若干问题的解释》(2020年修正)

第二十条 人民检察院对破坏生态环境和资源保护,食品药品安全领域侵害众多消费者合法权益,侵害英雄烈士等的姓名、肖像、名誉、荣誉等损害社会公共利益的犯罪行为提起刑事公诉时,可以向人民法院一并提起附带民事公益诉讼,由人民法院同一审判组织审理。

人民检察院提起的刑事附带民事公益诉讼案件由审理刑事案件的人民法院管辖。

检察环境公益案件裁判规则
第9条

造成社会公众生态环境精神利益损害的,检察机关可要求侵权人承担赔礼道歉的民事责任。案件诉讼过程中,侵权人主动承担并完成环境修复的,可免除其赔礼道歉责任

检察环境公益案件类案甄别与裁判规则确立

一、聚焦司法案件裁判观点

■ 争议焦点

环境污染者对于所造成的社会公众生态环境精神利益的损害，可否通过向社会公开赔礼道歉的方式来承担民事责任？

■ 裁判观点

1. 从权利救济与过错担责并重的角度出发，污染者不仅应认真吸取教训，采取环境保护措施，履行生态环境保护义务，更应对其造成社会公众生态环境精神利益的损害，通过向社会公开赔礼道歉的方式来承担民事责任。

2. 在案件诉讼过程中污染者积极主动承担并完成环境修复，已表明污染者对自己过错的悔过与歉意，可以不承担赔礼道歉的责任。

二、司法案例样本对比

样本案例一

××市人民检察院第×分院诉朱某1、
朱某2环境污染民事公益诉讼案

- 法院

××市第×中级人民法院

- 诉讼主体

公益诉讼起诉人：××市人民检察院第×分院
被告：朱某1、朱某2

• 基本案情

2015年10月至12月，朱某1、朱某2在承包土地内非法开采建筑用砂89370.8立方米，价值人民币4468540元。经鉴定，朱某1二人非法开采的土地覆被类型为果园，地块内原生土壤丧失，原生态系统被完全破坏，生态系统服务能力严重受损，确认存在生态环境损害。鉴定机构确定生态环境损害恢复方案为将损害地块恢复为园林地，将地块内缺失土壤进行客土回填，下层回填普通土，表层覆盖60厘米种植土，使地块重新具备果树种植条件。恢复工程费用评估核算为2254578.58元。××市人民检察院第×分院以朱某1、朱某2非法开采造成土壤受损，破坏生态环境，损害社会公共利益为由提起环境民事公益诉讼（本案刑事部分另案审理）。

2020年6月24日，朱某1、朱某2的代理人朱某3签署生态环境修复承诺书，承诺按照生态环境修复方案开展修复工作。修复工程自2020年6月25日开始，至2020年10月15日完成。2020年10月15日，××市××区有关单位对该修复工程施工质量进行现场勘验，均认为修复工程依法合规、施工安全有序开展、施工过程中未出现安全性问题、环境污染问题，施工程序、工程质量均符合修复方案要求。施工过程严格按照生态环境修复方案各项具体要求进行，回填土壤质量符合标准，地块修复平整，表层覆盖超过60厘米的种植土，已重新具备果树种植条件。

上述涉案土地内存在无法查明的他人倾倒的21392.1立方米渣土，朱某1、朱某2在履行修复过程中对该部分渣土进行环境清理支付工程费用754000元。

• 案件争点

朱某1、朱某2是否应当承担赔礼道歉的民事责任？

• 裁判要旨

优质的生态环境是人们健康生存发展、追求美好生活的基础，破坏生态、污染环境的行为会导致社会公共利益以及公众精神性环境权益受到侵害。朱某1、朱某2非法开采的行为已经造成了生态环境损害，也必然会损害社会公众所享有的追求美好生态环境的精神利益。从权利救济与过错担责并重的角度出发，污染者不仅应认真吸取教训，采取环境保护措施，履行生态环境保护义务，更应对其造成社会公众生态环境精神利益的损害，通过向社会公开表达悔过与歉意的方式来承担民事责任。依据《最高人民法院关于审理环境民事公益诉讼案件适用法律若干问题的解释》（法释〔2015〕1号，2015年1月7日起施行，已修改）第十八条的规定，对污染环境、破坏生态，已经损害社会公共利益的行为，公益诉讼起诉人可以请求被告承担赔礼道歉的民事责任。对于市检×分院提出的朱某1、朱某2承担赔礼道歉责任的诉讼请求，法院予以支持。本案具体赔礼道歉方式由法院结合侵权过错与程度、污染范围、造成环境损害结果与社会影响等情况综合判定。法院亦认为朱某1、朱某2在本案诉讼过程中主动承担并完成环境修复，已表明二人对自己过错的悔过与歉意。法院希望二人能吸取教训，自觉维护生态环境。

样本案例二

海南省××市人民检察院诉海南××公司等三被告非法向海洋倾倒建筑垃圾民事公益诉讼案

- 法院

海南省高级人民法院

- 诉讼主体

公益诉讼起诉人：海南省××市人民检察院
被告：海南××公司和陈某某等三被告

- 基本案情

2018年，××公司中标××项目两地块土石方施工工程后，将土石方外运工程分包给海南××公司，陈某某（海南××公司实际控制人）以海南××公司的名义申请临时码头，虚假承诺将开挖的土石方用船运到××市某荒地进行处置，实际上却组织人员将工程固废倾倒于××市××海域。

××市××区人民检察院在"12345"平台发现，群众多次举报有运泥船在××海域附近倾倒废物，随后通过多次蹲点和无人机巡查，拍摄到船舶向海洋倾倒建筑垃圾的行为。

××市人民检察院（以下简称××市院）检察官在前期工作基础上，2018年12月14日与海洋行政执法人员共同出海，联合开展特定海域调查行动，在海上截获一艘已倾倒完建筑垃圾正返回临时码头的开底船。12月17日，针对行政机关对相关海域多次违法倾倒建筑垃圾行为存在未依法履职的问题，××市院作出行政公益诉讼立案决定。2019年1月2日，××市院向××市海洋与渔业局送达检察建议，要求查处非法倾废行为，并追究违法行为人生态环境损害赔偿责任。2019年5月16日，××市海洋与渔业局对海南××公司及公司实际控制人陈某某各处10万元罚款。检察机关调查发现，海南××公司无海洋倾废许可，倾倒的海域亦非政府指定的海洋倾废区域。申请××临时码头时海南××公司声称将开挖出的建筑垃圾运往××市××经济合作社，但经实地调查，建筑垃圾均未被运往××市进行处置，相关合同系伪造。陈某某系海南××公司实际控制人及船舶所有人，经手办理涉案合同签订、申请码头、联系调度倾废船舶等事宜，并获取大部分违法所得。××公司虽在招标时书面承诺外运土方绝不倾倒入海，却通过组织车辆同步运输等方式积极配合××公司海上倾废活动，××公司对海洋生态环境侵害构成共同侵权，依法应当承担连带责任。检察机关还发现，行政处罚认定的非法倾废量为1.57万立方米，与当事人接受调查时自报的数量一致，但该数量明显与事实不符。根据工程结算凭证等证据，检察机关查明××公司海洋倾废量至少为6.9万立方米。经委托生态环境部××科学研究所（以下简称××所）鉴定，倾倒入海的建筑垃圾中含有镉、汞、镍、铅、砷、铜等有毒有害物质，这些有毒有害物质会进入海洋生物链，破坏海洋生态环境和资源，生态环境损害量化共计8600640元。在本案调查过程中，对可能涉嫌污染环境罪的线索，××市院公益诉讼检察部门于2019年1月21日将其移送刑事检察部门审查。根据调查情况及鉴定意见，依据《中华人民共和国刑法》（2009年修正，已修改）第三百三十八条及有关司法解释的相关规定，经××市院刑事检察部门与公安机关刑侦部门研究，认为现有证据不能认定该倾废行为已构成污染环境罪。

• **案件争点**

公开赔礼道歉是否适用于本案？

• **裁判要旨**

法院认为，本次非法倾废对海洋生态环境所造成的具体损害已为专业性意见所确认，三被告的非法倾废行为也已然侵害了××海域周边民众所享有的美好生态环境精神利益。《最高人民法院关于审理环境民事公益诉讼案件适用法律若干问题的解释》（法释〔2015〕1号，2015年1月7日起施行，已修改）第十八条等多部司法解释都明确规定，环境损害赔偿纠纷中的被侵权人可以请求侵权人承担赔礼道歉的民事责任。因此，法院对被告关于公益诉讼起诉人请求赔礼道歉没有事实与法律依据的辩解，不予支持。三被告依法应当为其侵害海洋环境的行为作出公开赔礼道歉。

检察环境公益案件类案甄别与裁判规则确立

三、司法案例类案甄别

(一)事实对比

样本案例一中朱某1从他人处转包位于××市××区××村西的土地20余亩,在未取得采矿许可证的情况下,朱某1指使朱某2等人在前述承包的土地内非法开采建筑用砂。经原××市国土资源局鉴定:××市××区××镇××村的建筑用砂属于矿产资源;朱某1、朱某2等人非法开采建筑用砂量为89370.8立方米,价值人民币4468540元。

判决朱某1犯非法采矿罪,判处有期徒刑三年,并处罚金人民币10000元。

判决朱某2犯非法采矿罪,判处有期徒刑四年六个月,并处罚金人民币20000元。

××区检察院委托××研究院对位于××市××区××镇××村西朱某1非法开采建筑用砂造成的生态环境损害情况进行鉴定评估,××研究院于2019年11月作出《鉴定报告》,认为:地块内原生土壤丧失,原生态系统被完全破坏,生态系统服务能力严重受损,确认存在生态环境损害。评估报告认为损害人的盗采行为导致了原生土壤丧失,致使该地块土壤的物理结构和土壤养分均被改变或破坏,地块原有植被生产所依赖的生态环境遭到严重破坏。朱某1、朱某2非法开采的行为已经造成了生态环境损害,同时也损害到社会公众所享有的追求美好生态环境的精神利益。朱某1、朱某2在本案诉讼过程中主动承担并完成环境修复。

样本案例二中,自2018年10月23日起有市民通过市政府12345热线举报××音乐广场附近海域有船舶从广场往西1到2公里处向海洋倾倒建筑垃圾,举报达11次之多。随后检察机关根据调查收集的档案、书证、询问笔录、视听资料、鉴定意见等56份证据,进行了有针对性的举证、质证和辩论。根据无人机拍摄的现场视频等证据,涉案建筑垃圾倾倒入海的地点即××海域;根据现场开挖情况、车辆运输、工程款支付等结算证据,可以证明倾倒入海的建筑垃圾量至少为6.9万立方米,量化生态环境损害赔偿金为8600640元的结论具有专业性和科学性;倾倒入海的建筑垃圾虽未达到危险废物标准,但这些垃圾中含有镉、汞、镍、铅、砷、铜等有毒有害物质。本次倾废行为对海水水质造成了一定影响。同时重金属通过生物富集、食物链传递作用,会对海洋水生环境造成持久影响,会直接改变涉案海域底栖生物原有的栖息环境,局部海域将彻底改变地质环境，大部分底栖物种将被掩埋、覆盖。同时在潮流输送作用影响下悬浮泥沙最大增量会超出海水水质四类标准，且增量浓度大于 10mg/L 的最大影响面积可以达到 9.745 平方公里，会对该范围内以底栖生物为主的海洋生物造成不利影响。

从认定事实情况来看：

在共性方面，样本案例一和样本案例二所查明的事实均围绕被告方实施的破坏生态环境的犯罪行为、结果以及损害到社会公众所享有的追求美好生态环境的精神利益展开。

样本案例一中朱某 1、朱某 2 等人非法开采建筑用砂量为 89370.8 立方米，盗采行为导致了原生土壤丧失，致使该地块土壤的物理结构和土壤养分均被改变或破坏，地块原有植被生产所依赖的生态环境遭到严重破坏，同时也损害到社会公众所享有的追求美好生态环境的精神利益。

样本案例二中三被告，向海洋倾倒建筑垃圾，共同实施了污染海洋环境的侵权行为。倾倒入海的建筑垃圾含有毒有害物质，已对海洋生态环境造成损害。同时市民通过 12345 热线举报，达 11 次之多，建筑垃圾倾倒入海损害到了社会公众追求美好生态环境的精神利益。

上述两个样本案例均存在破坏生态环境的行为，使生态环境受到损害，同时都损害了社会公众追求美好生态环境的精神利益。

在特性方面，样本案例一中没有显示有群众举报，并且朱某 1、朱某 2 在本案诉讼过程中主动承担并完成了环境修复。样本案例二中有多次群众举报，并且所造成的生态环境损害无法通过修复工程完全恢复。

（二）适用法律对比

从法律适用情况来看，样本案例一和二适用的均为《最高人民法院关于审理环境民事公益诉讼案件适用法律若干问题的解释》（法释〔2015〕1 号，2015 年 1 月 7 日起施行，已修改）第十八条："对污染环境、破坏生态，已经损害社会公共利益或者具有损害社会公共利益重大风险的行为，原告可以请求被告承担停止侵害、排除妨碍、消除危险、恢复原状、赔偿损失、赔礼道歉等民事责任。"

（三）适用法律程序对比

从适用法律程序情况来看，按照《最高人民法院关于人民法院案件案号的若干规定》（法〔2015〕137 号，2016 年 1 月 1 日起施行，已修改）要求，样本案例一适用的为民事一审程序，样本案例二适用的是民事二审程序。

（四）类案大数据报告

截至 2024 年 1 月 7 日，以"检察机关""检察环境公益诉讼""环境民事诉讼""生态环境保护"为关键词，通过公开案例数据库检索，共检索到类案 13268 件，经逐案阅看、分析，与本规则关联度较高的案件共有 4377 件，因其中存在同一案件的一审、二审、再审裁判，严格意义上应将其认定为一件案件（同时还有套案因素等，实质上争议焦点是相同的），故剔除前述情形后，实际共有 3995 件案件。

从类案地域分布来看，当前涉及公开赔礼道歉的案例主要集中在湖南省、广东省、四川省，其中湖南省的案件量最多，达到 446 件。

从类案的结案时间来看，可以看到涉及公开赔礼道歉的案例数量在当前条件下的变化趋势。其中，2020 年案例数量显著增加，达到 1998 件，是最多的一年。

从案件经历的审理程序来看，涉及公开赔礼道歉裁判规则的审理程序分布状况如下：一审案件有 3995 件，其中有 255 件经过二审程序，有 4 件经过再审程序，申请执行的案件有 19 件。可见，案件的上诉率约为 6.38%。

四、类案裁判规则的解析确立

根据《最高人民法院关于审理环境民事公益诉讼案件适用法律若干问题的解释》（法释〔2015〕1 号，2015 年 1 月 7 日起施行，已修改）第十八条，明确规定赔礼道歉责任方式适用于环境民事公益诉讼案件，所以对公众关于生态环境的精神权益可以通过要求侵权人赔礼道歉进行救济。近年来，赔礼道歉责任在环境民事公益诉讼中得到愈加广泛的适用。作为一种软法治理模式，赔礼道歉责任的引入丰富了检察公益诉讼领域对环境侵权行为的制裁手段，填补了修复性司法理念在弥合公众精神性环境权益损失层面的制度空白，有利于侵权人更加深刻地反思自身行为，回应社会关切。

（一）从设立检察环境民事公益诉讼制度的目的来看

环境公益保护是检察环境民事公益诉讼制度的根本价值追求，环境公益保护的实质是生态系统的健康，是人与自然和谐共生的状态。将公开赔礼道歉的责任形式引入检察环境民事公益诉讼，有利于实现对环境侵权行为的整体评价，救济公众受损的精神性环境权益。公开赔礼道歉的责任形式兼具法律功能与道德功能，通过法律手段，普及法治观念，推动法治建设，推动人与自然和谐共生，进而实现对环境公益的保护。

1. 法律效果

公开赔礼道歉的法律效果主要表现在个人和企业两个方面。针对行为人，通过公开赔礼道歉的方式使社会知晓其侵害行为，从而对行为人产生一种负面评价。行为人实施侵权行为，在进行道歉的同时也在遭受着痛苦。这将沉重打击行为人的心灵，道歉会使行为人感到痛苦，形成一定的压力。在此意义上，公开赔礼道歉具有惩罚功能，督促行为人尽快修复受损的环境问题。针对企业来说，向社会承认自己的违法行为并公开赔礼道歉，公众对于企业的诚信和责任感就会产生怀疑，从而会使企业声誉受到贬损。同时，公开赔礼道歉可能会使企业的销售额和市场份额受到影响，对于企业的经营和发展具有极大威胁。由此公开赔礼道歉对于企业更具有惩罚功能，成为潜在的重大制约因素，以督促企业修复受损生态环境、更加谨慎和合规经营。

2. 社会效果

检察环境民事公益诉讼制度的目的除了恢复受损害的环境公益外，本身还具有预防和警示的目的。它的价值意义不仅在于当前的环境公益，还面向未来可能发生的损害。通过引入赔礼道歉的责任形式，面向公众，教育警示社会公众，营造保护生态、爱护环境的社会氛围。相较于法律效果，检察环境民事公益诉讼更加注重社会效果。公开赔礼道歉的责任虽由侵权人承担，但是其主要目的在于"惩罚一个，教化一片"。

首先，有助于弥补公众健康权的损失。通过侵权人面向社会公众进行公开道歉，有利于社会公众缓解因为生态服务功能减损所造成的精神压力和紧张情绪，弥补精神利益。其次，有助于提高公众的环保意识。通过公布侵权人赔礼道歉的具体内容，可以使公众明晰环境侵权行为和合法行为的界限，认识到环境侵权行为在法律上所受到的惩罚，在道义上所受到的谴责，以此来提升生态环境保护法律的权威，营造一个良好的保护环境的社会氛围。最后，有利于发挥社会监督，促进公众参与。侵权人的公开赔礼道歉可以通过各种媒体渠道到达公众层面，这是一种对公众环境知情权和参与权的保障。在这个过程中，可以激发公众监督环境侵权行为的意识和热情，进一步促进环境治理社会参与能力的提升。

（二）从检察机关的职能定位来看

"探索建立检察机关提起公益诉讼制度"是我国在公益保护领域的一项重大

法治创新，关系国家社会与生态可持续发展的实现。为使其更好落实，2017年全国人民代表大会常务委员会对《中华人民共和国民事诉讼法》进行了专门修正，在"法律规定的机关和有关组织"可提起民事公益诉讼的基础上，进一步明确了检察机关的民事公益诉权。在《检察公益诉讼司法解释》中也明确了检察机关可以提起环境公益诉讼。从检察机关的职能定位来看，检察机关具有双重身份。一方面检察机关是环境公益代表人，另一方面检察机关是国家的法律监督机关。检察机关要着力实现法律监督与环境公益维护相统一的价值定位。

1. 引入公开赔礼道歉责任有利于检察机关发挥公益代表人职能

《检察公益诉讼司法解释》明确规定了检察机关可以作为公益代表人提起环境公益诉讼，旨在维护环境公益。检察机关作为公益代表人具有候补功能。当发现环境问题时，检察机关通过多元化的方式通知环保组织提起诉讼，以督促、支持的方式帮助环保组织参与到环境民事公益诉讼当中。在找不到其他适格的主体或适格主体不起诉的情况下检察机关才作为公益代表人参与到诉讼之中。在诉讼过程中，检察机关通过提出公开赔礼道歉的诉讼请求弥补公众对于美好环境的精神利益。在传统的环境诉讼中，救济往往侧重于物质方面的损失，而公开赔礼道歉责任更加注重精神层面的弥补。

引入公开赔礼道歉的责任形式使得检察机关公益代表人的角色更加凸显。通过检察环境公益诉讼，以案释法，提升公民的环保意识，促进企业守法合规，推动环境保护，为社会谋取公益。作为公益代表人，检察机关注重对于环境损害的事前保护，公开赔礼道歉就属于一种预防性诉讼请求，将风险尽力扼杀在摇篮之中。

2. 引入公开赔礼道歉责任有利于检察机关发挥法律监督功能

检察机关作为我国的法律监督机关，以法律规范为尺度对各类主体的行为进行监督，并且在侦查案件事实、证明案件事实和法律适用方面具备专业能力。检察机关作为司法的中坚力量，应当充分发挥自身优势，救济、恢复受到损害的生态环境，弥补公众对于美好环境的精神利益追求，为后续的环境民事公益诉讼实践提供借鉴和经验。

引入公开赔礼道歉的责任形式可以使检察机关更好地发挥法律监督职能。在诉讼过程中提出公开赔礼道歉的诉讼请求，不仅要求对已经造成的环境损害进行复原性和补偿性的赔偿，更强调了对侵害行为的禁止、对损害后果扩大的控制以及对未来风险的预防。这种责任形式旨在对潜在的环境问题和风险进行预防，确保法律的执行和实施能够更加合法、稳健。

作为法律监督机关，检察机关不仅要监督法律在司法过程中的运行，还要监督法律在社会生活中能够更合法、稳健的运行。通过提出公开赔礼道歉的诉讼请求,检察机关可以进一步强化法律的威慑力,提高公众对环境保护的意识和重视程度。同时,公开赔礼道歉也有助于相应的责任机关及时纠正错误,改进环境执法工作,防止类似的环境问题再次发生。因此,公开赔礼道歉作为一种责任形式,是检察机关发挥法律监督职能的重要手段。通过这种方式,检察机关可以更好地履行其职责,为保护环境、维护公共利益作出更大的贡献。

(三)从责任形式本身来看

1. 公开赔礼道歉责任的法律内涵

公开赔礼道歉是一种必须由本人实施的行为给付责任。在环境侵权领域中,可要求侵权人通过口头、书面或者是其他多元化的形式向社会公众表示歉意,并作出相应承诺和整改措施。作为民事责任承担方式,公开赔礼道歉责任在司法适用中,通过平衡多元利益,实现了在规范秩序方面的积极引导作用。

以侵权人的主观过错为前提。侵权人的过错程度不同于修复生态环境等责任的无过错属性。首先,无过错也就无道歉的必要。虽然从损害结果角度来看,采用的是无过错责任,即无论侵权人是故意还是过失,都要承担环境侵权责任。但是从公开赔礼道歉的角度来看,侵权人主观若无过错,就没有预防和教育的必要。其次,环境侵权者如果主观上并没有故意,其不具备进行公开赔礼道歉的基础。因为环境侵权者非故意或者过失造成环境污染时,不具备道德上的可谴责性。如果环境侵权者能够及时阻止污染的扩大,积极修复环境,则应当在道义上原谅该行为,无需赔礼道歉。

以严重损害后果为要件。相较于其他民事责任承担方式,公开赔礼道歉责任更加关注损害结果的社会影响程度。这种影响程度是从损害程度和损害范围两个方面来衡量的。具体来说,损害程度涉及受损生态环境的种类、修复难度以及生态环境服务功能的减损程度等因素。而损害范围则需要根据侵权行为地、结果地、发生地等加以确认,同时还要结合环境侵权行为的特征进行考量,例如涉及跨流域的侵权行为或是引起社会普遍关注的重大民生案件。公开赔礼道歉责任形式充分体现了对侵权人罚当其责原则,确保其承担的责任与其行为造成的后果相符合。

2. 公开赔礼道歉责任的政策意义

充分体现责任承担比例原则。在检察环境民事公益诉讼中,引入公开赔礼道歉的责任形式,能充分保障公众的精神性环境权益。对于造成实际损害后果的环境侵权行为,侵权人通过公开赔礼道歉的方式,承担了因其行为导致的公众生态环境精神利益损害。对于具有损害社会公共利益重大风险的涉诉案件,即使原告并未明确要求被告公开赔礼道歉，法院也应结合侵权人的主观态度和所造成的社会影响进行综合考量。

公开赔礼道歉的责任形式并非因被告已遭受行政处罚或履行其他民事责任而免除，这体现了对被告的名誉性惩罚。法院在适用道歉渠道、媒体层级、履行期限和持续期间时，也应充分体现比例原则，确保责任承担与损害结果和社会影响相符合。

充分体现风险预防原则。引入公开赔礼道歉的责任形式，充分体现了风险预防原则。从个人层面来看，这种责任形式能够促使个人在未来的行为中更加审慎，避免再次发生环境违法行为。同时，它还能增强侵权人本人以及公众的法律意识，使公众更加明确合法行为与侵权行为之间的界限，从而提升整个社会的环境法治观念，降低潜在的环境风险。对于企业而言，引入公开赔礼道歉的责任形式可以促使其建立健全的自审机制，通过严格的自我审查来预防潜在的环境风险，并强调对环境法规的合规性。企业可能会因此而更加注重环境管理体系的建设、定期进行环境评估以及加强员工的法规合规培训。这些措施将有助于提高企业的环境法治观念，降低违法行为的风险，并预防潜在的声誉风险。

总的来说，环境民事公益诉讼引入赔礼道歉责任，有利于实现对环境侵权行为的整体评价，救济公众受损精神性环境权益。区别于其他民事责任，赔礼道歉兼具法律与道德双重功能，在惩罚侵权人的同时能够教化侵权人，在救济公众的同时能够警示公众。

五、关联法律法规

（一）《中华人民共和国侵权责任法》（已废止）

第十五条　承担侵权责任的方式主要有：停止侵害；排除妨碍；消除危险；返还财产；恢复原状；赔偿损失；赔礼道歉；消除影响、恢复名誉。

以上承担侵权责任的方式，可以单独适用，也可以合并适用。

【法条变迁】《中华人民共和国民法典》

第一百七十九条：承担民事责任的方式主要有：停止侵害；排除妨碍；消除危险；返还财产；恢复原状；修理、重作、更换；继续履行；赔偿损失；支付违约金；消除影响、恢复名誉；赔礼道歉。

法律规定惩罚性赔偿的，依照其规定。

本条规定的承担民事责任的方式，可以单独适用，也可以合并适用。

第一千二百二十九条　因污染环境、破坏生态造成他人损害的，侵权人应当承担侵权责任。

（二）《中华人民共和国民事诉讼法》（2017年修正，已修改）

第五十五条　对污染环境、侵害众多消费者合法权益等损害社会公共利益的行为，法律规定的机关和有关组织可以向人民法院提起诉讼。

人民检察院在履行职责中发现破坏生态环境和资源保护、食品药品安全领域侵害众多消费者合法权益等损害社会公共利益的行为，在没有前款规定的机关和组织或者前款规定的机关和组织不提起诉讼的情况下，可以向人民法院提起诉讼。前款规定的机关或者组织提起诉讼的，人民检察院可以支持起诉。

【法条变迁】《中华人民共和国民事诉讼法》（2023年修正）

第五十八条　对污染环境、侵害众多消费者合法权益等损害社会公共利益的行为，法律规定的机关和有关组织可以向人民法院提起诉讼。

人民检察院在履行职责中发现破坏生态环境和资源保护、食品药品安全领域侵害众多消费者合法权益等损害社会公共利益的行为，在没有前款规定的机关和组织或者前款规定的机关和组织不提起诉讼的情况下，可以向人民法院提起诉讼。前款规定的机关或者组织提起诉讼的，人民检察院可以支持起诉。

（三）《最高人民法院关于审理环境民事公益诉讼案件适用法律若干问题的解释》（法释〔2015〕1号，2015年1月7日起施行，已修改）

第十八条　对污染环境、破坏生态，已经损害社会公共利益或者具有损害社会公共利益重大风险的行为，原告可以请求被告承担停止侵害、排除妨碍、消除危险、恢复原状、赔偿损失、赔礼道歉等民事责任。

【法条变迁】《最高人民法院关于审理环境民事公益诉讼案件适用法律若干问题的解释》（2020年修正）

第十八条　对污染环境、破坏生态，已经损害社会公共利益或者具有损害社会公共利益重大风险的行为，原告可以请求被告承担停止侵害、排除妨碍、消除危险、修复生态环境、赔偿损失、赔礼道歉等民事责任。

（四）《最高人民法院、最高人民检察院关于检察公益诉讼案件适用法律若干问题的解释》（法释〔2018〕6号，2018年3月2日起施行，已修改）

第十三条　人民检察院在履行职责中发现破坏生态环境和资源保护、食品药品安全领域侵害众多消费者合法权益等损害社会公共利益的行为，拟提起公益诉讼的，应当依法公告，公告期间为三十日。

公告期满，法律规定的机关和有关组织不提起诉讼的，人民检察院可以向人民法院提起诉讼。

【法条变迁】《关于检察公益诉讼案件适用法律若干问题的解释》（2020修正）

第十三条 人民检察院在履行职责中发现破坏生态环境和资源保护，食品药品安全领域侵害众多消费者合法权益，侵害英雄烈士等的姓名、肖像、名誉、荣誉等损害社会公共利益的行为，拟提起公益诉讼的，应当依法公告，公告期间为三十日。公告期满，法律规定的机关和有关组织、英雄烈士等的近亲属不提起诉讼的，人民检察院可以向人民法院提起诉讼。

检察环境公益案件裁判规则

第 10 条

对于被告违反法律规定故意污染环境、破坏生态造成社会公共利益严重受损的,检察机关有权要求被告依法承担惩罚性赔偿责任

一、聚焦司法案件裁判观点

■ **争议焦点**

在检察环境民事公益诉讼案件中，如何准确适用惩罚性赔偿责任？

■ **裁判观点**

1. 检察机关提起环境民事公益诉讼时，对于侵权人违反法律规定故意污染环境、破坏生态致社会公共利益受到严重损害后果的，有权要求侵权人依法承担相应的惩罚性赔偿责任。

2. 惩罚性赔偿的具体数额采用倍率式方法计算，以生态环境受到损害至修复完成期间服务功能丧失导致的损失、生态环境功能永久性损害造成的损失等可量化的生态环境损害为基数，综合考虑侵权人主观过错程度、侵权后果的严重程度、侵权人的经济能力、赔偿态度、受到行政处罚的情况等因素确定倍数。

二、司法案例样本对比

样本案例一

江西省××县人民检察院诉××公司污染环境民事公益诉讼案

- **法院**

江西省××县人民法院

- **诉讼主体**

公益诉讼起诉人：江西省××县人民检察院
被告：××公司等

• 基本案情

2018年3月初，××公司生产叠氮化钠的蒸馏系统设备损坏，导致大量硫酸钠废液无法正常处理。该公司生产部经理吴某1向公司法定代表人叶某某请示后，叶某某将硫酸钠废液处置一事交其处理。2018年3月3日至同年7月31日，吴某1将被告生产的硫酸钠废液交由无危险废物处置资质的吴某2处理。在范某某押运、董某某和周某某带路的配合下，吴某2雇请李某某将30车共计1124.1吨硫酸钠废液运输到××县××镇××井和××县××镇××村的山上倾倒，造成了××井周边约8.08亩范围内的环境和××村××组1、××组2地表水、地下水受到了污染，影响了××村约6.6平方公里流域的环境，妨碍了当地1000余名居民饮用水安全。被告公司为吴某1报销了两次运输费。××县××镇××村村民委员会为防止侵害，雇请吴某3等17位村民晚上值守，于2018年7月31日支付工资等费用共计4700元。事故发生后，××县××镇××村村民委员会为解决饮用水问题，经过招投标紧急新建了××组1饮水工程、××组2饮水工程和洗衣码头工程，支付工程款共计528160.11元。

2018年8月1日，××县××镇人民政府委托某公司对槽罐车排口和××村××组1下游的水样进行检测，支付检测费5500元。原××县环境保护局于2018年9月4日、2018年10月24日委托某公司对××县××镇××村、××县××镇××井倾倒点的水质、土壤进行了检测，支付检测费13170元。2018年9月，原××县环境保护局委托某公司对××县××镇××村、××县××镇××井进行环境监测，支付检测费17000元。同年9月13日，某公司委托的某检测公司对自送废水样品进行了检测，并出具了检测报告。××司法鉴定中心于2019年1月16日、4月10日作出鉴定意见，认定××县××镇××井倾倒点的水体中存在叠氮化钠，且含量超标，对周边约8.08亩范围内环境造成污染。根据《国家危险废物规定》，检测水体中叠氮化钠为危险废物，类别为HW02医药废物，废物代码为271-002-02。原××县环境保护局支付鉴定费60000元。2019年7月15日，××司法鉴定中心对生态环境损害进行鉴定，评定××县××镇××村××组1和××镇××井倾倒点表层土壤均存在叠氮化钠污染，两部分环境损害已经发生，按照案发当时土壤修复所需花费，两处地块修复总费用为2168000元。2020年11月12日，该鉴定中心对涉案倾倒点环境功能性损失费用进行补充鉴定，评定吴某1、吴某2、李某某、范某某、董某某、周某某六人在××县××镇××村××组1和××镇××井倾倒废液造成环境功能性损失费用共计57135.45元。

另查明,吴某1、吴某2、李某某、董某某、周某某、范某某犯环境污染罪被判处六年六个月至三年二个月不等的有期徒刑。

• **案件争点**

本案是否可以要求被告承担惩罚性赔偿责任?如果可以,惩罚性赔偿责任的适用要件和标准是什么?

• **裁判要旨**

被告××公司的生产部经理吴某1将公司生产的硫酸钠废液交由无危险废物处置资质的吴某2处理,放任污染环境危害结果的发生,主观上存在故意,客观上违反了法律规定,已被生效判决认定为污染环境的犯罪行为。涉案倾倒废液行为造成了××县××镇××井周边约8.08亩范围内的环境受到污染,影响到××县××镇××村约6.6平方公里流域的环境,妨碍了当地1000余名居民饮用水安全,××县××镇××井、××镇××村两处倾倒点的环境修复费用、环境功能性损失等达数百万元,该行为直接污染了环境,损害了社会公共利益,造成严重后果,符合《中华人民共和国民法典》第一千二百三十二条规定的环境侵权惩罚性赔偿适用条件。被告公司亦同意承担环境污染修复、环境功能性损失、惩罚性赔偿等费用,在国家生态环境保护日益加强、司法实践不断累积的基础上适用《中华人民共和国民法典》第一千二百三十二条环境侵权惩罚性赔偿的规定,不会背离其合理预期、明显减损其合法权益、增加其法定义务,实际更为契合《中华人民共和国民法典》保护环境的宗旨和本义。

××县××镇××村××组1的废液倾倒点紧邻××村水源地,基于地势地貌特点,该倾倒处的山体承担着水源涵养等重要生态功能。因污染环境事故发生,导致当地水体、土壤等环境向公众或者其他生态系统提供服务的功能减损,损害了社会公众本应享有的环境权益,将环境功能性损失费用作为确定惩罚性赔偿的标准,更能体现民事公益诉讼维护社会公共利益的宗旨。被告公司对于环境污染的发生虽有责任,但事后认错态度好并积极赔偿,参照环境功能性损失费用确定惩罚性赔偿更符合过罚相当的法律原则。

《中华人民共和国消费者权益保护法》(2013年修正)《中华人民共和国食品安全法》(2018年修正,已修改)等法律规定,以所受损失的一至三倍确定惩罚性赔偿的数额。公共环境与消费者权益、食品安全、产品责任等均关系到社会公共利益,故环境惩罚性赔偿在该幅度内不会超出当事人的合理预期。为了用最严格的制度、最严密的法治来保护公共环境,并综合被告公司的过失程度、赔偿态度、损害后果、承担责任的经济能力、受到行政处罚等因素,法院认为,被告公司按照环境功能性损失费用的三倍承担环境污染惩罚性赔偿171406.35元,于法有据,与理相合,法院予以支持。

绿水青山就是金山银山。生态文明建设关系到人民群众的生命健康,关系到中华民族永续发展。良好生态环境是最普惠的民生福祉,必须用最严格的制度、最严密的法治来保护。在生态文明的进程中,污染环境行为将破坏生态文明的推进,动摇人类赖以生存发展的根基。被告公司作为吴某1的用人单位,生态环境保护意识淡薄,责任意识缺乏,涉案倾倒废液行为造成了社会公共利益受到严重损害的后果,其应当引以为戒,规范生产,防范污染。在环境污染事故发生后,被告公司愿意赔偿生态修复费用、环境功能损失费用、环境污染惩罚性赔偿等,真诚悔过,主动担责,深刻认识到了污染环境的危害,对此法院予以认可。生态兴则文明兴,生态衰则文明衰。该判决旨在教育社会公众提升环境意识,树立生态文明理念,践行绿色低碳生活方式,不断增强生态环境保护的责任感和使命感,努力建成生态环境优良的美丽中国。

样本案例二

山东省××市人民检察院诉××艺术中心生态破坏民事公益诉讼案

• 法院

山东省××市中级人民法院

• 诉讼主体

公益诉讼起诉人:山东省××市人民检察院
被告:××艺术中心

• 基本案情

××艺术中心系个体工商户,注册于2009年2月,经营范围为餐饮服务,营业执照显示的营业者是梁某某。梁某某通过其丈夫杨某某聘用吴某某担任××艺术中心经理负责管理和运营,吴某某每月领取固定工资。在经营过程中,该艺术中心于2017年9月19日、9月22日分别购入大王蛇各1条,2018年春节后宰杀并出售大王蛇1条,2018年8月或9月某日又购入大王蛇1条,案发后这条大王蛇被公安机关扣押;2018年9月17日出售1只穿山甲中的2.5斤;2018年1月11日购入熊掌4只,2018年9月6日出售熊掌1只,案发后公安机关扣押半成品熊掌1只。上述野生动物部分被××艺术中心作为菜品对外销售。

经××司法鉴定中心鉴定,扣押的大王蛇为孟加拉眼镜蛇,被列入《国家保护的有益的或者有重要经济、科学研究价值的陆生野生保护动物名录》(简称"三有名录");扣押的熊掌上割取的肉块为棕熊所有,棕熊被列入1989年颁布的《国家重点保护野生动物名录》二级。穿山甲原为国家二级保护野生动物,于2020年6月被国家林业和草原局调整为国家一级保护野生动物。按照《野生动物及其产品(制品)价格认定规则》《野生动物及其制品价值评估方法》《陆生野生动物基准价值标准目录》的规定,××艺术中心破坏生态的行为造成的野生动物损失为83000元。2021年1月12日,专家出具意见:××艺术中心非法收购、出售涉案珍贵、濒危野生动物的行为,共计造成生态环境服务功能损失人民币907500元。

在本案审理过程中,被告××艺术中心签署了劳务代偿同意书,同意本案部分惩罚性赔偿以劳务代偿方式履行。

另查明,××市上一年度职工年平均工资为75806元。

• 案件争点

本案是否可以要求被告承担惩罚性赔偿责任?如果可以,如何确定惩罚性赔偿数额的基数和倍数?是否可通过劳务代偿的方式履行惩罚性赔偿?

• 裁判要旨

野生动物资源是自然界生态系统的重要组成部分。人类、野生动物及其他物种相互依存,共同维护着自然界的稳定、和谐和发展。保护野生动物、维护生物多样性就是保护人类自己。穿山甲是白蚁的天敌,一只穿山甲可以保护250亩森林免受白蚁危害,享有"森林卫士"的美誉。穿山甲被猎杀,导致白蚁大量繁殖,白蚁种群密度上升,对当地森林树木危害程度加大,影响区域内生态系统的结构和功能;棕熊是陆地上食肉目体形最大的哺乳动物之一,为国家二级保护野生动物,其中棕熊列入《濒危野生动植物种国际贸易公约》(CITES)

附录Ⅰ和《世界自然保护联盟濒危物种红色名录》（IUCN）2017ver3.1——濒危（EN），具有重大的生物多样性价值和重要的生态价值、经济价值、科研价值、遗传资源价值、观赏价值等；孟加拉眼镜蛇为"三有动物"，现被列入《世界自然保护联盟濒危物种红色名录》（IUCN）2016ver3.1——无危（LC）和《濒危野生动植物种国际贸易公约》（CITES）附录Ⅱ，除自身具有药用价值外，其每年捕食大量鼠类，对于生态平衡也具有重要的作用。

被告××艺术中心虽然不是穿山甲、棕熊、孟加拉眼镜蛇的直接猎杀者，但其实施收购、出售的行为，为猎杀珍贵、濒危野生动物提供了动机和市场，其违法行为对于生态环境损害具有直接的因果关系，依照《最高人民法院关于审理环境民事公益诉讼案件适用法律若干问题的解释》（法释〔2015〕1号，2015年1月7日起施行，已修改）第十八条第一款"对污染环境、破坏生态，已经损害社会公共利益或者具有损害社会公共利益重大风险的行为，原告可以请求被告承担停止侵害、排除妨碍、消除危险、恢复原状、赔偿损失、赔礼道歉等民事责任"的规定，应承担相应民事责任。被告××艺术中心收购、出售珍贵、濒危野生动物的主观故意明显，其行为导致了珍贵、濒危野生动物的减少，加深了濒危程度，破坏了生态资源和环境平衡，造成了严重后果，且对生态环境造成的损害后果在未修复前具有持续性的特点。依照《中华人民共和国民法典》第一千二百三十二条规定"侵权人违反法律规定故意污染环境、破坏生态造成严重后果的，被侵权人有权请求相应的惩罚性赔偿"，可判令其承担惩罚性赔偿。综合其主观故意、危害后果以及在本案中悔改态度较好，愿意提供生态环境公益劳动，以自己实际行动保护生态环境等情节，酌情判令其承担惩罚性赔偿99050元。

惩罚性赔偿具有惩罚和遏制不法行为的多重功能，对预防同类型损害的发生具有十分重要的意义。在与被告协商一致的情况下，由被告以提供环境公益劳动的方式承担全部或者部分惩罚性赔偿，有利于发挥惩罚性赔偿制度惩罚和教育的功能，有利于督促被告参与生态环境保护和预防同类型损害的发生。在法院主持下，被告××艺术中心与公益诉讼起诉人协商一致，愿意以提供环境公益劳务方式承担全部或者部分惩罚性赔偿。环境资源公益劳动的工作量应相当于其折抵的惩罚性赔偿，可以参照上一年度××市职工年平均工资作为折算标准，即（职工年平均工资75806元÷365天）×劳务代偿拟定时限60天×2人＝24924元。劳务代偿工作由法院确定的协执单位管理和指导，公益诉讼起诉人可以对劳务代偿进行监督，如被告未能提供环境资源公益劳动，或者提供的环境资源公益劳动未能经法院审核通过，则仍应承担判决确定的相应惩罚性赔偿责任。

样本案例三

吉林省××市人民检察院诉王某1等生态破坏民事公益诉讼案

• 法院

吉林省××市中级人民法院

• 诉讼主体

公益诉讼起诉人：吉林省××市人民检察院
被告：王某1、王某2

• 基本案情

王某1与王某2系夫妻关系。2021年1月至2021年5月，王某1与王某2未取得采矿许可证，在××市××镇××村××屯北山非法开采泥炭，共形成采坑11处，总面积60325平方米，共非法开采泥炭48370立方米，价值2902200元。被采挖的泥炭部分堆放在采坑两侧，部分运至堆放场地。针对王某1与王某2的上述行为，吉林省××市人民法院于2021年10月22日作出刑事判决：1.判决王某1犯非法采矿罪，判处有期徒刑三年六个月，并处罚金十万元；2.判决王某2犯非法采矿罪，判处有期徒刑二年，缓刑二年，并处罚金二万元。该判决已发生法律效力。王某1与王某2已足额交纳上述罚金。

2022年7月19日，吉林省××市人民检察院委托××司法鉴定所对涉案土地的破坏程度、修复费用、生态期间功能损失费用进行司法鉴定。××司法鉴定所于2022年8月3日作出司法鉴定报告，鉴定意见为：1.涉案区域原有泥炭土被翻动、剥离，已造成土壤结构破坏和剖面层次混乱，盗采行为已对该区域土壤服务功能造成破坏；2.涉案土壤生态损害恢复费用为456790元；3.生态环境期间生态服务功能损失费用为72626元。同时，该司法鉴定报告还确定了土壤生态损害恢复方案，适宜恢复期间为每年的4月至5月中旬或10月至11月中旬。吉林省××市人民检察院与××司法鉴定所约定，鉴定费70000元待人民法院判决生效进入执行程序后支付。

2022年7月25日，吉林省××市人民检察院以王某1、王某2为被申请人，向吉林省××市人民法院申请诉前财产保全。同日，吉林省××市人民法院作出民事裁定，查封王某1与王某2的房屋等财产。保全申请费5000元，吉林省××市人民检察院申请缓交。

另查明：2015年1月，王某1未取得采矿许可证，在××市××镇××村××屯水库湿地非法开采泥炭2003.37立方米，价值80134.8元。针对王某1的上述行为，吉林省××人民法院于2016年11月18日作出刑事判决：判决王某1犯非法采矿罪，判处有期徒刑六个月，缓刑一年，并处罚金八万元。该判决已发生法律效力。2018年4月至10月，王某1未取得采矿许可证，在××市××镇××村××屯非法开采泥炭27419立方米，价值1096760元。针对王某1的上述行为，吉林省××市人民法院于2020年8月18日作出刑事判决：判决王某1犯非法采矿罪，判处有期徒刑一年六个月，并处罚金五万元。该判决已发生法律效力。

• 案件争点

本案是否可以要求被告承担惩罚性赔偿责任？如果可以，如何处理惩罚性赔偿金与刑事罚金之间的关系？

• 裁判要旨

王某1与王某2于2021年1月至2021年5月，违反矿产资源法的相关规定，非法开采泥炭，情节特别严重，其二人的行为已构成非法采矿罪并受到相应刑事处罚。同时，其二人的非法采矿行为，也造成了案涉区域土壤结构破坏以及土壤生态服务功能损害的严重后果，严重侵害了社会公共利益，已构成共同破坏生态的侵权行为。

《中华人民共和国民法典》第一千二百三十二条规定："侵权人违反法律规定故意污染环境、破坏生态造成严重后果的，被侵权人有权请求相应的惩罚性赔偿。"《最高人民法院关于审理生态环境侵权纠纷案件适用惩罚性赔偿的解释》（法释〔2022〕1号，2022年1月20日起施行）第七条规定："具有下列情形之一的，人民法院应当认定侵权人具有污染环境、破坏生态的故意：（一）因同一污染环境、破坏生态行为，已被人民法院认定构成破坏环境资源保护犯罪的……"，第十条规定："人民法院确定惩罚性赔偿金数额，应当综合考虑侵权人的恶意程度、侵权后果的严重程度、侵权人因污染环境、破坏生态行为所获得的利益或者侵权人所采取的修复措施及其效果等因素，但一般不超过人身损害赔偿金、财产损失数额的二倍。因同一污染环境、破坏生态行为已经被行政机关给予罚款或者被人民法院判处罚金，侵权人主张免除惩罚性赔偿责任的，人民法院不予支持，但在确定惩罚性赔偿金数额时可以综合考虑。"第十二条规定："国家规定的机关或者法律规定的组织作为被侵权人代表，请求判令侵权人承担惩罚性赔偿责任的，人民法院可以参照前述规定予以处理。但惩罚性赔偿金数额的确定，应当以生态环境受到损害至修复完成期间服务功能丧失导致的损失、生态环境功能永久性损害造成的损失数额作为计算基数。"本案中，王某1与王某2未取得采矿许可证，非法开采泥炭的行为已被人民法院认定构成非法采矿罪，属于故意破坏生态并造成严重后果。同时，王某1还曾因非法开采泥炭行为被人民法院两次判处刑事处罚，其主观故意更为明显。故吉林省××市人民检察院请求对王某1与王某2予以惩罚性赔偿，符合法律规定，法院予以支持。吉林省××市人民检察院考虑到王某1与王某2已被人民法院判处罚金的实际情况，主张按照生态环境受到损害至修复完成期间服务功能损失的一倍计算惩罚性赔偿金数额，符合法律规定，法院予以支持。王某1与王某2主张降低惩罚性赔偿金的理由不能成立，法院不予采纳。

三、司法案例类案甄别

（一）事实对比

样本案例一中，被告××公司的生产部经理吴某1将公司生产的硫酸钠废液交由无危险废物处置资质的吴某2处理，放任污染环境危害结果的发生，主观上存在故意，客观上违反了法律规定，已被生效判决认定为污染环境的犯罪行为。涉案倾倒废液行为造成了××县××镇××井周边约8.08亩范围内的环境受到污染，影响到××县××镇××村约6.6平方公里流域的环境，妨碍了当地1000余名居民饮用水安全，××县××镇××井、××镇××村两处倾倒点的环境修复费用、环境功能性损失等达数百万元，该行为直接污染了环境，损害了社会公共利益，造成严重后果，符合《中华人民共和国民法典》第一千二百三十二条规定的环境侵权惩罚性赔偿适用条件。综合被告公司的过失程度、赔偿态度、损害后果、承担责任的经济能力、受到行政处罚等因素，判定被告公司按照环境功能性损失费用的三倍承担环境污染惩罚性赔偿171406.35元。

样本案例二中，被告××艺术中心收购、出售珍贵、濒危野生动物的主观故意明显，其行为导致了珍贵、濒危野生动物的减少，加深了濒危程度，破坏了生态资源和环境平衡，造成了严重后果，且对生态环境造成的损害后果在未修复前具有持续性的特点，依照《中华人民共和国民法典》第一千二百三十二条规定"侵权人违反法律规定故意污染环境、破坏生态造成严重后果的，被侵权人有权请求相应的惩罚性赔偿"，可判令其承担惩罚性赔偿。综合其主观故意、危害后果以及在本案中悔改态度较好，愿意提供生态环境公益劳动，以自己实际行动保护生态环境等情节，酌情判令其承担惩罚性赔偿99050元。

样本案例三中，王某1与王某2未取得采矿许可证，非法开采泥炭的行为已被人民法院认定构成非法采矿罪，属于故意破坏生态并造成严重后果。同时，王某1还曾因非法开采泥炭行为被人民法院两次判处刑事处罚，其主观故意更为明显。故吉林省××市人民检察院请求对王某1与王某2予以惩罚性赔偿，符合法律规定，法院予以支持。吉林省××市人民检察院考虑到王某1与王某2已被人民法院判处罚金的实际情况，主张按照生态环境受到损害至修复完成期间服务功能损失的一倍计算惩罚性赔偿金数额，符合法律规定，法院予以支持。

从认定事实情况看，样本案例一、二、三均对被告是否存在主观故意、违法行为后果的严重程度进行了分析认定。样本案例一江西省××县人民检察院诉××公司污染环境民事公益诉讼案中，被告"放任污染环境危害结果的发生，主观上存在故意，客观上违反了法律规定"，且被告的行为"直接污染了环境，损害了社会公共利益，造成严重后果"；样本案例二山东省××市人民检察院诉××艺术中心生态破坏民事公益诉讼案中，被告"收购、出售珍贵、濒危野生动物的主观故意明显"，且被告的行为"导致了珍贵、濒危野生动物的减少，加深了濒危程度，破坏了生态资源和环境平衡，造成了严重后果"；样本案例三吉林省××市人民检察院诉王某1等生态破坏民事公益诉讼案中，被告"非法开采泥炭的行为已被人民法院认定构成非法采矿罪，属于故意破坏生态并造成严重后果"。

同时，样本案例一、二、三在认定惩罚性赔偿的金额时，均结合具体案情进行了综合判定。样本案例一江西省××县人民检察院诉××公司污染环境民事公益诉讼案中，综合了被告公司的过失程度、赔偿态度、损害后果、承担责任的经济能力、受到行政处罚等因素；样本案例二山东省××市人民检察院诉××艺术中心生态破坏民事公益诉讼案中，综合了被告主观故意、危害后果以及在本案中悔改态度较好，愿意提供生态环境公益劳动，以自己实际行动保护生态环境等情节；样本案例三吉林省××市人民检察院诉王某1等生态破坏民事公益诉讼案中，考虑了王某1与王某2已被人民法院判处罚金的实际情况。

（二）适用法律对比

样本案例一江西省××县人民检察院诉××公司污染环境民事公益诉讼案主要适用《中华人民共和国民法典》第一百二十条、第一百七十九条、第一千一百九十一条第一款、第一千二百二十九条、第一千二百三十二条，《中华人民共和国环境保护法》(2014年修订)第六条第三款、第四十八条,《最高人民法院关于审理环境民事公益诉讼案件适用法律若干问题的解释》(法释〔2015〕1号,2015年1月7日起施行,已修改)第十八条、第十九条、第二十条第二款、第二十一条、第二十二条,《最高人民法院、最高人民检察院关于检察公益诉讼案件适用法律若干问题的解释》(法释〔2018〕6号,2018年3月2日起施行,已修改)第十三条第一款和第二款、第二十六条,《中华人民共和国民事诉讼法》(2017年修正,已修改)第五十五条、第六十四条第一款、第一百四十二条。

样本案例二山东省××市人民检察院诉××艺术中心生态破坏民事公益诉讼案主要适用《中华人民共和国民法典》第一千二百三十二条、第一千二百三十五条,《最高人民法院关于审理环境民事公益诉讼案件适用法律若干问题的解释》(法释〔2015〕1号,2015年1月7日起施行,已修改)第十八条及《中华人民共和国民事诉讼法》(2017年修正,已修改)第五十五条。

样本案例三吉林省××市人民检察院诉王某1等生态破坏民事公益诉讼案主要适用《中华人民共和国民法典》第一百八十七条、第一千二百三十二条、第一千二百三十四条、第一千二百三十五条,《最高人民法院关于审理环境民事公益诉讼案件适用法律若干问题的解释》(法释〔2015〕1号,2015年1月7日起施行,已修改)第二十条、第二十二条,《最高人民法院关于审理生态环境侵权纠纷案件适用惩罚性赔偿的解释》(法释〔2022〕1号,2022年1月20日起施行)第七条、第十条、第十二条,《中华人民共和国民事诉讼法》(2021年修正,已修改)第五十八条、第六十七条。

从法律适用情况看,样本案例一、二、三判定被告承担惩罚性赔偿责任的主要法律依据即《中华人民共和国民法典》第一千二百三十二条,"侵权人违反法律规定故意污染环境、破坏生态造成严重后果的,被侵权人有权请求相应的惩罚性赔偿"。其中,样本案例三吉林省××市人民检察院诉王某1等生态破坏民事公益诉讼案还适用了《最高人民法院关于审理生态环境侵权纠纷案件适用惩罚性赔偿的解释》(法释〔2022〕1号,2022年1月20日起施行)。2022年1月12日,《最高人民法院关于审理生态环境侵权纠纷案件适用惩罚性赔偿的解释》(法释〔2022〕1号,2022年1月20日起施行)发布,其中第十二条规定"国家规定的机关或者法律规定的组织作为被侵权人代表,请求判令侵权人承担惩罚性赔偿责任的,人民法院可以参照前述规定予以处理"。该司法解释中的相关条款也成为环境民事公益诉讼案件适用惩罚性赔偿责任的重要法律依据。

(三)类案大数据报告

截至2023年11月24日,以"检察机关""环境公益诉讼""环境民事公益诉讼""惩罚性赔偿"为关键词,在公开案例数据库进行检索,经逐案阅看、分析,与本规则关联度较高的案件共有17件,因其中存在同一案件的一审、二审裁判,严格意义上应将其认定为一件案件,故剔除前述情形后,实际共有16件案件。

从类案地域分布来看,当前案件主要集中在江苏省、四川省、浙江省。其中,江苏省、四川省均为3件,各占总案件数的18.75%,浙江2件,占总案件数的12.5%。其余案件分布在河北省、山东省、山西省、吉林省、江西省、贵州省、重庆市、安徽省等8个省份均为1件,各占总案件数的6.25%。

从类案结案时间来看,当前案件均审结于2021年1月1日《中华人民共和国民法典》正式施行之后,其中2021年审结8件,占总案件数的50%。2022年审结6件,占总案件数的37.5%。2023年审结2件,占总案件数的12.5%。

从案件的审理程序看,大部分案件一审终审,占总案件数的93.75%。仅有1件历经二审程序,占总案件数的6.25%。总体而言,服判息诉率较高。

从一审法院的级别和类型看,6件由中级人民法院审理,9件由基层人民法院审理,1件由海事法院审理,分别占总案件数的37.5%、56.25%、6.25%。

从案件类型看,检察机关直接提起的环境民事公益诉讼案件有9件,其中生态破坏民事公益诉讼8件,环境污染民事公益诉讼案件1件,分别占总案件数的50%、6.25%。检察机关以刑事附带民事公益诉讼形式提起的案件有6件,占总案件数的37.5%。另有1件海事海商纠纷公益诉讼案件,占总案件数的6.25%。

从惩罚性赔偿具体金额的计算标准看,已知案件均选择在0.05—3倍的范围内确定惩罚性赔偿的"倍数"。其中,选择"1倍"的案件有5件,占总案件数的31.25%。选择"3倍"的案件有4件,占总案件数的25%。选择"0.05倍""0.1倍""0.5倍""0.6倍"的案件各1件,各占总案件数的6.25%。另有3件适用"倍数"的情况不明,占总案件数的18.75%。

四、类案裁判规则的解析确立

(一)明确请求惩罚性赔偿的适用要件

在环境民事公益诉讼中适用惩罚性赔偿责任需要满足三方面条件,即"违反法律规定""故意""造成严重后果"。

一是如何认定"违反法律规定"要件。《最高人民法院关于审理生态环境侵权纠纷案件适用惩罚性赔偿的解释》（法释〔2022〕1号，2022年1月20日起施行）第五条规定："人民法院认定侵权人污染环境、破坏生态的行为是否违反法律规定，应当以法律、法规为依据，可以参照规章的规定"。据此，在环境民事公益诉讼案件中认定污染环境、破坏生态的行为是否违反法律规定时，应以法律、法规为依据，同时可以参照规章。例如，在样本案例二山东省××市人民检察院诉××艺术中心生态破坏民事公益诉讼案中，被告非法收购、出售涉案珍贵、濒危野生动物的行为违反了《中华人民共和国野生动物保护法》的相关规定；在样本案例三吉林省××市人民检察院诉王某1等生态破坏民事公益诉讼案中，二被告违反《中华人民共和国矿产资源法》的相关规定，非法开采泥炭，情节特别严重，已构成非法采矿罪。

二是如何认定"故意"要件。《最高人民法院关于审理生态环境侵权纠纷案件适用惩罚性赔偿的解释》（法释〔2022〕1号，2022年1月20日起施行）第六条规定："人民法院认定侵权人是否具有污染环境、破坏生态的故意，应当根据侵权人的职业经历、专业背景或者经营范围，因同一或者同类行为受到行政处罚或者刑事追究的情况，以及污染物的种类，污染环境、破坏生态行为的方式等因素综合判断"。例如，在样本案例一江西省××县人民检察院诉××公司污染环境民事公益诉讼案中，被告××公司生产部经理吴某1等人即因同一行为被人民法院认定构成环境污染犯罪；在样本案例三吉林省××市人民检察院诉王某1等生态破坏民事公益诉讼案中，二被告的行为已构成非法采矿罪并受到相应刑事处罚。这些情节，可以作为认定被告的主观"故意"的考量因素。

三是如何认定"造成严重后果"要件。《最高人民法院关于审理生态环境侵权纠纷案件适用惩罚性赔偿的解释》（法释〔2022〕1号，2022年1月20日起施行）第八条规定："人民法院认定侵权人污染环境、破坏生态行为是否造成严重后果，应当根据污染环境、破坏生态行为的持续时间、地域范围，造成环境污染、生态破坏的范围和程度，以及造成的社会影响等因素综合判断"。例如，在样本案例一江西省××县人民检察院诉××公司污染环境民事公益诉讼案中，涉案倾倒废液行为造成了××县××镇××井周边约8.08亩范围内的环境受到污染，影响到××县××镇××村约6.6平方公里流域的环境，妨碍了当地1000余名居民饮用水安全，××县××镇××井、××镇××村两处倾倒点的环境修复费用、环境功能性损失等达数百万元，可以认定为"造成严重后果"。

（二）明确请求惩罚性赔偿数额的计算方法

惩罚性赔偿数额的计算，一方面要考虑到惩罚性赔偿的制度功能，达到提高违法成本、令行为人不敢再犯的目的；另一方面也要保持过罚相当，不能违反比例原则。我国其他领域惩罚性赔偿多以倍率式方法计算，即在既有赔偿中选择适当的"基数"，与法定范围内的"倍数"相乘得出惩罚性赔偿的具体数额。环境民事公益诉讼中惩罚性赔偿的计算也可以沿用这一方法。

一是"基数"的选择。环境民事公益诉讼案件中惩罚性赔偿数额的计算应以生态环境所受损失为基础，具体包括生态环境受到损害至修复完成期间服务功能丧失导致的损失以及生态环境功能永久性损害造成的损失。《最高人民法院关于审理生态环境侵权纠纷案件适用惩罚性赔偿的解释》（法释〔2022〕1号，2022年1月20日起施行）第十二条规定："国家规定的机关或者法律规定的组织作为被侵权人代表，请求判令侵权人承担惩罚性赔偿责任的，人民法院可以参照前述规定予以处理。但惩罚性赔偿金数额的确定，应当以生态环境受到损害至修复完成期间服务功能丧失导致的损失、生态环境功能永久性损害造成的损失数额作为计算基数"。例如，在样本案例一江西省××县人民检察院诉××公司污染环境民事公益诉讼案中，以"环境功能性损失费用"为惩罚性赔偿的计算基数；在样本案例三吉林省××市人民检察院诉王某1等生态破坏民事公益诉讼案中，以"生态环境受到损害至修复完成期间服务功能损失费用"为惩罚性赔偿的计算基数。

二是"倍数"的设置。确定"倍数"时，应当综合考虑行为人的恶意程度、行为后果的严重程度、行为人因污染环境、破坏生态行为所获得的利益以及行为人所采取的修复措施及其效果等因素。实践中，各地方法院多在0.05—3的范围内确定惩罚性赔偿的"倍数"。考虑到不同案件中生态环境损失费用差别明显，很可能会出现"基数"较大但其他情节较轻的情况，因此不宜限制惩罚性赔偿的"倍数"下限。例如，在样本案例二山东省××市人民检察院诉××艺术中心生态破坏民事公益诉讼案中，经鉴定，被告收购、出售珍贵、濒危野生动物的行为造成了高额的生态环境损失，但法院考虑到其悔过态度良好、愿意提供生态环境公益劳动等情节，最终判定被告仅需承担0.1倍的惩罚性赔偿。

三是其他应予考虑的情形。第一，因同一污染环境、破坏生态行为已经被行政机关给予罚款或者被人民法院判处罚金，在确定惩罚性赔偿金数额时可以综合考虑。例如，在样本案例三吉林省××市人民检察院诉王某1等生态破坏民事公益诉讼案中，判定惩罚性赔偿数额时便对被告已被人民法院判处罚金的情况予以考虑。第二，鼓励创新生态环境损害惩罚性赔偿的责任承担方式，在保证私法上完全赔偿的目标得以实现的前提下，如遇违法情节较轻或金钱赔偿执行困难等情况，可以考虑采用公益劳动作为惩罚方式，达到惩罚与教育相结合的效果。例如，在样本案例二山东省××市人民检察院诉××艺术中心生态破坏民事公益诉讼案中,被告便以提供环境公益劳务方式承担了部分惩罚性赔偿责任。

五、关联法律法规

(一)《中华人民共和国民法典》

第一百七十九条 承担民事责任的方式主要有:
(一)停止侵害;
(二)排除妨碍;
(三)消除危险;
(四)返还财产;
(五)恢复原状;
(六)修理、重作、更换;
(七)继续履行;
(八)赔偿损失;
(九)支付违约金;
(十)消除影响、恢复名誉;
(十一)赔礼道歉。
法律规定惩罚性赔偿的,依照其规定。
本条规定的承担民事责任的方式,可以单独适用,也可以合并适用。
第一千二百二十九条 因污染环境、破坏生态造成他人损害的,侵权人应当承担侵权责任。
第一千二百三十二条 侵权人违反法律规定故意污染环境、破坏生态造成严重后果的,被侵权人有权请求相应的惩罚性赔偿。
第一千二百三十五条 违反国家规定造成生态环境损害的,国家规定的机关或者法律规定的组织有权请求侵权人赔偿下列损失和费用:
(一)生态环境受到损害至修复完成期间服务功能丧失导致的损失;
(二)生态环境功能永久性损害造成的损失;
(三)生态环境损害调查、鉴定评估等费用;
(四)清除污染、修复生态环境费用;
(五)防止损害的发生和扩大所支出的合理费用。

(二)《中华人民共和国民事诉讼法》(2021年修正,已修改)

第五十八条 对污染环境、侵害众多消费者合法权益等损害社会公共利益的行为,法律规定的机关和有关组织可以向人民法院提起诉讼。

人民检察院在履行职责中发现破坏生态环境和资源保护、食品药品安全领域侵害众多消费者合法权益等损害社会公共利益的行为,在没有前款规定的机关和组织或者前款规定的机关和组织不提起诉讼的情况下,可以向人民法院提起诉讼。前款规定的机关或者组织提起诉讼的,人民检察院可以支持起诉。

【法条变迁】《中华人民共和国民事诉讼法》(2023年修正)

第五十八条 对污染环境、侵害众多消费者合法权益等损害社会公共利益的行为,法律规定的机关和有关组织可以向人民法院提起诉讼。

人民检察院在履行职责中发现破坏生态环境和资源保护、食品药品安全领域侵害众多消费者合法权益等损害社会公共利益的行为,在没有前款规定的机关和组织或者前款规定的机关和组织不提起诉讼的情况下,可以向人民法院提起诉讼。前款规定的机关或者组织提起诉讼的,人民检察院可以支持起诉。

(三)《最高人民法院关于审理环境民事公益诉讼案件适用法律若干问题的解释》(法释〔2015〕1号,2015年1月7日起施行,已修改)

第十八条 对污染环境、破坏生态,已经损害社会公共利益或者具有损害社会公共利益重大风险的行为,原告可以请求被告承担停止侵害、排除妨碍、消除危险、修复生态环境、赔偿损失、赔礼道歉等民事责任。

(四)《最高人民法院关于审理生态环境侵权纠纷案件适用惩罚性赔偿的解释》(法释〔2022〕1号,2022年1月20日起施行)

第二条 因环境污染、生态破坏受到损害的自然人、法人或者非法人组织,依据民法典第一千二百三十二条的规定,请求判令侵权人承担惩罚性赔偿责任的,适用本解释。

第五条 人民法院认定侵权人污染环境、破坏生态的行为是否违反法律规定,应当以法律、法规为依据,可以参照规章的规定。

第六条 人民法院认定侵权人是否具有污染环境、破坏生态的故意,应当根据侵权人的职业经历、专业背景或者经营范围,因同一或者同类行为受到行政处罚或者刑事追究的情况,以及污染物的种类,污染环境、破坏生态行为的方式等因素综合判断。

第七条 具有下列情形之一的,人民法院应当认定侵权人具有污染环境、破坏生态的故意:

(一)因同一污染环境、破坏生态行为,已被人民法院认定构成破坏环境资源保护犯罪的;

(二)建设项目未依法进行环境影响评价,或者提供虚假材料导致环境影响评价文件严重失实,被行政主管部门责令停止建设后拒不执行的;

(三)未取得排污许可证排放污染物,被行政主管部门责令停止排污后拒不执行,或者超过污染物排放标准或者重点污染物排放总量控制指标排放污染物,经行政主管机关责令限制生产、停产整治或者给予其他行政处罚后仍不改正的;

(四)生产、使用国家明令禁止生产、使用的农药,被行政主管部门责令改正后拒不改正的;

(五)无危险废物经营许可证而从事收集、贮存、利用、处置危险废物经营活动,或者知道或者应当知道他人无许可证而将危险废物提供或者委托给其从事收集、贮存、利用、处置等活动的;

(六)将未经处理的废水、废气、废渣直接排放或者倾倒的;

(七)通过暗管、渗井、渗坑、灌注,篡改、伪造监测数据,或者以不正常运行防治污染设施等逃避监管的方式,违法排放污染物的;

(八)在相关自然保护区域、禁猎(渔)区、禁猎(渔)期使用禁止使用的猎捕工具、方法猎捕、杀害国家重点保护野生动物、破坏野生动物栖息地的;

(九)未取得勘查许可证、采矿许可证,或者采取破坏性方法勘查开采矿产资源的;

(十)其他故意情形。

第八条 人民法院认定侵权人污染环境、破坏生态行为是否造成严重后果,应当根据污染环境、破坏生态行为的持续时间、地域范围,造成环境污染、生态破坏的范围和程度,以及造成的社会影响等因素综合判断。

侵权人污染环境、破坏生态行为造成他人死亡、健康严重损害,重大财产损失,生态环境严重损害或者重大不良社会影响的,人民法院应当认定为造成严重后果。

第十条 人民法院确定惩罚性赔偿金数额,应当综合考虑侵权人的恶意程度、侵权后果的严重程度、侵权人因污染环境、破坏生态行为所获得的利益或者侵权人所采取的修复措施及其效果等因素,但一般不超过人身损害赔偿金、财产损失数额的二倍。

因同一污染环境、破坏生态行为已经被行政机关给予罚款或者被人民法院判处罚金，侵权人主张免除惩罚性赔偿责任的，人民法院不予支持，但在确定惩罚性赔偿金数额时可以综合考虑。

第十二条　国家规定的机关或者法律规定的组织作为被侵权人代表，请求判令侵权人承担惩罚性赔偿责任的，人民法院可以参照前述规定予以处理。但惩罚性赔偿金数额的确定，应当以生态环境受到损害至修复完成期间服务功能丧失导致的损失、生态环境功能永久性损害造成的损失数额作为计算基数。

（五）《最高人民法院、最高人民检察院关于检察公益诉讼案件适用法律若干问题的解释》（法释〔2018〕6号，2018年3月2日起施行，已修改）

第十三条　人民检察院在履行职责中发现破坏生态环境和资源保护，食品药品安全领域侵害众多消费者合法权益等损害社会公共利益的行为，拟提起公益诉讼的，应当依法公告，公告期间为三十日。

公告期满，法律规定的机关和有关组织不提起诉讼的，人民检察院可以向人民法院提起诉讼。

检察环境公益案件裁判规则
第 11 条

针对跨区划环境污染案件,最高人民检察院可通过公开听证确定监管责任,客观评价办案效果,并以此作为案件办结的重要依据

一、聚焦司法案件裁判观点

■ **争议焦点**

面对跨区域环境污染案件，通过公开听证的方式来确定监管责任，评价办案效果，可否以此作为案件办结的重要依据？

■ **裁判观点**

1. 面对违法主体多元、情况复杂的跨区划环境污染案件，最高人民检察院可以通过公开听证确定监管责任，客观评价办案效果，以此作为案件办结的重要依据。同时通过听证推动地方协同发展、绿色发展，深化办案效果。

2. 针对"飞地"行政管理职能与责任交叉、行政协同性不足和行政公益诉讼社会稳定风险防控等问题，检察机关可以组织公开听证，确定监管责任，督促两地政府协作推进问题整治。

二、司法案例样本对比

样本案例一
××流域生态环境保护公益诉讼案

• **诉讼主体**

××流域专案的诉讼主体涉及三省（区）多个地区和部门，具体包括贵州省××州检察院、广西壮族自治区××自治县检察院、云南省××县检察院。

• **基本案情**

××湖地处广西、贵州、云南三省（区）接合部，属于××江源头××江水系，水面达816平方公里，是"珠三角"经济区的重要水源，其水质事关沿岸 50 多万人民群众的生产生活和××流域的高质量发展。多年来，湖区污染防治工作滞后，网箱养殖无序发展，水质不断恶化，水体富营养化严重，部分水域呈劣Ⅴ类水质，远超《地表水环境质量标准》（GB 3838—2002）相关项目标准限值。

2016 年，第一轮中央生态环保督察第一批第六督察组在广西督察时发现："2015 年全区 11 个重点湖库中有 5 个水质下降明显"，其中包括××湖的广西水域。2017 年，第一轮中央生态环保督察第一批第七督察组在贵州督察时发现："××流域××湖库区网箱面积 7072 亩，超过规划养殖面积 2.48 倍"。贵州省××州、广西壮族自治区××市政府就督察发现的问题分别组织了整改，但相关问题并未从根本上解决。此外，××流域还存在干支流工业废水直排、生活垃圾污染等问题，也直接影响着××湖的水质，公共利益受到损害。

（一）非法网箱养殖污染。广西壮族自治区××县、××县辖区内水域违法网箱养殖面积达 53.6 万平方米，日均投放饲料达上百吨，导致网箱养鱼库湾及其附近水域水质总氮超标，投饵后部分水域水质为劣Ⅴ类水。云南省××县辖区内也有非法网箱养殖情况，对××湖库区的生态环境造成不利影响。

（二）水面浮房、钓台等污染。××县、××县辖区分别有水面浮房 397 个、289 个，浮房大多设置厨房、卫生间、休息室等；云南省××县辖区有钓台等水上浮动设施 154 个、总面积约为 1.9 万平方米，浮房、钓台使用过程中产生的生活垃圾、污水直排入湖。云南省××市××河沿岸周边有多个鱼塘，养鱼产生的废水多直排依河后注入××湖。

（三）船舶污染。××县辖区内，有按照浮房模式进行改装的船舶约 50 艘，配备住宿床位 4—12 张不等，均无污水集中收集装置或过滤、净化设施，经营过程中产生的厨余油污、厨余垃圾以及生活污水，均直接排入湖中或倾倒岸边。××县××航运有限公司有 7 艘船舶检验不合格、22 艘船舶废机油收集后未按规定进行处置从而造成污染。

（四）沿岸垃圾污染。水域及沿岸有多条垃圾带，主要包括塑料瓶、塑料袋、泡沫、废弃油桶、浮房拆解残余物等，随水体流动漂浮到湖面并滞留。贵州省××市辖区某地长期堆放大量垃圾，未配套建设防渗漏等设施，导致汇入××湖的河流受到污染。

（五）生活和养殖污水直排。××市辖区两处居民安置区总占地面积 637.76 亩，安置户总数为 1509 户，安置区房屋多为自建，导致雨污混流，污水最终汇入××湖。

（六）企业偷排、乱排废水。贵州省××县辖区两处小煤窑废弃矿井每天产生约 90 余吨的酸性废水，沿坡梗、沟渠、河道汇入××湖。××县××能源有限公司××洗煤厂在建设生产过程中未严格按照"三同时"制度（建设项目需要配置的环境保护设施必须与主体工程同时设计、同时施工、同时投产使用）建设、未落实"三防"（防扬散、防流失、防渗漏）措施，导致大量煤矸石、煤泥及煤渣中的有害物质经雨水冲刷后渗漏造成土壤污染，汇入××湖污染水体。

（七）破坏水文地质环境。××县辖区××渔港有限公司在780水位线下施工，改变水文情况，造成岸坡泥土松动，可能存在引发水土流失、泥石流等自然灾害的风险。

• **案件争点**

面对违法主体多元、情况复杂的跨区域环境污染案件，可否通过公开听证的方式来评价办案效果，以此作为案件办结的重要依据？

• **裁判要旨**

发挥检察听证作用，评估办案成效，凝聚治理共识，提升办案效果。检察机关办理公益诉讼案件，往往关系到行政执法监管、经济社会管理的主要事项，具体涉及案件当事人以外的多元利益主体，包括行政管理对象，特别是可能涉及不特定多数的利益群体和社会民众，或者涉及不同区域之间重大利益关系的调整等。对于公益诉讼的阶段性治理成效，通过公开听证会等方式征询相关主体代表的意见，对公益损害救济状况、办案成效进行评估，有利于形成共识，提升公益保护的实效；对于尚未付诸实践或者具有探索性质的治理对策，也有必要借助公开听证听取各方面意见，确保治理措施的合法性和可行性，更好践行公益保护为了人民、依靠人民的理念，更好落实"谁执法谁普法"普法责任制，达到"办理一案、警示一片、教育影响社会面"的良好办案效果。

样本案例二

河南省人民检察院××分院督促保护××湿地、饮用水水源地行政公益诉讼案

• **法院**

××法院

• **诉讼主体**

公益诉讼起诉人：河南省人民检察院××检察分院
被告：××市人民政府、××区人民政府

• **基本案情**

河南省××林场××林区是××市代管县级市的"飞地"，该区域既是××湿地国家级自然保护区核心区，也是城镇居民饮用水水源保护区。林区内长期建有大量养殖场，产生大量畜禽粪便、生活垃圾和污水，破坏××流域生态环境，威胁城市居民饮用水源安全。

2020年7月，河南省人民检察院（以下简称"河南省院"）将该案线索交河南省人民检察院××检察分院（以下简称"××分院"）办理。××分院于同年7月28日立案，并通过无人机航拍、现场勘查、询问证人、调取行政区划地图和行政执法卷宗等方式查明：2007年12月20日，河南省人民政府办公厅依法划定××市××区地下水井群饮用水水源保护区，该水源保护区位于××林场××林区境内。由于××林场××林区是××市在××市××区的"飞地"，该地区虽然是××市的行政辖区，但××市对其日常管理缺失；林区内的饮用水水源保护区虽然被划为××市××区，但××区却对该保护区没有行政执法权。近年来，××林场将林区近2000亩林地对外出租给附近辖区村民，用于养殖、种植，其中大型牛羊、种鸭等养殖企业10家，均位于湿地国家级自然保护区核心区和饮用水水源地保护区内。违法养殖产生大量畜禽粪便、生活垃圾和污水，严重破坏国家级湿地自然保护区生态环境，威胁城市饮用水安全，××市人民政府及其职能部门未依法履行监督管理职责。

2020年8月14日，××分院向××市人民政府现场送达检察建议，要求对林场内养殖场及与湿地和水源地保护无关的建设项目等问题依法予以处置，督促其与区政府加强协调沟通，共同推进问题整改。收到检察建议后，××市人民政府采取措施，认真落实检察建议。但由于涉案区域属于"飞地"，行政管理职能与责任存在交叉，两地政府对问题整治责任划分存在分歧，加之"飞地"历史遗留问题复杂，养殖户对集中整治认识不到位，整治工作进展缓慢。

为解决跨市级行政区划治理难题，准确厘定行政管理职能与责任，××分院遂报请河南省院组织听证。2020年11月27日，河南省院在××市××区检察院组织召开公开听证会，邀请了5名人大代表、政协委员、行政法学教授、律师和人民监督员担任听证员。听证会由省院党组副书记、常务副检察长主持。在听证会上，××分院承办检察官介绍了案情和听证问题，两地政府就问题整治说明情况、坦诚表达分歧，并宣读联合整治方案，涉案养殖户代表充分说明情况和诉求，各方深入质证与答辩，行政法学教授对政府职责释法说理，听证员经闭门评议发表听证意见和建议，最后由主持人对听证会进行总结。通过公开听证，××市人民政府和××区人民政府客观认领各自责任，保证"认责、认账、认改"，协同推进整治工作。养殖户代表表示理解和接受，愿意积极配合政府整改，做好产业转型升级。

听证会后，××分院在河南省院的指导下，督促××市和××区两地政府整改。××市人民政府高度重视，迅速成立以主管副市（区）长为组长的工作专班，抽调自然资源、农业农村、生态环境、河务、水利等部门组建联合执法队伍，强化政府间协调配合，着力推进整治。××区人民政府根据听证会意见，压实责任，明确任务，积极融入联合整治。××市人民政府专门制定了《××林场××林区规划与管理实施细则》，为"飞地"的科学管理建立长效机制。目前，××林区违法养殖企业全部退出，10个大型砖混结构养殖厂房全部拆除，建筑垃圾清运完毕，一期复种复绿300余亩林地，二期湿地和水源地生态修复正按方案推进。

• 案件争点

针对"飞地"行政管理职能与责任交叉、行政协同性不足和行政公益诉讼社会稳定风险防控等问题，检察机关是否可以通过组织公开听证，确定监管责任？

• 裁判要旨

"飞地"一直是社会治理中的"堵点"。"飞地"与其他生态功能区重叠时，"飞出地"与"飞入地"政府根据相关法律法规均负有监管职责。本案通过行政公益诉讼检察公开听证，明确主体，强化责任，督促两地政府制定联合整治方案，协同推进问题整治，并为"飞地"的科学有效管理建立长效机制，为该类问题的解决提供了可借鉴经验。另外，本案涉及众多养殖业主，问题存续时间长，处置不当容易引发社会稳定风险。省级检察院实行一体化办案，通过公开听证实现司法公开，保障人民群众充分享有知情权、参与权和监督权，有效防控社会稳定风险。

三、司法案例类案甄别

（一）事实对比

样本案例一××湖专案中，××流域污染问题由来已久，经中央生态环境保护督察，近年来，贵州省××州部署开展了"清源、清网、清岸、清违"专项活动，云南省、广西壮族自治区所辖湖区也陆续开展了治理行动，但由于三省（区）水域分割管理、治理标准、步调不一等原因，流域污染问题未能根治，此起彼伏，不时反弹蔓延。

××流域污染问题涉及重大公共利益，流域生态环境受损难以根治的重要原因在于地跨三省（区），上下游、左右岸的治理主张和执行标准不统一，仅由一省（区）检察机关依法履职督促治理难以奏效。鉴于该案违法主体涉及不同地区、不同层级、不同行政机关，数量较多，如采取依监督对象立案的方式，不仅形成一事多案，且重复劳动、延时低效，公共利益难以得到及时有效保护。综合考虑本案实际，2019年12月11日，最高检决定基于××流域生态环境受损的事实直接进行公益诉讼立案。检察机关通过公开听证的方式，对专案工作办理成效进行客观评价。2020年12月24日，专案组在贵州省××市举行公开听证会，听证会由副检察长主持，邀请3名全国人大代表、4名专家学者担任听证员。由于本案污染问题涉及三省（区），需要跨区划协同治理，专案组还邀请水利部、生态环境部、农业农村部相关代表，以及三地市级政府领导参加，沿岸五县政府领导和群众代表旁听。

为确保××流域生态环境持续向好，专案组充分发挥检察公益诉讼在国家治理体系中的协同作用，就做好统一开发××湖生态渔业养殖进行听证，与会人员积极建言献策，一致建议在生态优先的前提下，沿湖五县探索统一管理、品牌共用、利益共享的生态渔业养殖模式，实现"水养鱼、鱼护水"的生态平衡。

样本案例二中河南省人民政府办公厅依法划定××市××区地下水井群饮用水水源保护区，该水源保护区位于××林场××林区境内。由于××林场××林区是××市在××市××区的"飞地"，该地区虽然是××市的行政辖区，但××市对其日常管理缺失；林区内的饮用水水源保护区虽然被划为××市××区，但××区却对该保护区没有行政执法权。近年来，××林场将××林区近2000亩林地对外出租给附近××区辖区村民，用于养殖、种植，其中大型牛羊、种鸭等养殖企业10家，均位于湿地国家级自然保护区核心区和饮用水水源地保护区内。违法养殖产生大量畜禽粪便、生活垃圾和污水，严重破坏国家级湿地自然保护区生态环境，威胁城市饮用水安全，××市人民政府及其职能部门未依法履行监督管理职责。

××分院向××市人民政府现场送达检察建议，要求对××林场内养殖场及与湿地和水源地保护无关的建设项目等问题依法予以处置，督促其与××区政府加强协调沟通，共同推进问题整改。收到检察建议后，××市人民政府采取措施，认真落实检察建议。但由于涉案区域属于"飞地"，行政管理职能与责任存在交叉，两地政府对问题整治责任划分存在分歧，加之"飞地"历史遗留问题复杂，养殖户对集中整治认识不到位，整治工作进展缓慢。

为解决跨市级行政区划治理难题，准确厘定行政管理职能与责任，××分院遂报请河南省院组织听证。2020年11月27日，河南省院在××市××区检察院组织召开公开听证会，邀请了5名人大代表、政协委员、行政法学教授、律师和人民监督员担任听证员。听证会由省院党组副书记、常务副检察长主持。在听证会上，××分院承办检察官介绍了案情和听证问题，两地政府就问题整治说明情况、坦诚表达分歧并宣读联合整治方案，涉案养殖户代表充分说明情况和诉求，各方深入质证与答辩，行政法学教授对政府职责释法说理，听证员经闭门评议发表听证意见和建议，最后由主持人对听证会进行总结。通过公开听证，××市人民政府和××区人民政府客观认领各自责任，保证"认责、认账、认改"，协同推进整治工作。养殖户代表表示理解和接受，愿意积极配合政府整改，做好产业转型升级。

通过以上两个样本案例的事实对比发现，两个案例都涉及检察机关对于生态环境保护提起的公益诉讼，且都采用了公开听证的方式进行审理。但是它们在以下方面存在不同点。

首先，案件性质不同。在××湖专案中既有环境民事公益诉讼案件，又有环境行政公益诉讼案件，且行政公益诉讼案件均在诉前程序中得到解决。而××湿地案例是行政公益诉讼案件。

其次，公开听证涉及的内容不同。在××湖案例中，公开听证会主要围绕环境污染和生态破坏的事实展开，目的是通过公开听证的方式对办案结果进行客观评价，以此作为定案依据。并向社会公众展示案件事实和证据，听取社会公众的意见和建议。而在××湿地案例中，公开听证会则主要围绕相关行政机关具体的监管责任，是否存在监管不力、审批不当等问题展开，目的是通过公开听证的方式对行政机关的职责和行为进行确定、审查和评估。

最后，处理结果不同。在××湖案例中，通过公开听证会，客观评价办案结果，作为定案根据。违法主体被追究民事赔偿责任和可能的刑事责任，同时最高人民检察院还向地方政府和行政机关发出多份检察建议，推动地方政府和行政机关加强环境整治和监管。而在××湿地案例中，通过公开听证会，明确主体，强化责任，督促两地政府制定联合整治方案。相关行政机关被追究行政责任，并被要求采取措施加强环境保护和管理。

综上所述，虽然两个案例都涉及检察环境保护的公益诉讼，且都采用了公开听证的方式进行审理，但它们在案件性质、公开听证的内容以及处理结果等方面存在差异。因此，在类案甄别时需要充分考虑这些差异，并根据案件的具体情况进行准确判断和处理。

（二）适用法律对比

样本案例一和样本案例二均适用的是《人民检察院审查案件听证工作规定》（高检发办字〔2020〕53号，2020年9月14日起施行）第四条和第五条。第四条规定人民检察院办理羁押必要性审查案件、拟不起诉案件、刑事申诉案件、民事诉讼监督案件、行政诉讼监督案件、公益诉讼案件等，在事实认定、法律适用、案件处理等方面存在较大争议，或者有重大社会影响，需要当面听取当事人和其他相关人员意见的，经检察长批准，可以召开听证会。人民检察院办理审查逮捕案件，需要核实评估犯罪嫌疑人是否具有社会危险性、是否具有社会帮教条件的，可以召开听证会。第五条规定拟不起诉案件、刑事申诉案件、民事诉讼监督案件、行政诉讼监督案件、公益诉讼案件的听证会一般公开举行。

（三）适用法律程序对比

从样本案例一、二适用法律程序情况看，按照《最高人民法院关于人民法院案件案号的若干规定》（法〔2015〕137号，2016年1月1日起施行，已修改）要求及审理机关等级，经查均适用一审程序。

（四）类案大数据报告

截至2024年1月7日，以"检察机关""检察环境公益诉讼""环境行政诉讼""生态环境保护"为关键词，通过公开案例数据库检索，共检索到类案25373件，经逐案阅看、分析，与本规则关联度较高的案件共有448件，因其中存在同一案件的一审、二审、再审裁判，严格意义上应将其认定为一件案件（同时还有套案因素等，实质上争议的焦点问题是相同的），故剔除前述情形后，实际共有353件案件。

从类案地域分布来看,当前涉及公开听证的案例主要集中在湖北、广东、贵州,其中湖北的案件数量最多,达到 44 件。

从类案的结案时间来看,可以看到在当前条件下涉及公开听证的案例数量的变化趋势。近五年间,案例数量开始增加,其中 2020 年涉及的案例数量最多,共有 91 件。

从案件经历的审理程序来看,涉及公开听证裁判规则在当前的审理程序分布状况如下:一审案件有 353 件。其中,经过二审程序的案件有 27 件,经过再审程序的案件有 1 件,申请执行的案件有 9 件。可见,案件的上诉率约为 7.64%。

四、类案裁判规则的解析确立

2020 年以来,全国检察机关公益诉讼部门全面推开公益诉讼检察听证工作,对查明案件事实、督促行政机关履职、增强检察公信力和提升社会治理效能发挥了重要作用。

(一)从设立检察环境行政公益诉讼制度的目的来看

检察环境行政公益诉讼制度建立的目的是强化环境的公益保护,发展和完善中国特色社会主义司法独立,防止司法专断,满足人民群众在安全、环境等方面日益增长的新需要。

在检察环境行政公益诉讼制度的运行过程中,检察机关公益诉讼部门全面开展公开听证工作,对检察环境行政公益诉讼的实施起到了较大的促进作用,也在一定程度上提升了时效性。公开听证规则的日臻丰富,为社会公众知晓环境损害的有关事实和公众参与公益诉讼程序提供了有效渠道,也为检察机关提升案件审查质效和落实环境公益保护提供了有力保障。

1. 有利于实现公民参与,提升司法实效

检察环境行政公益诉讼的重要作用之一就是能够使司法制度更加贴近群众,公众参与的程度和规模是衡量一个社会法治现代化的一个重要标准。一直以来,公众由于各方面的条件限制,并不能够完全参与到环境治理过程当中。为此,我国环境行政公益诉讼的制度设计赋予了检察机关起诉资格。由检察机关在环境公益保护方面发挥公开听证的积极作用,代表广大人民群众对侵害环境公益的行为进行监督。检察机关通过组织公开听证,针对跨区域违法、违法主体多元等复杂情况，发挥相关行政机关、组织以及相关领域专家、学者还有人大代表等社会力量的作用，确定监管责任，督促行政机关协作推进问题整治，听取群众建议，切实维护环境公益，间接实现司法与群众零距离。

2. 有利于提升司法的人权保护水平

检察环境行政公益诉讼中加入公开听证的裁判规则，在我国的人权保护方面起着积极作用。我国经济已从快速发展阶段转变到高质量发展阶段，经济的发展不能以环境为代价，新发展理念是既要金山银山，更要绿水青山。进入新时代，人民对于美好生活的诉求更加强调环境健康权。在宪法的框架下，各个机构要有所为，也要有所不为。因此各级行政机关在宪法框架下要促进法治，保护好生态环境。检察机关在此过程中通过公开听证制度发挥司法能动性，以应对跨区域违法、行政管理职能与责任交叉等复杂情况，努力使环境健康权与其他权利具备同等重要性，提升在人权保护方面的贡献。

3. 促进行政主体与检察机关的协作

将公开听证规则引入检察环境行政公益诉讼中的一个突出作用就是促进了各个机关、部门之间的相互协作。在××湖专案中，由于该案污染问题涉及三个省，需要跨区域协同治理，专案组还邀请了水利部、生态环境部、农业农村部相关代表以及地市级政府领导参加公开听证。在河南省人民检察院××分院督促保护湿地、饮用水水源地行政公益诉讼案中，针对"飞地"行政管理职能与责任交叉、行政协同性不足和行政公益诉讼社会稳定风险防控等问题，检察机关组织公开听证，确定监管责任，督促两地政府协作推进问题整治。检察机关在检察环境行政公益诉讼中组织公开听证，为行政主体与司法机关之间的协作提供了保障，监督行政主体依法履行职责，保护环境公益。

4. 提升环境行政公益诉讼制度的实效

面对违法主体多元、情况复杂的跨区划环境污染案件，检察机关通过公开听证客观评价办案效果，以此作为案件办结的重要依据。在"飞地"管辖中"飞入地"和"飞出地"行政机关之间对整治责任存在分歧，通过公开听证，听取各级行政机关对自身职责以及整治方案的意见，涉案人员代表说明情况和诉求，各方深入质证，最终明确各方职责，协同推进工作。

检察环境行政公益诉讼制度的最终落脚点还是要保护环境公益。在实践方面，检察机关通过公开听证，可以解决具有争议且影响范围较广的环境问题，满足保护环境公益的需求。在思想层面，可以提升公众对于环境司法的满意度和公信力，从而获得广泛的群众基础。由内到外，整体实现设置检察环境行政公益诉讼制度的目的，强化对于生态环境公益的保护。

（二）从检察机关的职能定位来看

为了充分履行法律监督职能，服务经济社会高质量发展，最高人民检察院在2021年制定下发了《"十四五"时期检察工作发展规划》，其中要求全面推开检察听证，坚持"应听证尽听证"。2022年，最高人民检察院印发了《人民检察院听证员库建设管理指导意见》，旨在规范和管理听证制度、推动听证制度全面深入开展。一直以来，检察机关在司法实践中积极开展公开听证，获得了人民群众的信赖和认可。

1. 公开听证制度是检察机关履行法律监督职能的制度创新

开展公开听证制度，可以使得检察机关主动转变办案思路，更好履行法律监督职能。检察机关在以往的工作模式中仅仅是通过调取案卷、单方询问当事人等方式来调查和核实案件的相关信息。一旦遇到跨区域案件、违法主体多元、涉及各级行政机关等情况复杂的案件，检察机关单方面的调查是不全面的，影响法律监督职能的发挥。而公开听证制度具有公开性、程序性和抗辩性等特征，可以很好地解决情况复杂的案件。通过主动听取当事人以及各方听证员的观点，再加上深刻的质证，能够达到兼听则明的效果，以公开方式履行法律监督职能，提升检察机关的公信力。

2. 公开听证制度是检察机关落实阳光司法的重要举措

通过公开听证制度，检察机关能够客观评价办案效果，并将其作为案件办结的重要依据，有利于实现公平正义。公平正义不仅要实现，而且要以人民群众看得见的方式实现。检察机关通过公开听证制度让群众看到公平正义，感受到公平正义。一直以来，让人民群众在每一个司法案件中感受到公平正义是司法机关为之努力和奋斗的目标，开展公开听证制度便是检察机关对于推进阳光司法的一种积极回应。公开听证一方面有利于公众明晰检察机关所作决定的过程和依据，树立和维护检察机关公正执法的权威。另一方面，在公开听证中听证员有各界代表以及当事人，他们全部参与到案件的办理过程中，属于加入了外部的监督力量，使得办案效果更加客观公正。

3. 公开听证制度是检察机关提升司法素质能力的重要途径

与以往相对封闭式的办案方式相比，公开听证的案件通常更为公开透明，并且主要针对的都是情况比较复杂、涉及重大环境问题、影响广泛或者是跨区域的案件。既有当事人之间的讼争，也有各行政机关以及部门之间的职责问题，还有当事人和行政机关之间的沟通交流等等。由于公开听证制度涉及案件的复杂性，要求承办人员要做好充足的准备、应对各种复杂的情况，做实每一项甚至是更多功课。这对于检察机关来说，无疑是一个不小的挑战。在这个过程中，政治素质、业务素质和职业道德素质全面体现。通过公开听证，可以督促检察队伍自我加压、自我完善，不断提升检察机关的司法素质能力。

（三）从规则本身来看

所谓公开听证是指人民检察院对于符合条件的案件，组织召开听证会，就事实认定、法律适用和案件处理等问题听取听证员和其他参加人员意见的案件审查活动。将公开听证作为检察环境公益案件的裁判依据有其正当性。其内在逻辑在于公开听证契合了人民参与司法的时代诉求，也是一种确保生态环境高效救济的方式。

1. 公开听证制度的特点

听证主体：公开听证的主体，是指主持、参与听证的人员，主要包括听证主持者、案件相关人员和听证员。

听证对象：在范围方面，公开听证的案件类型主要包括检察机关办理羁押必要性审查案件、拟不起诉案件、刑事申诉案件、民事诉讼监督案件、行政诉讼监督案件、公益诉讼案件，但不仅限于这七种。理论上，所有检察办案活动都可以听证。在程度方面，开展公开听证的案件要求存在较大争议，或者有重大社会影响，需要当面听取当事人和其他相关人员意见。

听证过程：建立了专门的听证员库，为规范开展听证提供了坚实的人员保证。设立了听证员了解案情的途径，避免听证员不了解基本案情。设置了法定的听证笔录，全程录音录像，并由所有人员签字或者盖章。

2. 公开听证制度的正当性、必要性

公开听证制度契合人民参与司法的时代要求。公开听证制度的开放性可以让公众参与到检察机关的办案过程当中，在程序运行过程中充分考虑到民众参与的广度，重视听证员的广泛代表性。其所承载的民主价值使得检察机关进行检察环境公益诉讼更加具有正当性。在人民参与司法的过程中，通过公开听证对案件进行说理、沟通和讨论，涵养民众的法治意识，形成对检察机关办案的理性认知，提升对检察工作的认同和信任。

公开听证制度确保生态环境的高效救济。生态环境具有救济的紧迫性，检察机关通过公开听证可以有效开展和及时阻止环境损害的继续扩大，对已经受到损害或者有受到损害重大风险的环境公益予以修复和保护。在××湖专案中，通过公开听证，一方面各方根据听证结果制定了具体的整改措施，包括清理湖面垃圾、拆除非法养殖网箱、规范生态养殖行为等等，有效改善了××湖的生态环境。另一方面，公开听证还着眼于未来，各方共同探讨建立长效的环境救济机制，确保类似的环境问题能够得到及时的解决。检察机关调动各方积极探讨××流域渔业生态养殖和生态开发的可行性，推动从整治生态环境到实现生态产品价值的纵深发展，力争以一个案件的办理推动一类问题的有效解决。在现有的环境救济制度当中，存在着对于环境公益保护职能和救济路径重合的现象。通过公开听证，有助于厘清各方责任和救济路径，避免重复救济或者无人救济。

五、关联法律法规

（一）《人民检察院公益诉讼办案规则》（高检发释字〔2021〕2号，2021年7月1日起施行）

第十七条　上级人民检察院可以根据办案需要，将下级人民检察院管辖的公益诉讼案件指定本辖区内其他人民检察院办理。

最高人民检察院、省级人民检察院和设区的市级人民检察院可以根据跨区域协作工作机制规定，将案件指定或移送相关人民检察院跨行政区划管辖。基层人民检察院可以根据跨区域协作工作机制规定，将案件移送相关人民检察院跨行政区划管辖。

第二十九条　对于国家利益或者社会公共利益受到严重侵害，人民检察院经初步调查仍难以确定不依法履行监督管理职责的行政机关或者违法行为人的，也可以立案调查。

（二）《人民检察院审查案件听证工作规定》（高检发办字〔2020〕53号，2020年9月14日起施行）

第四条　人民检察院办理羁押必要性审查案件、拟不起诉案件、刑事申诉案件、民事诉讼监督案件、行政诉讼监督案件、公益诉讼案件等，在事实认定、法律适用、案件处理等方面存在较大争议，或者有重大社会影响，需要当面听取当事人和其他相关人员意见的，经检察长批准，可以召开听证会。人民检察院办理审查逮捕案件，需要核实评估犯罪嫌疑人是否具有社会危险性、是否具有社会帮教条件的，可以召开听证会。

第五条　拟不起诉案件、刑事申诉案件、民事诉讼监督案件、行政诉讼监督案件、公益诉讼案件的听证会一般公开举行。

审查逮捕案件、羁押必要性审查案件以及当事人是未成年人案件的听证会一般不公开举行。

检察环境公益案件裁判规则

第 12 条

检察机关通过检察建议实现了督促行政机关依法履职、维护国家利益和社会公共利益目的的，不需要再向人民法院提起诉讼。已经提起诉讼的，可以由检察机关撤回起诉，也可以由人民法院裁定终结诉讼

一、聚焦司法案件裁判观点

■ 争议焦点

在检察环境行政公益诉讼的各阶段，对于行政机关业已依法履职，实现对国家利益和社会公共利益保护的应当如何处理？

■ 裁判观点

检察机关办理公益诉讼案件，应当着眼于切实维护国家利益和社会公共利益的目标，加强与行政机关沟通协调，注重监督各项实际措施是否落实到位。检察机关应当充分发挥诉前程序的功能作用，对于行政机关业已采取有效措施依法履职，实现国家利益和社会公共利益有效保护的，应当不再向人民法院提起诉讼。对于已经提起诉讼的情形，除人民检察院撤回起诉外，可以由人民法院裁定终结案件。

二、司法案例样本对比

样本案例一
湖南省××县城乡规划建设局等不依法履职案

• 法院

无

• 诉讼主体

公益诉讼起诉人：湖南省××市人民检察院
被告：××县城乡规划建设局、××县行政执法局和××县环境保护局

• 基本案情

2013年6月，××房地产开发有限公司（以下简称××房产公司）开发的××城第四期项目开始建设。该项目将原定项目建设的性质、规模、容积率等作出重大调整，开工建设前未按照《中华人民共和国环境影响评价法》（2003年9月1日起施行，已修改）的规定重新报批环境影响评价文件。2016年8月29日，湖南省××县行政执法局对××房产公司作出行政处罚决定，责令该公司停止第四期项目建设，并处以10万元罚款。××房产公司虽然缴纳了罚款但并未停止建设。截至2018年3月7日，该项目已经建成1—6栋。7—8栋未取得施工许可证即开始进行基坑施工，9栋未开工建设。

2017年7月20日，湖南省××市人民检察院在参与中央环保督查组督查过程中，发现××县城乡规划建设局、××县行政执法局不依法履行职责致使国家和社会公共利益受损的线索。报告湖南省人民检察院后，湖南省人民检察院将案件线索交××市人民检察院办理。

××市人民检察院调查发现，2003年4月22日至2017年3月14日，××城第四期项目建设用地位于参照饮用水水源一级保护区保护范围内。2017年3月14日后，根据湖南省人民政府调整后的饮用水水源保护区划定，该建设项目用地位于饮用水水源二级保护区保护范围内。经调查核实，××市人民检察院认为××县城乡规划建设局等三行政机关不依法履行职责，对当地生态环境、饮用水水源安全造成重大影响，侵害了社会公共利益。其中：

××县城乡规划建设局明知××城第四期项目必须重新申报环境影响评价文件，但在其未重新申报的情况下，发放建设工程规划许可证和建筑工程施工许可证，导致项目违法建设，给当地生态环境造成重大影响。

××县行政执法局明知××城第四期项目环境影响评价未申报通过、未批先建的情况，在作出责令停止建设，并处以罚款10万元的决定后，未进一步采取措施，导致该项目1—6栋最终建设完成，同时对该项目7—8栋无建筑工程施工许可就开挖基坑的违法行为未责令恢复原状，造成重大生态环境影响。

××县环境保护局明知××城第四期项目环境影响评价未申报通过，却在该项目1—6栋建设工程规划许可证申请表上盖章予以认可，造成违法建设行为发生，给当地生态环境造成重大影响。

2017年12月18日、2018年3月16日，××市人民检察院先后分别向××县城乡规划建设局、××县行政执法局和××县环境保护局发出检察建议：一是建议××县行政执法局依法对××房产公司未依法停止建设，仍处于继续状态的违法行为进行处罚，责令对违法在建筑工程恢复原状。二是建议三行政机关在职责范围内依法处理××城第四期项目环境影响评价、建设工程规划许可和建筑工程施工许可等问题。三是建议三行政机关依法加强对该项目行政许可的审批管理和执法监管,杜绝类似违法行为再次发生。

检察机关发出检察建议后,与××县行政执法局等三机关以及××县人民政府进行了反复协调沟通,促进相关检察建议落实。三机关均按期对××市人民检察院的检察建议进行了书面回复。2018年4月10日,××县行政执法局根据检察建议的要求对××房产公司作出行政处罚决定:责令该公司立即停止第四期项目建设;对7—8栋基坑恢复原状,并处罚款4365058.67元。××房产公司接受处罚并对7—8栋基坑恢复原状。××县城乡规划建设局、××县环境保护局根据检察建议的要求加大对该项目的监管力度,对类似行政审批流程进行规范,对相关责任人员进行追责,给予四名工作人员相应行政处分。

2018年2月9日,××县人民政府就纠正违法行为与××市人民检察院沟通并对相关问题提出处置意见。因该案涉及饮用水水源地保护区调整,××市人民检察院依法向××县人民政府发出工作建议,建议该县及时向上级机关申报重新划定饮用水水源地保护区范围;对该项目监管和执法中暴露出来的相关违法违规问题依法依规进行处理;加强对建设项目审批的管理和监督以及对招商引资项目的管理,进一步规范行政许可、行政审批行为,切实防止损害生态环境和资源保护行为的发生。

2018年5月17日,××县人民政府就工作建议向××市人民检察院作出书面回复,对××城第四期项目违法建设的处置提出具体的工作意见和实施办法。××市人民检察院认为,××城第四期项目违法建设对当地生态环境和饮用水水源地造成重大影响,损害社会公共利益,考虑到该项目1—6栋已经销售完毕,仅第6栋就涉及320户,涉及众多群众利益,如果撤销该项目的建设工程规划许可证和建筑工程施工许可证并拆除建筑,将损害不知情群众的利益。经论证,采取取水口上移变更饮用水水源地保护区范围等补救措施,不影响××城众多业主的合法权益和生活稳定,社会效果和法律效果较好。根据××市人民检察院的建议,××县人民政府上移了饮用水取水口。2018年5月31日,新建设的××县××水厂取水泵站已经通水。2018年10月29日,经湖南省人民政府批准,××市人民政府对饮用水水源地保护范围进行了调整。

• 案件争点

检察机关对于多个行政机关均未依法履职的情形应当如何制发检察建议,进而依法监督行政机关有效履职?

- 裁判要旨

检察机关在办理行政公益诉讼案件过程中,对于在一个污染环境或者破坏生态的事件中,多个行政机关均存在违法行使职权或者不作为情形的,检察机关可以分别提出检察建议,督促其依法履行各自职责。同时,检察机关应当着眼于切实维护国家利益和社会公共利益的目标,加强与行政机关沟通协调,注重各项措施的落实到位,在行政机关均已依法履职,实现对国家利益和社会公共利益保护的情形下,应当不再向人民法院提起诉讼。

样本案例二

××铁路运输检察院诉陕西省××新区××管理委员会不履行环境监管职责行政公益诉讼案

- 法院

××铁路运输法院

- 诉讼主体

公益诉讼起诉人:××铁路运输检察院
被告:陕西省××新区××管理委员会

- 基本案情

××遗址为战国时期遗址,遗址范围为东西600余米,南北500余米,总面积为30余万平方米,2003年确定为陕西省文物保护单位。

公益诉讼起诉人××铁路运输检察院诉称,××市××区人民检察院(以下简称××区检察院)在履行职责中发现,陕西省××新区××管理委员会不依法履行职责的行为致使国家利益和社会公共利益受到侵害。经查,在××遗址保护范围内一处东西走向的沟道,沟道内存在大量建筑垃圾,沟道南侧填埋的建筑垃圾约为30000余方,沟道西北侧填埋的建筑垃圾约6000方,不仅污染周边生态环境,还对文物保护单位造成侵害。经××区检察院向陕西省××新区××管理委员会及城市管理和交通运输局分别发出督促履职的诉前检察建议后,2020年11月9日行政机关书面回复称已及时摸排调查取证,严厉打击乱倒行为，并联合各部门加强监管，建立完善管理机制。但在回访勘查中发现行政机关虽然履行了部分职责，但对违法倾倒在××遗址保护范围内大量建筑垃圾仍未清运整治，未依法全面履行其职责，文物保护单位和生态环境仍未恢复原状，国家和社会公共利益仍处于受侵害状态。为督促陕西省××新区××管理委员会依法履行职责，维护国家和社会公共利益，公益诉讼起诉人依法向法院提起行政公益诉讼，请求判令被告陕西省××新区××管理委员会依法全面履行监管履职，对××遗址保护范围内的建筑垃圾依法治理，保护国家文物资源不受侵害。

诉讼过程中，经法院和公益诉讼起诉人督促，陕西省××新区××管理委员会邀请环保专家及文物保护专家对现场进行了实地查看，委托具有相关资质的机构完成了对涉案地块的土壤分析调查，并根据专家意见制定了《××遗址专项整治行动工作方案》。依据该工作方案，由管理委员会牵头，组织文物局、生态环境局、城市管理和交通运输局、自然资源和规划局、公安部门及街道办事处等职能部门，按照"清、运、填、覆、绿"的程序，进行清理整治。最终，被告陕西省××新区××管理委员会对辖区沟道内南侧填埋的建筑垃圾约30000余方，沟道西北侧填埋的建筑垃圾约6000方进行了清理整治，使局部环境得到改善，扬尘污染得到根本性治理。××铁路运输检察院认为其诉讼请求已得到实现，遂决定撤回对被告陕西省××新区××管理委员会的起诉。

法院认为，《最高人民法院、最高人民检察院关于检察公益诉讼案件适用法律若干问题的解释》（法释〔2018〕6号，2018年3月2日起施行，已修改）第二十四条规定，在行政公益诉讼案件审理过程中，被告纠正违法行为或者依法履行职责而使人民检察院的诉讼请求全部实现，人民检察院撤回起诉的，人民法院应当裁定准许。被告陕西省××新区××管理委员会依法履职的行为属于上述司法解释规定的被告依法履行职责致使人民检察院的诉讼请求全部实现的情形，公益诉讼起诉人××铁路运输检察院现因被告陕西省××新区××管理委员会依法履行职责已使其诉讼请求全部实现，向法院提交的《撤回起诉决定书》符合法律规定，依法应予准许。依照《最高人民法院、最高人民检察院关于检察公益诉讼案件适用法律若干问题的解释》（法释〔2018〕6号，2018年3月2日起施行，已修改）第二十四条的规定，裁定准许公益诉讼起诉人××铁路运输检察院撤回对被告陕西省××新区××管理委员会的起诉。

• **案件争点**

公益诉讼起诉人××铁路运输检察院撤回对被告陕西省××新区××管理委员会的起诉是否应当得到准许？

• 裁判要旨

本案是因行政机关未履行环境监管职责引发的行政公益诉讼案件。行政公益诉讼的目的，在于督促行政机关积极正确履行法定职责，维护国家利益、社会公共利益和人民群众环境权益。本案中，××遗址保护范围内填埋了大量建筑垃圾，不仅污染周边生态环境，还影响遗址文物保护。为妥善保护遗址文物、整治环境，检察机关依法向法院提起行政公益诉讼。人民法院在案件审理过程中积极延伸审判职能，推动行政机关积极作为，通过现场勘查、征询专家、确定方案、多方联动、集中整治、现场验收等程序，实现了有效治理环境、消除文物潜在危险、保护遗址本体的诉讼目的，有效保护了文物遗址生态环境，充分体现了生态环境多元共治的积极作用，取得了良好的法律效果和社会效果。在行政机关业已依法履职情形下，检察机关应当向法院申请撤回起诉，人民法院应当裁定准许。

样本案例三

安徽省××市××区人民检察院诉××镇政府不依法履行水污染治理职责行政公益诉讼案

• 法院

安徽省××市××区人民法院

• 诉讼主体

公益诉讼起诉人：安徽省××市××区人民检察院
被告：安徽省××市××区××镇人民政府

• 基本案情

安徽省××市××区人民检察院（以下简称××区院）在履行职责中发现辖区××镇铁路桥沟、××集沟等长达5000米的沟渠存在水污染问题，于2021年9月7日立案。通过现场调查、无人机巡查、快速检测等方式查明，占地约8亩的××养殖场粪便未经处理直排铁路桥沟，其他多条沟塘存在农作物秸秆、生活垃圾等面源污染问题，水体氨氮26.1mg/L，化学需氧量122.6mg/L，溶解氧

0.6mg/L，氧化还原电位－202mv，属于黑臭水体，损害社会公共利益。

2021年9月15日，××区院根据《中华人民共和国环境保护法》(2014年修订)第六条，《中华人民共和国水污染防治法》(2017年修正)第四条、第五条以及《安徽省环境保护条例》(2017年修订)第六条等相关规定，依法向××区××镇人民政府(以下简称××镇政府)制发检察建议，要求其依法履行属地环境保护职责，采取有效措施治理相关沟渠水污染，加强人居环境整治。2021年11月10日，××镇政府书面回复称，已对涉案沟渠进行全面清淤和垃圾清运，加强养殖户政策法规宣讲，禁止粪便垃圾随意乱倒；建立常态化的巡查制度，加大对污染人居环境问题的排查整治力度。

××区院针对整改情况开展跟进调查发现，涉案养殖场的畜禽粪便土坑满溢后仍直排铁路桥沟渠，臭味刺鼻；××集村沟仅部分整治，其余水体仍垃圾遍布，气味难闻。××镇政府未能全面履行监督管理职责，社会公共利益持续处于受损状态。经指定管辖，2022年3月22日，××区院依法向××市××区人民法院提起行政公益诉讼，诉求判令××镇政府继续履行对案涉水体水污染治理职责。案件审理过程中，××镇政府积极履职，筹集资金1000余万元对辖区铁路桥沟等水体进行清淤、消杀、沟岸改造等综合整治，依法关闭案涉养殖场，明确村庄沟塘的村级河长，压实河长巡查管护责任。××区院跟进调查，确认案涉多条沟渠水质均已符合地表水标准。

鉴于××镇政府已依法履行职责，受损公益得到有效修复，诉讼目的全部实现，××市××区人民法院于2022年5月18日依法裁定终结本案诉讼。

• 案件争点

××镇政府书面回复后是否意味着其已经依法全面履行职责？其后人民法院裁判终结诉讼的行为是否合理合法？

• 裁判要旨

针对影响群众美好生活的乡村黑臭水体等污染顽疾，检察机关应当依法通过制发检察建议方式督促行政机关履职，并对行政机关的履职情况予以跟进调查。经诉前检察建议督促履职后，检察机关认定行政机关仍未依法全面履行监管职责，社会公共利益持续处于受损状态的，应当依法提起行政公益诉讼。在案件审理过程中，检察机关诉讼请求全部实现的，可以由审判机关裁定终结诉讼。

三、司法案例类案甄别

（一）事实对比

样本案例一中，被告行政机关均按照检察建议要求积极履行职责，并按期对检察建议进行了书面回复，提出了后续具体的工作意见和实施办法。

样本案例二中，被告行政机关邀请环保专家及文物保护专家对现场进行了实地查看，委托具有相关资质的机构完成了对涉案地块的土壤分析调查，并根据专家意见制定了《××遗址专项整治行动工作方案》。依据该工作方案，由管理委员会牵头，组织文物局、生态环境局、城市管理和交通运输局、自然资源和规划局、公安部门及街道办事处等职能部门，对辖区沟道内南侧填埋的建筑垃圾约30000余方，沟道西北侧填埋的建筑垃圾约6000方进行了清理整治，使局部环境得到改善，扬尘污染得到根本性治理。

样本案例三中，被告行政机关筹集资金1000余万元对辖区铁路桥沟等水体进行清淤、消杀、沟岸改造等综合整治，依法关闭涉案养殖场，明确村庄沟塘的村级河长，压实河长巡查管护责任。

从认定事实情况看，样本案例一、三中是由检察机关确认行政机关已经依法履职；样本案例二中是由相关环保、文物专家对整治后的现场进行实地查看确认行政机关已经依法履职。

（二）适用法律对比

样本案例一检察机关认为行政机关均已依法履职，实现了对国家利益和社会公共利益保护，故不再向人民法院提起诉讼。此时其法律依据主要是《中华人民共和国行政诉讼法》（2017年修正）第二十五条第四款。

样本案例二法院认为被告陕西省××新区××管理委员会依法履职的行为属于《最高人民法院、最高人民检察院关于检察公益诉讼案件适用法律若干问题的解释》（法释〔2018〕6号，2018年3月2日起施行，已修改）第二十四条规定的被告依法履行职责致使人民检察院的诉讼请求全部实现的情形，公益诉讼起诉人××铁路运输检察院现因被告××省××新区××管理委员会依法履行职责已使其诉讼请求全部实现，向法院提交《撤回起诉决定书》符合法律规定，依法应予准许。最终裁定准许公益诉讼起诉人××铁路运输检察院撤回对被告陕西省××新区××管理委员会的起诉。

样本案例三法院认为××镇政府已依法履行职责,受损公益得到有效修复,诉讼目的全部实现,依法裁定终结本案诉讼。此时其法律依据主要是《最高人民法院、最高人民检察院关于检察公益诉讼案件适用法律若干问题的解释》(法释〔2018〕6号,2018年3月2日起施行,已修改)第二十四条。

(三)适用法律程序对比

从适用法律程序情况看,样本案例一并未进入审判程序;而按照《最高人民法院关于人民法院案件案号的若干规定》(法〔2015〕137号,2016年1月1日起施行,已修改)要求,样本案例二、三适用的均为民事一审程序。

(四)类案大数据报告

截至2023年11月21日,以"公益诉讼起诉人""生态""环境""不起诉""撤回起诉"为关键词,通过公开案例数据库检索,共检索到行政公益诉讼类案155件,经逐案阅看、分析,剔除重复案例后,发现与本规则关联度较高的案件共有48件。① 从类案地域分布来看,上述案例主要集中在安徽、山东、陕西。其中安徽的案件数量最多,达到17件。从案件经历的审理程序来看,上述案件均适用第一审程序。其中,适用普通程序的有46件,占比约为96%,适用简易程序的有2件,占比约为4%。

四、类案裁判规则的解析确立

检察机关提起行政公益诉讼的终极目标是助力依法行政,维护国家利益和社会公共利益。作为宪法规定的国家法律监督机关,检察机关在环境行政公益诉讼中应当通过监督,督促公权力主体依法履职,通过多种方式合理认定行政机关的履职情况以及生态环境公共利益是否得到完整保护。

(一)检察机关应当高度重视诉前检察建议的功能作用

在司法实践中,检察机关要求把与行政机关磋商作为提出检察建议的必经

---

① 此处需要说明的是,对于如样本案例一检察机关在案件进入诉讼阶段前就作出不起诉决定的情况,由于其不存在裁判文书,所以相关案例在上述数据库中并不会收录。

程序，对获得的案件线索主动与政府主管领导沟通，听取政府部门意见。办案实践表明，检察机关依法发出诉前检察建议后，绝大多数行政机关积极行动、依法履职，多数问题能在这个环节得以解决。因此，检察机关应当充分发挥诉前检察建议的效能，对于在一个污染环境或者破坏生态的事件中，多个行政机关均存在违法行使职权或者不作为情形的，检察机关可以分别提出检察建议，督促其依法履行各自职责。在此基础上，检察机关应当注重监督行政机关各项实际措施的落实到位。在行政机关均已依法履职，实现对国家利益和社会公共利益保护的情形下，检察机关应当不再向人民法院提起诉讼。

（二）检察机关应当加强与行政机关的沟通交流，充分发挥相关领域专家作用，合理认定行政机关的履职情况

检察机关要加强对行政机关履职情况的调查核实工作，精准开展法律监督，可以通过调阅被监督行政机关的卷宗材料或者其他文件，询问当事人、案外人、相关领域专家或者其他有关人员，合理认定行政机关履职方式、效果等情况，并全程加强与被监督行政机关的沟通交流，及时反馈相关情况督促行政机关依法履职。在行政机关业已依法履职，实现生态环境公共利益完整保护的情形下，检察机关向法院申请撤回起诉，人民法院应当裁定准许。经诉前检察建议督促履职后，检察机关认定行政机关仍未依法全面履行职责，社会公共利益持续处于受损状态的，应当依法提起行政公益诉讼。

（三）人民法院应当积极能动履职，充分听取行政诉讼双方当事人提交的证据材料及意见，发挥好鉴定人、专家辅助人的功能作用，合理认定行政机关的履职情况

《最高人民法院关于审理环境民事公益诉讼案件适用法律若干问题的解释》（法释〔2015〕1号，2015年1月7日起施行，已修改）第十二条规定："人民法院受理环境民事公益诉讼后，应当在十日内告知对被告行为负有环境保护监督管理职责的部门。"上述规定既是人民法院履行告知义务，也是为行政机关履行监管职责设置缓冲期，充分反映了行政优先和充分运用行政方法解决行政管理问题的思路。因此，人民法院在司法审判中应当坚持能动司法，积极延伸审判职能，推动行政机关积极作为，合理认定行政机关履职情况。在行政机关依法履职有效保护生态环境公共利益的情形下，人民法院可以裁定终结诉讼。

五、关联法律法规

（一）中华人民共和国行政诉讼法（2017年修正）

第二十五条　行政行为的相对人以及其他与行政行为有利害关系的公民、法人或者其他组织，有权提起诉讼。

有权提起诉讼的公民死亡，其近亲属可以提起诉讼。

有权提起诉讼的法人或者其他组织终止，承受其权利的法人或者其他组织可以提起诉讼。

人民检察院在履行职责中发现生态环境和资源保护、食品药品安全、国有财产保护、国有土地使用权出让等领域负有监督管理职责的行政机关违法行使职权或者不作为，致使国家利益或者社会公共利益受到侵害的，应当向行政机关提出检察建议，督促其依法履行职责。行政机关不依法履行职责的，人民检察院依法向人民法院提起诉讼。

（二）《最高人民法院、最高人民检察院关于检察公益诉讼案件适用法律若干问题的解释》（法释[2018]6号，2018年3月2日起施行，已修改）

第二十四条　在行政公益诉讼案件审理过程中，被告纠正违法行为或者依法履行职责而使人民检察院的诉讼请求全部实现，人民检察院撤回起诉的，人民法院应当裁定准许；人民检察院变更诉讼请求，请求确认原行政行为违法的，人民法院应当判决确认违法。

检察环境公益案件裁判规则

第 13 条

　　行政机关在履行职权过程中造成环境污染，损害社会公共利益的，检察机关可以提出检察建议，督促其依法履职。对于行政机关作出的整改回复，检察机关应当跟进调查；对于无正当理由未整改到位的，可以依法提起行政公益诉讼

一、聚焦司法案件裁判观点

■ 争议焦点

行政机关在履行职权过程中造成环境污染，损害社会公共利益，是否属于行政违法行为？检察机关能否提起行政公益诉讼？

■ 裁判观点

行政机关在履行职权过程中造成环境污染，损害社会公共利益，属于行政违法，行政机关以不具有环保职责为由抗辩的，人民法院不予认可。检察机关发现行政机关存在污染环境行为，可以发出检察建议督促行政机关依法履职，行政机关未在法定期限内回复或未整改到位的，检察机关可以就行政机关的违法行为，依法提起行政公益诉讼。

二、司法案例样本对比

样本案例一

湖北省××市人民检察院诉××镇政府不依法履行职责行政公益诉讼案

- **法院**

湖北省××人民法院

- **当事人**

公益诉讼起诉人：××市人民检察院
被告：××市××镇人民政府

检察环境公益案件裁判规则第 13 条

● 基本案情

2005 年 4 月 12 日，被告为处理××镇区生活垃圾，建立垃圾填埋场，与××市××镇××村村民委员会签订了《关于垃圾场征用土地的协议》，协议约定：甲方（被告）租用该村 5.1 亩土地……甲方停止使用垃圾填埋场时，在垃圾上覆盖 0.5 米的土壤……协议签订后，该垃圾填埋场于同年 4 月建立并投入运行，至 2016 年 10 月停止。2017 年 2 月 17 日，公益诉讼起诉人发现被告建立、运行该垃圾填埋场可能损害国家利益和社会公共利益，遂立案审查，认为被告在未办理用地审批、环境评价等法定手续，未依法建设防渗工程、垃圾渗滤液疏导、收集和处理系统、雨水分流系统、地下水导排和监测设施等必要配套环境保护设施的情况下，建立、运行该垃圾填埋场，给周边环境造成污染，侵害了社会公共利益，于同年 3 月 7 日向被告送达了《检察建议书》，建议其纠正违法行为并采取环境补救措施，修复区域生态环境，保证被占用的农用地恢复应有功能。被告在收到该《检察建议书》后，将已进行的垃圾清运、消毒和覆土 1 米以下处理的整改情况及后续的打算回复公益诉讼起诉人。同年 4 月 11 日，公益诉讼起诉人委托湖北省××研究院对该垃圾填埋场对周边环境造成污染的情况进行检测，出具《检测报告》，后又委托专家对环境污染情况进行评估。同年 5 月 27 日，专家出具《关于××市××镇区垃圾填埋场污染潜在生态风险的评估意见》，认为该垃圾填埋场渗滤液中含有重金属、COD、氨氮、磷等污染物，对周边土壤和地下水造成长期污染……垃圾渗滤液通过排水沟最终排放到汉江水体，可能会对汉江造成污染；建议采取全部清理转移的方法，垃圾全部清挖、抽取垃圾渗滤液、原址回填土壤绿化。经公益诉讼起诉人逐级上报，同年 6 月 2 日，湖北省人民检察院作出《关于〈关于提请批准××市人民检察院对××镇政府提起行政公益诉讼案的请示〉的批复》。

公益诉讼起诉人认为，根据《中华人民共和国环境保护法》（2014 年修订）第三十三条、第三十七条、第五十一条之规定，城乡生活垃圾处理工作是各级人民政府的城市管理职责之一，建设、运行生活垃圾填埋场是各级人民政府处理生活垃圾工作的行政行为；被告在无规划审批、土地利用审批、环境评价及工程竣工验收审批等手续的情况下，违法建设、运行该垃圾填埋场，且未依法建设防渗工程、垃圾渗滤液疏导、收集和处理系统、雨水分流系统、地下水导排和监测设施等必要配套环境保护设施，属行政行为违法；该垃圾填埋场造成了周边环境的污染，侵害了社会公共利益；被告在收到公益诉讼起诉人的检察建议后，虽然对该垃圾填埋场做了覆土处理，但未完全进行治理，导致对周边环境持续造成污染,社会公共利益仍处于受侵害状态。为了督促被告依法履行法定职责,促进行政机关依法行政,保护生态环境安全,维护国家和社会公共利益,现根据《全国人民代表大会常务委员会关于授权最高人民检察院在部分地区开展公益诉讼试点工作的决定》《人民检察院提起公益诉讼试点工作实施办法》(高检发释字〔2015〕6号,2015年12月24日起施行,已废止)第四十一条之规定,向人民法院提起行政公益诉讼,请求依法判令:1.确认被告建立、运行垃圾填埋场,造成周边环境污染的行政行为违法;2.判令被告继续履行对关停后的该垃圾填埋场环境进行综合整治的职责,消除污染,修复生态。

被告辩称:1.被告不具有环境保护的法定监管职责,被告主体不适格。根据《中华人民共和国地方各级人大和地方各级人民政府组织法》(2015年修正,已修改)第五十九条第(五)项、第六十一条和《中华人民共和国环境保护法》(2014年修订)第十条、第四十九条及《省人民政府关于全面推进乡镇生活污水治理工作的意见》(鄂政发〔2017〕6号,2017年2月18日起施行)之规定,县级以上人民政府及其环境保护主管部门是负有环境保护职责的行政机关,镇政府不具有该项职责。2.公益诉讼起诉人要求确认被告建立、运行垃圾填埋场的行政行为违法无法律依据。被告建立、运行该垃圾填埋场,是为了处理生活垃圾,改善居民生活环境,符合《中华人民共和国环境保护法》(2014年修订)第三十七条的规定;垃圾填埋场不是建筑工程,不需要办理系列审批手续;是否应该建立、运行该垃圾填埋场,与建设是否合格,二者概念不同。3.公益诉讼起诉人无充足的证据证明该垃圾填埋场存在造成周边环境污染的事实。4.被告治理该垃圾填埋场的行为不是履行行政管理职责的行为,不具有行政诉讼法意义上的可诉性。被告的行为应该由其他行政机关来监督、管理,而不是自己管理自己;被告自行整改的行为不属于履行监督、管理行政职责的范围,而是承担法律义务。故请求人民法院驳回公益诉讼起诉人的全部诉讼请求。

- **案件争点**

1. 被告是否具有环境保护的法定职责?
2. 被告建立、运行该垃圾填埋场的行为是否属于行使职权的行为?是否违法?
3. 该垃圾填埋场是否给周边环境造成污染?
4. 是否应当判令被告继续履行对该垃圾填埋场进行综合整治的职责?

• 裁判要旨

法院认为：1. 被告自 2005 年 4 月开始建立该垃圾填埋场，运行至 2016 年 10 月，根据《中华人民共和国地方各级人大和地方各级人民政府组织法》（2015 年修正，已修改）第六十一条"乡、民族乡、镇的人民政府行使下列职权：（二）执行本行政区域内的经济和社会发展计划、预算，管理本行政区域内的经济、教育、科学、文化、卫生、体育事业和财政、民政、公安、司法行政、计划生育等行政工作"和原 1989 年《中华人民共和国环境保护法》（以下简称"1989 年《环境保护法》"）第十六条"地方各级人民政府，应当对本行政区域的环境质量负责，采取措施改善环境质量"及《中华人民共和国环境保护法》（2014 年修订）第六条第二款"地方各级人民政府应当对本行政区域的环境质量负责"、第三十三条第一款"各级人民政府应当加强对农业环境的保护，促进农业环境保护新技术的使用，加强对农业污染源的监测预警，统筹有关部门采取措施，防治土壤污染……"、第三十七条"地方各级人民政府应当采取措施，组织对生活废弃物的分类处置、回收利用"、第五十一条"各级人民政府应当统筹城乡建设污水处理设施及配套管网、固体废物的收集、运输和处置等环境卫生设施、危险废物集中处置设施、场所以及其他环境保护公共设施，并保障其正常运行"之规定，被告作为一级政府，具有环境保护的法定职责；被告辩称根据《中华人民共和国地方各级人大和地方各级人民政府组织法》（2015 年修正，已修订）第五十九条"县级以上的地方各级人民政府行使下列职权：（五）执行国民经济和社会发展计划、预算，管理本行政区域内的经济、教育、科学、文化、卫生、体育事业、环境和资源保护、城乡建设事业和财政、民政、公安、民族事务、司法行政、监察、计划生育等行政工作"和《中华人民共和国环境保护法》（2014 年修订）第十条"国务院环境保护主管部门，对全国环境保护工作实施统一监督管理；县级以上地方人民政府环境保护主管部门，对本行政区域环境保护工作实施统一监督管理。县级以上人民政府有关部门和军队环境保护部门，依照有关法律的规定对资源保护和污染防治等环境保护工作实施监督管理"、第四十九条第四款"县级人民政府负责组织农村生活废弃物的处置工作"及湖北省人民政府作出的《省人民政府关于全面推进乡镇生活污水治理工作的意见》（鄂政发〔2017〕6 号，2017 年 2 月 18 日起施行）"（三）创新建设和运营模式。各县（市、区）人民政府作为责任主体"之规定，认为只有县级以上人民政府及其环境保护主管部门是负有环境保护职责的行政机关，而被告无环境保护的职责的辩称意见因其理解法律不全而不能成立。

2. 根据1989年《环境保护法》第十六条及《中华人民共和国环境保护法》（2014年修订）第三十七条之规定，被告为处理镇区生活垃圾，改善居民生活环境而建立、运行该垃圾填埋场，是一种履行职权的行为，但其应依法履行此类职权；根据1989年《环境保护法》第二十六条第一款"建设项目中防治污染的设施，必须与主体工程同时设计、同时施工、同时投产使用。防治污染的设施必须经原审批环境影响报告书的环境保护行政主管部门验收合格后，该建设项目方可投入生产或者使用"之规定，被告在建立、运行该垃圾填埋场时，未建设防治污染的配套设施，也未经环境保护行政主管部门审批环境影响报告书、验收防治污染的设施，在履行职权过程中存在违法行为；因案件是环境行政公益诉讼案件，被告的用地行为是否合法不是审理的范围。被告辩称该垃圾填埋场不是建筑工程，不需要办理系列审批手续的意见不能成立；被告提出的是否应该建立、运行该垃圾填埋场，与该垃圾填埋场是否合格，二者是不同概念的意见，法院结合公益诉讼起诉人提出的此项诉讼请求，认为被告的意见成立，因为被告建立、运行该垃圾填埋场与被告在行使此职权过程中是否存在违法行为有区别，法院只能对被告在行使职权过程中存在的违法行为进行确认，而不能否认其职权；"造成周边环境污染"是一种后果，不是确认是否违法的内容。法院确认被告在行使职权过程中未依法行政的行为违法。

3. 公益诉讼起诉人提交的《检测报告》只载明了各项数据，无鉴定意见；专家出具的评估意见，也只载明了存在潜在生态风险可能；其他照片、询问笔录也不能证明已实际造成污染及程度大小；故法院认为应确定为"该垃圾填埋场存在潜在污染风险"。

4. 被告治理该垃圾填埋场是其违法后应承担的一种法律义务，其应在未完全履行时继续履行整治义务；同时，"消除污染，修复生态"是民事公益诉讼的一种请求。为促使被告继续治理，消除潜在的污染风险，结合案件实际，应判令被告采取继续对该垃圾填埋场进行综合整治的补救措施。

综上所述，法院根据《中华人民共和国行政诉讼法》（2017年修正）第七十四条第二款第（一）项、第七十六条，《最高人民法院、最高人民检察院关于检察公益诉讼案件适用法律若干问题的解释》（法释〔2018〕6号，2018年3月2日起施行，已修改）第二十五条第一款第（一）项之规定，判决如下：

一、确认被告××市××镇人民政府在行使建立、运行××镇垃圾填埋场的职权过程中存在违法行为；

二、责令被告××市××镇人民政府采取继续对××镇垃圾填埋场进行综合整治的补救措施。

样本案例二

××县人民检察院诉××县环境保护局环保行政公益诉讼行政纠纷案

- **法院**

福建省××县人民法院

- **当事人**

公益诉讼起诉人：××县人民检察院
被告：××县环境保护局

- **基本案情**

刘某某在没有办理任何合法审批手续的情况下，在××县××镇××村黄秋口"塘周架"建筑熔炼炉焚烧废电子电器产品、废弃的印刷电路板等，熔炼金属锭。2014年7月31日，××环保局执法人员会同公安局民警到现场调查，责令刘某某立即停止生产，查扣现场堆放的电子垃圾，初步估算重量，并存放于附近的养猪场，公安机关和××环保局均未出具扣押手续。根据《国家危险废物名录》，该案的废电子电器产品及废弃的印刷电路板属于危险废物，废物代码为900-044-49和900-045-49，危险特性为毒性。后被告考虑存放地点不当，为妥善保管，于8月7日、9日，将扣押的电子垃圾转移至甲公司仓库贮存保管，并对电子垃圾过磅称重实际重量为28580千克。被告经过调查，认为刘某某焚烧电子垃圾已涉嫌污染环境罪。8月11日，被告作出环保行政案件调查报告。8月15日，被告将案件移送公安局并附现场照片、电子垃圾过磅单。扣押的电子垃圾仍贮存于甲公司仓库。

2014年9月2日，公安局对刘某某涉嫌污染环境案刑事立案侦查。2015年4月2日，将该案移送××检察院。5月5日，公安局发出扣押决定书，扣押刘某某污染环境案中的电子垃圾28580千克。7月7日，××检察院对刘某某作出不起诉决定。

2015年5月12日，被告考虑到贮存电子垃圾的甲公司仓库现状以及距离门卫较远，存在安全隐患，专门到乙公司租用仓库一间，支付租金2000元后，当天雇人将存放在甲公司的电子垃圾转移至该仓库贮存。乙公司没有危险废物经营许可证资质。

2015年7月9日，公益诉讼起诉人向被告发出检察建议书，建议：（1）在查处涉嫌污染环境违法犯罪案件时，要严格按照省人民法院、省人民检察院、省公安厅和省环保厅《关于办理环境违法犯罪案件若干问题的会议纪要》中的规定，及时收集、固定证据；（2）对扣押的电子垃圾要严格按照法律的规定进行处置；（3）对犯罪嫌疑人焚烧电子垃圾残留物进行科学处置，防止对环境造成二次污染。7月22日，被告向公益诉讼起诉人回函反馈：（1）被告已经组织全体执法人员认真学习相关文件，要求执法人员在今后办理环境违法犯罪案件中，及时收集、固定证据，查明违法事实，规范制作笔录并及时移送公安机关；（2）对扣押的电子垃圾等危险废物，将严格按照法律、法规的规定，交由有处置危险废物资质的单位处置，同时加强与贵院、公安等单位的沟通。但被告在收到检察建议和反馈回函后，对贮存于乙公司的电子垃圾实际上并未处置。2015年12月16日，公益诉讼起诉人询问刘某某，得知被告未对其作出行政处罚。

公益诉讼起诉人认为，刘某某未取得相关审批手续，擅自建厂对废弃电子产品进行加工熔炼，未经处理向大气、土壤排放、倾倒、堆放污染物，对生态环境造成严重危害。被告在查处该案时，明知所扣押的电子垃圾为危险废物，依法理应代为处置，却将该批危险废物贮存在无经营许可证的食用油生产企业乙公司仓库中，属行政违法行为，且未对刘某某非法收集、贮存、焚烧电子垃圾的违法行为作出行政处罚，属行政不作为。经公益诉讼起诉人督促后，被告仍未依法履职，违反了《中华人民共和国环境保护法》（2014年修订）第十条、《中华人民共和国行政处罚法》（2009年修正，已修改）第三条、《危险废物经营许可证管理办法》（2016年修订）第二条以及《中华人民共和国固体废物污染环境防治法》（2013年修正，已修改）第十条、第十七条、第五十五条、第六十八条的规定，损害了社会公共利益。根据《全国人民代表大会常务委员会关于授权最高人民检察院在部分地区开展公益诉讼试点工作的规定》、最高人民检察院《检察机关提起公益诉讼改革试点方案》（2015年7月3日起施行）及福建省人民检察院《关于检察机关提起公益诉讼试点工作实施方案》的相关规定，特提起行政公益诉讼，请求法院判决：1.确认被告××县环境保护局行政行为违法；2.被告××县环境保护局依法履行职责。在诉讼期间，鉴于被告已对刘某某的违法行为进行行政处罚并依法处置危险废物，公益诉讼人将诉讼请求变更为确认被告××县环境保护局处置危险废物的行为违法。

被告辩称：1.首先，被告对涉及刑事案件证据的危险废物，在刑事案件没有结案之前不存在"依法理应代为处置"的职责。根据《中华人民共和国刑事诉讼法》（2012年修正，已修改）第二百三十四条、公安部《公安机关涉案财物管理若干规定》（公通字〔2015〕21号，2015年9月1日起施行，已修改）

第十一条、最高人民检察院《人民检察院刑事诉讼涉案财物管理规定》第十二条的规定，扣押涉案电子垃圾的是公安机关而非被告，被告只是保管人。而环境保护部、公安部《关于加强环境保护与公安部门执法衔接配合工作的意见》①和福建省环保厅、福建省公安厅《关于建立环保部门与公安部门环境执法联动协作机制的意见》，都规定了环境保护部门和公安部门的职责划分和配合协作机制，因此被告对涉案电子垃圾予以妥善保管并不违法。其次，被告将该批危险废物贮存在无危险废物经营许可证的食用油生产企业××公司乙仓库中，并不属于行政违法行为。贮存的基本意思是把必要的东西或物资提前储藏在某个地方。根据《国家危险废物名录》第八条的规定，刘某某非法焚烧电子垃圾一案的涉案物品——电子垃圾的危险特性是毒性，不属于易变质、不容易保存或者具有易燃易爆危险特性的物品。被告按照《危险废物贮存污染控制标准（GB 18597—2001）》一般要求的规定进行保管，并按照《中华人民共和国固体废物污染环境防治法》（2013年修正，已修改）第十七条的规定采取防扬散、防流失、防渗漏等防止污染环境的措施妥善保管涉案证据，所以被告将电子垃圾贮存在甲公司和乙公司仓库的行为不违法。2015年7月9日，被告收到公益诉讼起诉人发来的检察建议书后，于7月22日反馈中明确，对刘某某案涉及的电子垃圾将交由有资质的单位处置。事后，被告也在积极联系有资质的企业，现在已将危险废物委托福建××公司。2.根据原国家环境保护总局、公安部、最高人民检察院《关于环境保护行政主管部门移送涉嫌环境犯罪案件的若干规定》②第五条、第七条、第九条的规定，涉案企业属于非法小冶炼企业，是国务院明确规定应取缔淘汰的，被告在2014年7月31日现场已经责令其停止生产，并取缔了该非法电子垃圾焚烧点，行政处理措施已经到位。同时刘某某案公安机关已立案，不属于《关于环境保护行政主管部门移送涉嫌环境犯罪案件的若干规定》③第九条规定的"不予立案"的情形。被告在知道××检察院以"不起

---

① 环发〔2013〕126号文件，2013年11月4日公布，自2013年11月4日起施行，现行有效。该部门规章发布机关中的中华人民共和国环境保护部已于2018年3月被撤销。

② 环发〔2007〕78号文件，2007年5月17日公布，自2007年5月17日起施行。该法规被《关于印发〈环境保护行政执法与刑事司法衔接工作办法〉的通知》（2017年1月25日发布，2017年1月25日实施）废止。同时该法规发布机关中的国家环境保护总局已于2008年3月15日被撤销。

③ 环发〔2007〕78号文件，2007年5月17日公布，自2007年5月17日起施行。该法规被《关于印发〈环境保护行政执法与刑事司法衔接工作办法〉的通知》（2017年1月25日发布，2017年1月25日实施）废止。同时该法规发布机关中的国家环境保护总局已于2008年3月15日被撤销。

诉"结案后，立即启动对刘某某实施行政处罚的程序。被告在办理刘某某案件中，不存在公益诉讼人所述的行政违法行为及行政不作为的情形。因此，公益诉讼人认为被告在此案中违反了相关法律规定，因没有事实基础而不能成立，请求人民法院依法驳回公益诉讼人的起诉。

• **案件争点**

被告处置危险废物的行为是否违法？

• **裁判要旨**

法院认为，行政机关应当依法履行职责，作出的行政行为必须符合法律规定。根据《国家危险废物名录》的规定，涉案的电子垃圾属于危险废物，危险特性为毒性。被告在处置涉案危险废物过程中，发现刘某某涉嫌犯污染环境罪并将案件移送公安机关，随案移送过磅单、现场照片等证据，自2014年7月31日起扣押的危险废物由被告管理。2015年5月5日，公安机关作出扣押28580千克危险废物的决定，并出具扣押清单。但是，被告未将危险废物移交公安机关，危险废物始终由被告负责管理。被告管理危险废物的行为，属于履行监管职责的行为。作为管理人，被告对危险废物的管理，必须符合法律规定。根据《中华人民共和国环境保护法》（2014年修订）第十条"县级以上地方人民政府环境保护主管部门，对本行政区域环境保护工作实施统一监督管理"和《中华人民共和国固体废物污染环境防治法》（2013年修正，已修改）第十条第二款"县级以上地方人民政府环境保护行政主管部门对本行政区域内固体废物污染环境的防治工作实施统一监督管理"的规定，被告作为地方环境保护主管部门，具有对本行政区域环境保护及固体废物污染环境防治工作实施统一监督管理及依法处置的职责。同时，被告在管理危险废物的过程中，知道或者应当知道处置危险废物的程序、方式，必须按照《中华人民共和国固体废物污染环境防治法》（2013年修正，已修改）第十七条第一款"收集、贮存、运输、利用、处置固体废物的单位和个人，必须采取防扬散、防流失、防渗漏或者其他防止污染环境的措施；不得擅自倾倒、堆放、丢弃、遗撒固体废物"、第五十二条"对危险废物的容器和包装物以及收集、贮存、运输、处置危险废物的设施、场所，必须设置危险废物识别标志"之规定处置危险废物。然而，作为环境保护主管部门的被告在明知涉案电子垃圾属于危险废物，具有毒性，理应依法管理并及时处置的情形下，并没有寻找符合贮存条件的场所进行贮存，而是将危险废物从扣押现场转移至附近的养猪场、再转至没有危险废物经营许可证资质的甲公司，后再租用同样不具备资质的乙公司仓库进行贮存，且未设置危险废物识别标志。而且,根据《中华人民共和国行政诉讼法》(2014年修正,已修改)第三十四条"被告对作出的行政行为负有举证责任,应当提供作出该行政行为的证据和所依据的规范性文件。被告不提供或者无正当理由逾期提供证据,视为没有相应证据。但是,被诉行政行为涉及第三人合法权益,第三人提供证据的除外"的规定,被告对自己保管处置危险废物的行为合法性负有举证责任,但被告提交的证据不能证明其贮存危险废物已经采取了防扬散、防流失、防渗漏或者其他防止污染环境的措施。另外,根据《中华人民共和国行政诉讼法》(2014年修正,已修改)第四十七条"公民、法人或者其他组织申请行政机关履行保护其人身权、财产权等合法权益的法定职责,行政机关在接到申请之日起两个月内不履行的,公民、法人或者其他组织可以向人民法院提起诉讼。法律、法规对行政机关履行职责的期限另有规定的,从其规定"的规定,公益诉讼起诉人于2015年7月9日向被告发出检察建议书,被告于7月22日向公益诉讼起诉人回函反馈称,将对扣押的危险废物移交由有处置危险废物资质的单位处置。实际上,被告自收到检察建议书开始,在长达半年的时间里只是将危险废物进行贮存保管却没有依法处置。直到2015年底才开始联系处置危险废物的相关事宜,经依法报批后,于2016年1月23日交由福建××公司处置。被告对危险废物的处置已经明显超过两个月的法定履行期限,被告没有正确履行处置行为,构成事实上的不作为。即使当地目前尚未建成危险废物集中处置设施场所,但作为危险废物监管部门的被告理应积极主动向政府及上级主管部门汇报,根据福建省危险废物经营许可证发放情况,联系有资质的企业处置危险废物,依法履行职责、维护环境公共利益。

综上,保护环境是我国的一项基本国策,生态文明建设是中国特色社会主义事业的重要内容。行政机关应当依法办事,环保行政执法要严格按照环保法律法规的授权履行对大气、水、土地等自然资源和生活生态环境的监督管理职责,保护生态环境,建设生态文明。2014年7月31日,被告接到举报有人非法焚烧电子垃圾后立即会同相关部门赶赴现场进行调查,查扣危险废物,当场责令刘某某停止生产,并采取相关行政措施,履行了相应的职责。但是,被告作为负有环境保护及固体废物污染环境防治工作监督管理及依法处置职责的行政机关,在保管危险废物的过程中,既没有积极依法处置危险废物,也没有联系有资质的企业代为处置,而是将危险废物自行转移且租用不具备危险废物经营许可证资质的企业的仓库进行贮存。公益诉讼起诉人得知后,向被告送达了检察建议书,被告也明确表示将依法处置危险废物,但被告依然拖延履行职责,未及时将危险废物交由有资质的企业处置,被告的行为应认定为未依法履行法定职责。因此,公益诉讼起诉人请求确认被告处置危险废物的行为违法,事实清楚、理由充分，法院予以支持。被告的答辩意见不能成立，法院不予支持。依照《中华人民共和国环境保护法》（2014年修订）第十条，《中华人民共和国固体废物污染环境防治法》（2013年修正，已修改）第十条第二款、第十七条第一款、第五十二条和《中华人民共和国行政诉讼法》（2014年修正，已修改）第三十四条、第四十七条第一款、第七十四条第二款第（一）项的规定，判决如下：

确认被告××县环境保护局处置危险废物的行为违法。

三、司法案例类案甄别

（一）事实对比

样本案例一中，法院认定被告作为一级政府，具有环境保护的法定职责。被告为处理镇区生活垃圾，改善居民生活环境而建立、运行垃圾填埋场，是一种履行职权的行为，但其应依法履行此类职权。被告在建立、运行该垃圾填埋场时，未建设防治污染的配套设施，也未经环境保护行政主管部门审批环境影响报告书和验收防治污染的设施，在履行职权过程中存在违法行为。被告在收到公益诉讼起诉人的检察建议后，虽然对该垃圾填埋场做了覆土处理，但未完全进行治理，导致对周边环境持续造成污染，社会公共利益仍处于受侵害状态。故案件应确认被告在行使建立、运行该垃圾填埋场的职权过程中未依法行政的行为违法。

样本案例二中，法院认为涉案的电子垃圾属于危险废物，危险特性为毒性。被告在处置涉案危险废物过程中，发现刘某某涉嫌犯污染环境罪并将案件移送公安机关，自2014年7月31日起扣押的危险废物由被告管理。2015年5月5日，公安机关作出扣押28580千克的危险废物的决定，并出具扣押清单。但是，被告未将危险废物移交公安机关，危险废物始终由被告负责管理。被告管理危险废物的行为，属于履行监管职责的行为。被告作为地方环境保护主管部门，具有对本行政区域环境保护及固体废物污染环境防治工作实施统一监督管理及依法处置的职责。然而，被告在明知涉案电子垃圾属于危险废物，具有毒性，理应依法管理并及时处置的情形下，并没有寻找符合贮存条件的场所进行贮存，而是将危险废物从扣押现场转移至附近的养猪场，再转至没有危险废物经营许可证资质的甲公司，后再租用同样不具备资质的乙公司仓库进行贮存，且未设置危险废物识别标志。公益诉讼起诉人于2015年7月9日向被告发出检察建议书，被告于7月22日向公益诉讼起诉人回函反馈称，将对扣押的危险废物交由有处置危险废物资质的单位处置。实际上，被告自收到检察建议书开始，在长达半年的时间里只是将危险废物进行贮存保管却没有依法处置，直到2015年底才开始联系处置危险废物的相关事宜，经依法报批后，于2016年1月23日交由福建××公司处置。被告对危险废物的处置已经明显超过两个月的法定履行期限，被告没有正确履行处置行为，构成事实上的不作为。综上，被告的行为应认定为未依法履行法定职责。

从认定事实上看，样本案例一和样本案例二中，被告行政机关的行为都不是常见的、对行政相对人履行监督管理职责的行为，而是被告行政机关自行作出的污染环境的行为，违反了法律，未履行其保护环境的职责。在检察机关发出检察建议予以监督后，被告行政机关并没有纠正或未完全纠正，使环境和社会公共利益处于持续受损害的状态。此种情况下，检察机关提起行政公益诉讼，法院予以支持。

（二）适用法律对比

样本案例一湖北省××市人民检察院诉××镇政府不依法履行职责行政公益诉讼案，法院认为，根据《中华人民共和国地方各级人大和地方各级人民政府组织法》（2015年修正，已修改）第六十一条，《中华人民共和国环境保护法》（2014年修订）第六条第二款、第三十三条第一款、第三十七条、第五十一条之规定，被告作为一级政府，具有环境保护的法定职责。根据《中华人民共和国环境保护法》（2014年修订）第三十七条，被告为处理镇区生活垃圾，改善居民生活环境而建立、运行垃圾填埋场，是一种履行职权的行为，但其应依法履行此类职权。根据1989年《环境保护法》第二十六条第一款"建设项目中防治污染的设施，必须与主体工程同时设计、同时施工、同时投产使用。防治污染的设施必须经原审批环境影响报告书的环境保护行政主管部门验收合格后，该建设项目方可投入生产或者使用"之规定，被告在建立、运行该垃圾填埋场时，未建设防治污染的配套设施，也未走经环境保护行政主管部门审批环境影响报告书、验收防治污染的设施这一法定程序，在履行职权过程中存在违法行为。

故根据《中华人民共和国行政诉讼法》（2017年修正）第七十四条第二款第（一）项、第七十六条，《最高人民法院、最高人民检察院关于检察公益诉讼案件适用法律若干问题的解释》（法释〔2018〕6号，2018年3月2日起施行，已修改）第二十五条第一款第（一）项之规定，法院判决确认被告××市××镇人民政府在行使建立、运行××镇垃圾填埋场的职权过程中未依法行政的行为违法，责令其采取继续对××镇垃圾填埋场进行综合整治的补救措施。

样本案例二××县人民检察院诉××县环境保护局环保行政公益诉讼行政

纠纷案，法院认为，根据《中华人民共和国环境保护法》（2014年修订）第十条和《中华人民共和国固体废物污染环境防治法》（2013年修正，已修改）第十条第二款的规定，被告作为地方环境保护主管部门，具有对本行政区域环境保护及固体废物污染环境防治工作实施统一监督管理及依法处置的职责。根据《中华人民共和国固体废物污染环境防治法》（2013年修正，已修改）第十七条第一款、第五十二条的规定，被告在管理危险废物的过程中，知道或者应当知道处置危险废物的程序、方式，但被告在明知涉案电子垃圾属于危险废物，具有毒性，理应依法管理并及时处置的情形下，并没有寻找符合贮存条件的场所进行贮存，而是将危险废物从扣押现场转移至附近的养猪场，再转至没有危险废物经营许可证资质的甲公司，后又租用同样不具资质的乙公司仓库进行贮存，且未设置危险废物识别标志。

根据《中华人民共和国行政诉讼法》（2014年修正，已修改）第四十七条"公民、法人或者其他组织申请行政机关履行保护其人身权、财产权等合法权益的法定职责，行政机关在接到申请之日起两个月内不履行的，公民、法人或者其他组织可以向人民法院提起诉讼。法律、法规对行政机关履行职责的期限另有规定的，从其规定"，公益诉讼起诉人于2015年7月9日向被告发出检察建议书，被告于7月22日向公益诉讼起诉人回函反馈称，将对扣押的危险废物移交由有处置资质的单位处置。实际上，被告自收到检察建议书开始，在长达半年的时间里只是将危险废物进行贮存保管却没有依法处置。被告没有正确履行处置行为，构成事实上的不作为。

综上，依照《中华人民共和国环境保护法》（2014年修订）第十条，《中华人民共和国固体废物污染环境防治法》（2013年修正，已修改）第十条第二款、第十七条第一款、第五十二条和《中华人民共和国行政诉讼法》（2014年修正，已修改）第三十四条、第四十七条第一款、第七十四条第二款第（一）项的规定，法院判决确认被告××县环境保护局处置危险废物的行为违法。

（三）类案大数据报告

截至2024年1月12日，以"检察机关""环境""行政公益诉讼""检察建议"为关键词，通过公开案例数据库检索，共检索到类案858件，经过筛选、对比，与本规则关联度较高的案件共有289件。整体情况如下：

从类案地域分布来看，当前案例分布广泛，其中云南最多，共100件；从类案结案时间来看，此类案件在2020年最多，为138件，近三年案件数量较少；从案件经历的审理程序来看，当前案例中一审终审的案件共269件，一审终审率约为93%。

四、类案裁判规则的解析与确立

在生态环境保护领域，行政机关不仅仅是监管部门，更负有环境保护义务。行政机关在履行法定职责过程中，因违法行使职权或者不作为，导致环境污染损害社会公共利益的，检察机关可以向行政机关发出检察建议，督促其依法履职，对于行政机关作出的整改回复，检察机关应当跟进调查，对于无正当理由未整改到位的，依法提起行政公益诉讼。

从行政机关的职责来看，行政机关均负有广泛意义上的环境保护职责，行政机关的行为是否违法，除了看是否造成环境污染的后果外，应重点审查以下几方面内容：其一，行政机关是否负有特定的监管职责，若涉案行政机关负有特定的环境保护监管职责，则对其履职行为要求更高；其二，行政机关的行为与环境污染结果之间的关联程度，关联程度高且在处理能力中处于主导地位的行政机关，承担的整改职责更多。

从检察机关的职能定位来看，检察机关在对行政机关破坏生态环境的行为提起行政公益诉讼时，必须严格履行诉前程序，通过提出检察建议的形式督促行政机关纠正违法行政行为，履行法定职责。这一方面可增强行政机关纠正违法行政行为的主动性，另一方面也能最大限度地节约诉讼成本和司法资源。同时，检察机关应及时跟进行政机关整改进度。若行政机关应当纠正而拒不纠正，或未全面、正确纠正违法行为，应当及时提起行政公益诉讼，实现对环境和社会公共利益的救济。

五、关联法律法规

（一）《中华人民共和国固体废物污染环境防治法》（2013年修正，已修改）

第十条　国务院环境保护行政主管部门对全国固体废物污染环境的防治工作实施统一监督管理。国务院有关部门在各自的职责范围内负责固体废物污染环境防治的监督管理工作。

县级以上地方人民政府环境保护行政主管部门对本行政区域内固体废物污

染环境的防治工作实施统一监督管理。县级以上地方人民政府有关部门在各自的职责范围内负责固体废物污染环境防治的监督管理工作。

国务院建设行政主管部门和县级以上地方人民政府环境卫生行政主管部门负责生活垃圾清扫、收集、贮存、运输和处置的监督管理工作。

第十七条 收集、贮存、运输、利用、处置固体废物的单位和个人，必须采取防扬散、防流失、防渗漏或者其他防止污染环境的措施；不得擅自倾倒、堆放、丢弃、遗撒固体废物。

禁止任何单位或者个人向江河、湖泊、运河、渠道、水库及其最高水位线以下的滩地和岸坡等法律、法规规定禁止倾倒、堆放废弃物的地点倾倒、堆放固体废物。

第五十二条 对危险废物的容器和包装物以及收集、贮存、运输、处置危险废物的设施、场所，必须设置危险废物识别标志。

第五十八条 收集、贮存危险废物，必须按照危险废物特性分类进行。禁止混合收集、贮存、运输、处置性质不相容而未经安全性处置的危险废物。

贮存危险废物必须采取符合国家环境保护标准的防护措施，并不得超过一年；确需延长期限的，必须报经原批准经营许可证的环境保护行政主管部门批准；法律、行政法规另有规定的除外。

禁止将危险废物混入非危险废物中贮存。

【法条变迁】《中华人民共和国固体废物污染环境防治法》（2020年修正）

第九条 国务院生态环境主管部门对全国固体废物污染环境防治工作实施统一监督管理。国务院发展改革、工业和信息化、自然资源、住房城乡建设、交通运输、农业农村、商务、卫生健康、海关等主管部门在各自职责范围内负责固体废物污染环境防治的监督管理工作。

地方人民政府生态环境主管部门对本行政区域固体废物污染环境防治工作实施统一监督管理。地方人民政府发展改革、工业和信息化、自然资源、住房城乡建设、交通运输、农业农村、商务、卫生健康等主管部门在各自职责范围内负责固体废物污染环境防治的监督管理工作。

第十条 国家鼓励、支持固体废物污染环境防治的科学研究、技术开发、先进技术推广和科学普及，加强固体废物污染环境防治科技支撑。

第十一条 国家机关、社会团体、企业事业单位、基层群众性自治组织和新闻媒体应当加强固体废物污染环境防治宣传教育和科学普及，增强公众固体废物污染环境防治意识。

学校应当开展生活垃圾分类以及其他固体废物污染环境防治知识普及和教育。

第十二条 各级人民政府对在固体废物污染环境防治工作以及相关的综合利用活动中做出显著成绩的单位和个人，按照国家有关规定给予表彰、奖励。

第十三条 县级以上人民政府应当将固体废物污染环境防治工作纳入国民经济和社会发展规划、生态环境保护规划，并采取有效措施减少固体废物的产生量、促进固体废物的综合利用、降低固体废物的危害性，最大限度降低固体废物填埋量。

第二十条 产生、收集、贮存、运输、利用、处置固体废物的单位和其他生产经营者，应当采取防扬散、防流失、防渗漏或者其他防止污染环境的措施，不得擅自倾倒、堆放、丢弃、遗撒固体废物。

禁止任何单位或者个人向江河、湖泊、运河、渠道、水库及其最高水位线以下的滩地和岸坡以及法律法规规定的其他地点倾倒、堆放、贮存固体废物。

第七十七条 对危险废物的容器和包装物以及收集、贮存、运输、利用、处置危险废物的设施、场所，应当按照规定设置危险废物识别标志。

第八十一条 收集、贮存危险废物，应当按照危险废物特性分类进行。禁止混合收集、贮存、运输、处置性质不相容而未经安全性处置的危险废物。

贮存危险废物应当采取符合国家环境保护标准的防护措施。禁止将危险废物混入非危险废物中贮存。

从事收集、贮存、利用、处置危险废物经营活动的单位，贮存危险废物不得超过一年；确需延长期限的，应当报经颁发许可证的生态环境主管部门批准；法律、行政法规另有规定的除外。

（二）《中华人民共和国行政诉讼法》（2017年修正）

第二十五条第四款 人民检察院在履行职责中发现生态环境和资源保护、食品药品安全、国有财产保护、国有土地使用权出让等领域负有监督管理职责的行政机关违法行使职权或者不作为，致使国家利益或者社会公共利益受到侵害的，应当向行政机关提出检察建议，督促其依法履行职责。行政机关不依法履行职责的，人民检察院依法向人民法院提起诉讼。

（三）《中华人民共和国环境保护法》（2014年修订）

第六条 一切单位和个人都有保护环境的义务。

地方各级人民政府应当对本行政区域的环境质量负责。

企业事业单位和其他生产经营者应当防止、减少环境污染和生态破坏，对所造成的损害依法承担责任。

公民应当增强环境保护意识，采取低碳、节俭的生活方式，自觉履行环境保护义务。

第十九条　编制有关开发利用规划，建设对环境有影响的项目，应当依法进行环境影响评价。

未依法进行环境影响评价的开发利用规划，不得组织实施；未依法进行环境影响评价的建设项目，不得开工建设。

第三十三条　各级人民政府应当加强对农业环境的保护，促进农业环境保护新技术的使用，加强对农业污染源的监测预警，统筹有关部门采取措施，防治土壤污染和土地沙化、盐渍化、贫瘠化、石漠化、地面沉降以及防治植被破坏、水土流失、水体富营养化、水源枯竭、种源灭绝等生态失调现象，推广植物病虫害的综合防治。

县级、乡级人民政府应当提高农村环境保护公共服务水平，推动农村环境综合整治。

第三十七条　地方各级人民政府应当采取措施，组织对生活废弃物的分类处置、回收利用。

第四十一条　建设项目中防治污染的设施，应当与主体工程同时设计、同时施工、同时投产使用。防治污染的设施应当符合经批准的环境影响评价文件的要求，不得擅自拆除或者闲置。

（四）《最高人民法院、最高人民检察院关于检察公益诉讼案件适用法律若干问题的解释》（法释[2018]6号，2018年3月2日起施行，已修改）①

第二十一条　人民检察院在履行职责中发现生态环境和资源保护、食品药品安全、国有财产保护、国有土地使用权出让等领域负有监督管理职责的行政机关违法行使职权或者不作为，致使国家利益或者社会公共利益受到侵害的，应当向行政机关提出检察建议，督促其依法履行职责。

行政机关应当在收到检察建议书之日起两个月内依法履行职责，并书面回复人民检察院。出现国家利益或者社会公共利益损害继续扩大等紧急情形的，行政机关应当在十五日内书面回复。

行政机关不依法履行职责的，人民检察院依法向人民法院提起诉讼。

（五）《人民检察院提起公益诉讼试点工作实施办法》（高检发释字[2015]6号，2015年12月24日起施行）

第四十条　在提起行政公益诉讼之前，人民检察院应当先行向相关行政机

---

① 此法2020年修正，但第二十一条内容无变动。

关提出检察建议，督促其纠正违法行为或者依法履行职责。行政机关应当在收到检察建议书后一个月内依法办理，并将办理情况及时书面回复人民检察院。

第四十一条　经过诉前程序，行政机关拒不纠正违法行为或者不履行法定职责，国家和社会公共利益仍处于受侵害状态的，人民检察院可以提起行政公益诉讼。

第四十九条　在行政公益诉讼审理过程中，被告纠正违法行为或者依法履行职责而使人民检察院的诉讼请求全部实现的，人民检察院可以变更诉讼请求，请求判决确认行政行为违法，或者撤回起诉。

（六）《村庄和集镇规划建设管理条例》（中华人民共和国国务院令第116号，1993年11月1日起施行）

第三十九条　有下列行为之一的，由乡级人民政府责令停止侵害，可以处以罚款；造成损失的，并应当赔偿：

1. 损坏村庄和集镇的房屋、公共设施的；
2. 乱堆粪便、垃圾、柴草，破坏村容镇貌和环境卫生的。

检察环境公益案件裁判规则

第 14 条

违法行为人不履行、不完全履行环境修复义务时,应由主管行政部门代为履行,检察机关可通过行政公益诉讼对行政机关进行督促

一、聚焦司法案件裁判观点

■ 争议焦点

违法行为人承担刑事责任后，不履行、不完全履行环境修复义务时，行政主管部门是否应当代为履行修复义务？

■ 裁判观点

违法行为人不履行、不完全履行环境修复义务时，应由主管行政部门代为履行，检察机关可通过行政公益诉讼对行政机关进行督促。

二、司法案例样本对比

样本案例一
××市××区人民检察院诉××市××区林业局
不履行林业行政管理职责行政公益诉讼案

• 法院

贵州省××市××区人民法院（原贵州省××县人民法院）

• 当事人

公益诉讼起诉人：贵州省××市××区人民检察院（下称××区人民检察院）

被告：贵州省××市××区林业局（下称××区林业局）

• 基本案情

2014年4月9日，沈某某个人投资设立一人公司武陵××公司并任法定代表人。2014年5月，该公司以修建种植、养殖场为由，租用××市××区××街道××村××组集体林地，在没有办理林地使用许可手续的情况下，雇施工队使用挖掘机械在三处林地剥离地表植被进行挖掘，致使地表植被毁坏，山石裸露。经鉴定，××村××组林地被毁坏138.8亩，其中重点公益林49.38亩，重点商品林89.42亩。2017年8月，该公司以同样理由和方式，毁坏林地137.37亩，其中一般公益林72.91亩，重点商品林19.51亩，一般商品林44.95亩。合计毁坏林地276.17亩，其中重点公益林49.38亩，一般公益林72.91亩，重点商品林108.93亩，一般商品林44.95亩。涉案公益林功能设定为水土保持和水源涵养。

2015年1月，××区林业局发现上述行为后，认为两起非法占用毁坏林地行为均涉嫌构成非法占用农用地罪，分别于2月4日、4月20日移送××区公安分局。××区公安分局立案侦查后，于同年6月17日撤销案件。××区林业局以沈某某和武陵××公司为被处罚人，于2015年7月17日作出行政处罚决定书，对非法占用××村隘口山林地行为进行处罚：责令限期恢复原状，并处罚款925334元；于2015年7月21日作出行政处罚决定书，对非法占用××村马鞍山林地行为进行处罚：责令限期恢复原状，并处罚款915800元。处罚决定书对"限期恢复原状"未作具体期间限制。以上两份处罚决定书，被处罚人均未履行。2016年1月20日，××区公安分局重新对沈某某和武陵××公司非法占用农用地合并立案、并案侦查，次日，××区林业局作出《关于撤销××区沈某某3起非法占用林地案件行政处罚的决定》，撤销了两份行政处罚决定书。2016年9月21日，××区检察院向××区人民法院提起公诉，指控武陵××公司、沈某某犯非法占用农用地罪。2016年11月28日，××区检察院以武陵××公司没有其他负责人或者职工作为诉讼代表人参加诉讼为由撤回对该公司的指控。2016年12月6日，××市××区人民法院作出刑事判决书，判决沈某某犯非法占用农用地罪，判处有期徒刑二年，并处罚金50000元。判决生效后，××区检察院于2016年12月30日发出检察建议书，建议××区林业局依法履行森林资源保护监管职责，责令沈某某限期恢复原状，并处非法改变用途林地每平方米10元至30元的罚款。2017年2月8日，××区林业局书面回复××区检察院，称：因沈某某在服刑，公司自沈某某被羁押后已倒闭，无法实施复绿。林业局计划于3月12日前在非法占用林地处复绿造林，对难以复绿造林地块进行异地补植复绿。2017年3月20日至4月20日，××区林业局会同××乡政府、××林业环保站在案涉被毁林地种植马尾松苗，在××村马鞍山种植129.2亩，在××村××组种植约30亩，另约40亩因地表毁坏严重、岩石裸露未种植，余约78亩未补植。本案一审审理时，被毁坏林地满目黄土，一片荒凉。部分新植马尾松苗,苗木低矮枯黄,地表干涸破碎,难掩苍凉景象;部分山岩裸露、碎石堆积,形如戈壁;部分需恢复地块尚未种植植物。

公益诉讼起诉人认为,××区林业局既未对沈某某作出行政处罚,也未采取有效措施予以补植复绿,没有履行生态环境监管职责,导致林地被破坏的状态持续存在,遂以当地生态环境遭受严重破坏为由提起行政公益诉讼,请求确认××区林业局未依法履行监管职责的行为违法并判令其依法履行环境保护监管职责。

被告辩称,2015年1月,被告发现武陵××公司违法占用并毁坏林地的事实,经调查,被占地面积已达刑事立案标准,遂于2015年2月4日、4月30日分别移送××区公安分局林业派出所,该所于同年2月9日、6月3日立案,后区公安局批准于同年6月17日撤销案件。被告于2015年6月19日作行政案件立案,于7月17日、7月21日分别作出行政处罚,该公司接到处罚决定书后因资金困难未缴纳罚款。2016年1月20日公安局再次作刑事案件立案,次日对公司法定代表人沈某某刑事拘留。2016年12月6日××区法院判决沈某某犯非法占用农用地罪,判处有期徒刑二年,并处罚金50000元,该判决已经生效,沈某某现在服刑中。公益诉讼起诉人向被告发出检察建议,要求责令沈某某限期恢复原状,并处非法改变用途林地每平方米10元至30元罚款,被告已经回复。鉴于沈某某被羁押,要求其恢复林地原状不具有可操作性,再对其处以行政罚款违反一事不二罚原则。被告已经主动对被毁坏林地补植复绿,在××街道××村××山补植约30亩20000株马尾松苗,在××乡××山补植129.2亩,38.17亩因土层破坏严重,岩石裸露无法进行植被恢复,其余部分因沈某某与群众的纠纷没有得到解决而无法补植。综上,公益诉讼起诉人的诉讼请求无事实和法律依据,应当不予支持。

• 案件争点

被告××市××区林业局是否已依法履行监管职责?违法行为人无法完成环境修复时,负有监管职责的行政机关是否应代为履行?

• 裁判要旨

法院认为,公益诉讼起诉人××区检察院作为法律监督机关,依照《全国人大常委会关于授权最高人民检察院在部分地区开展公益诉讼试点工作的决定》和《人民法院审理人民检察院提起公益诉讼案件试点工作实施办法》(法发〔2016〕6号,2016年3月1日起施行)、《中华人民共和国行政诉讼法》(2017年修正)第二十五条第四款的规定,在履行职责过程中,发现被告行政机关的行为造成国家和社会公共利益受到侵害，提出检察建议而行政机关或组织拒不纠正违法行为或者不履行法定职责的，可以向人民法院提起行政公益诉讼。××区林业局作为××区人民政府林业行政主管部门，依照《中华人民共和国森林法》（2009年修正，已修改）第五条规定，负责对××区行政区域内森林资源保护、利用、更新的监督管理。××区林业局应当依法履行职责，对违反林业管理法律法规占用、毁坏森林资源、改变林地用途的行为依法查处。依照《中华人民共和国森林法》（2009年修正，已修改）第四十四条的规定，责令违法行为人停止违法行为并按法律规定补种树木，违法行为人拒不补种或者补种不符合国家有关规定的，由林业主管部门代为补种，所需费用向违法行为人追偿。案件中，××区林业局发现沈某某及其武陵××公司非法占用并毁坏大量林地的行为后，根据非法占用、毁坏的林地数量可能涉嫌犯罪的情况，移送司法机关进行刑事侦查。在侦查机关撤销案件后，作出了行政处罚，责令违法行为人限期恢复原状并处罚款。其行为符合法律规定，正确履行了行政管理职责。但××区林业局在公安机关再次立案侦查后，存在以下违法履职情形。

一、在公安机关立案侦查后撤销行政处罚违法。依照《中华人民共和国行政处罚法》（2009年修正，已修改）第二十八条的规定"违法行为构成犯罪，人民法院判处拘役或者有期徒刑时，行政机关已经给予当事人行政拘留的，应当依法折抵相应刑期。违法行为构成犯罪，人民法院判处罚金时，行政机关已经给予当事人罚款的，应当折抵相应罚金"，以及《行政执法机关移送涉嫌犯罪案件的规定》[①] 第十一条第三款"行政执法机关向公安机关移送涉嫌犯罪案件前，已经依法给予当事人罚款的，人民法院判处罚金时，依法折抵相应罚金"的规定，违法行为人的同一行为在既违反行政法应受处罚，又触犯刑法应受刑罚处罚的情形下，行政执法机关在将案件移送司法机关之前已经作出的行政处罚折抵相同功能的刑罚。这种折抵是执行上的折抵，而不是惩罚决定本身的折抵，且仅折抵惩罚功能相同的处罚，功能不同的处罚内容不能折抵。因此，在刑事侦查立案前已经作出的行政处罚不应撤销。被告××区林业局在将涉嫌犯罪的行政违法行为移送司法机关并且司法机关立案后，撤销之前已经作出的行政处罚决定，其不但撤销了与刑事裁判可能作出的罚金刑功能相同的罚款处罚，还一并撤销了不属于刑事处罚的责令违法行为人补植复绿以恢复原状的行为罚。这一撤销行为违反法律规定。

---

① 2001年7月9日中华人民共和国国务院令第310号公布，自2001年7月9日起施行。该法规已被《国务院关于修改〈行政执法机关移送涉嫌犯罪案件的规定〉的决定》（2020年8月7日发布，2020年8月7日实施）修订。

二、在刑事判决生效后，未责令违法行为人补植复绿以恢复被毁坏的林地的行为违法。针对毁坏森林植被、破坏生态环境的行为，法律赋予林业行政主管机关责令违法行为人补种树木、恢复原状的行政处罚权，属于行为罚性质。我国刑法规定的刑罚种类有自由刑、财产刑和权利刑三种，刑事处罚不涉及责令犯罪人为某种行为的判决方式。对刑事判决未涉及的处罚事项，行政机关在刑事判决生效后作出行政处罚决定，符合并罚原则，且不违反刑罚优先原则。责令犯罪人补植复绿以修复环境，不属于刑罚处罚范畴，而属于法律赋予行政主管机关的行政权，属于行政处罚范围。在对违法行为人追究刑事责任后，刑罚处罚未涉及环境修复责任的，行政机关应当依法作出决定，责令违法行为人按森林法要求种植树木、修复环境。因此，××区林业局在刑事判决生效后应当依法作出责令违法行为人履行补植复绿义务的行政处罚决定并监督违法行为人履行，违法行为人拒不履行或者履行不合格的，应当代为补植复绿，并责令违法行为人承担费用。被告××区林业局未作出责令沈某某及其武陵××公司补植复绿以恢复原状并监督履行的行为违法。××区林业局所持在刑事判决生效不能再作出行政处罚的辩解理由，针对行为罚部分系对法律规定的错误理解，法院不予采信。

三、代为补植复绿职责未正确履行。××区林业局在未作出责令违法行为人修复环境决定的情形下，会同乡镇人民政府等在被毁坏的林地上种植了部分树苗，但效果较差，难以保证成活率，难以达到环境修复的目的，且对于毁坏严重，形同戈壁的土地未进行治理复绿。鉴于被毁坏林地及林木的公益林性质、水源涵养、水土保持功能，补植复绿应当就地进行，不得异地替代。因此，××区林业局代为补植树木的行为，虽已部分履行职责，但尚未正确、全面履行，仍应继续履行。××区林业局未责令违法行为人补植复绿，其代为补植的行为即使全面完成，也将因此缺乏责令违法行为人承担费用的依据。

综上，被告××区林业局未全面正确履行法定职责，公益诉讼起诉人请求确认××区林业局未依法履行监管职责的行为违法，法院予以支持。××区林业局应依法作出责令违法行为人补植复绿的行政决定，在违法行为人不能补植复绿的情况下，代为治理土地、种植树木、恢复生态，所需费用向违法行为人追偿。公益诉讼起诉人请求判令被告××区林业局依法履行法定职责，法院予以支持。鉴于武陵××公司系沈某某投资开办的一人公司，在公司资产与个人资产未清楚分离的情形下，其责任可由沈某某个人承担。被告××区林业局所持依据"一事不再罚"原则，在对违法行为人判处罚金刑以后不能再行给予罚款处罚的辩解理由，符合《中华人民共和国行政处罚法》（2017年修正）和

《行政执法机关移送涉嫌犯罪案件的规定》[①] 的规定，法院予以支持。被告已经履行法定职责的辩解与事实不符，法院不予采信。

据此，依照《中华人民共和国行政诉讼法》（2017年修正）第七十二条之规定，法院于2017年9月作出判决：

由被告××市××区林业局对沈某某以××市××区武陵××公司名义毁坏××市××区××街道××村××组、××乡××村××林地补植复绿恢复原状，依法履行监督管理法定职责，并于2019年9月完成复绿工程验收。

样本案例二

江苏省××县人民检察院诉××县生态环境局行政公益诉讼案

- **法院**

××铁路运输法院

- **当事人**

公益诉讼起诉人：江苏省××市××县人民检察院（下称××县人民检察院）

被告：江苏省××市××县环境保护局（下称××县环境保护局）

- **基本案情**

2017年9月至10月，冯某某等人将从浙江省××公司等处接收的四车油泥委托夏某某等人运至江苏省××县××镇××村××厂内，交由卢某某等人炼油。卢某某等三人经协商后将其中一车油泥倒入其事先挖掘的渗坑中，剩余油泥尚未倾倒即被××县公安机关当场查获。2017年10月，被告××县环境保护局对倾倒油泥进行清理称重，涉案倾倒的油泥及油泥污染物共计约135余吨，后被告与当地镇政府组织人员进行应急处置，清理出油泥污染物37.22吨。经江苏省××研究院鉴定，上述油泥系危险废物，危险特性为毒性和易燃性。

[①] 2001年7月9日中华人民共和国国务院令第310号公布，自2001年7月9日起施行。该法规已被《国务院关于修改〈行政执法机关移送涉嫌犯罪案件的规定〉的决定》（2020年8月7日发布，2020年8月7日实施）修订。

××县环境保护局后于2017年10月将上述油泥及其污染物一并转移至××县××危险品运输公司停车场内存放。

2018年7月26日,××铁路运输检察院就冯某某等人污染环境犯罪向××铁路运输法院提起公诉,于同年11月7日提起刑事附带民事公益诉讼。该案审理过程中,审理法院发现涉案油泥已被长期不规范贮存,为及时处置涉案油泥,避免造成二次污染,于2019年4月17日至涉案油泥现场进行查看并组织××县检察院、××县环境保护局等多部门就涉案油泥处置问题召开协调会。为防污染扩大,会议确定由××县环境保护局牵头对涉案油泥及污染物尽快予以处置。后××县人民检察院发现涉案油泥及其污染物现场贮存不规范,未设置危险废物识别标志,未采取防扬散、防流失、防渗漏等污染防范措施,且迟迟未移交有关单位合法处置,已经出现二次污染,遂于2019年5月27日向××县环境保护局发出检察建议,建议其依法履行环保监管职责,对涉案油泥依法规范贮存并及时移交有处置危废资质单位合法处置。××县环境保护局于2019年7月2日作出回复,认为其已经履行相关监管职责,没有处置涉案油泥的职责。

公益诉讼起诉人在发现被告不依法履行职责后依法向其发出检察建议,督促其依法履职,但被告在收到检察建议后始终未依法履行职责,致使国家利益和社会公共利益持续处于受侵害状态。故于2019年7月19日向法院提起行政公益诉讼,请求:1.确认被告××县环境保护局对涉案危险废物的贮存情况不履行监管职责的行为违法;2.判令被告××县环境保护局依法履行监管职责,于十五日内将涉案危险废物移交有危废处置资质的单位依法进行处置。

被告辩称:一、《中华人民共和国固体废物污染环境防治法》(2016年修正,已修改)第五十五条规定"由所在地县级以上地方人民政府环境保护行政主管部门"落实相关处置措施,该法中的"所在地"一般理解为产生危险废物单位或个人所在地,案件属于跨境倾倒危险废物,产废单位并非在被告辖区,故被告没有对涉案危废进行代处置的职责。二、冯某某等人污染环境系刑事案件,涉案危险废物的处置具有特殊性。1.该案案发之初即作为刑事案件由××县公安局立案侦查,被告无法对违法行为开展任何调查工作。鉴于刑事案件办理过程的保密要求,产生危险废物的单位,谁负有危险废物的处置责任等被告均无从得知,也从未接到侦查机关的情况通报,如被告冒然实施行政强制措施,必然会出现事实不清、证据不足及程序违法等问题;2.公安机关在侦查该案过程中,被告曾向办案人员询问涉案油泥是否可以处置,答复称油泥作为涉案物证暂时不能处置,根据《公安机关办理刑事案件程序规定》(2012年修正,已修改),被告认为公安机关的意见具有法律依据。三、被告一直在推进落实涉案危险废物处置工作。1. 冯某某等人污染环境案发后，被告根据××县公安局的要求及时履行了案件移交程序，于2018年7月协调××公司对危险废物进行了鉴定和报价，为后期危废处置做好了准备工作；2. 根据《中华人民共和国固体废物污染环境防治法》（2016年修正，已修改）第五十五条的规定，只有产废单位"不处置或者处置不符合国家有关规定的，由所在地县级以上地方人民政府环境保护行政主管部门指定单位按照国家有关规定代为处置"。××铁路运输法院和××铁路运输检察院牵头召开专题会议研究冯某某等污染环境案××现场油泥处置事宜。根据2019年4月17日会议意见，首先应由被告人对涉案危废进行处置，在被告人不能自行处置的情况下由被告进行代处置，并由××县公安局负责预收冯某某等人环境修复费用交环保局和××县××镇政府进行废物处置。被告会后积极向上级环境保护主管部门请示，向××市环境保护局咨询，与周边省市的危险废物处置机构沟通，做好了危废处置全部准备工作。直到2019年7月26日被告才接到检察机关发来的刑事庭审笔录，知道冯某某等人同意由公益诉讼起诉人进行处理，但被告和××县××镇政府至今未收到处置费用。四、涉案危险废物处置工作目前已经进入实施阶段。被告在2019年7月26日得到冯某某等人同意代处置涉案油泥的信息后，及时协调××镇人民政府、××公司共同到危废存放现场进行了查看，当时被告对现场车辆及油泥使用密封设备进行了封存，目前封存状况基本完好。2019年8月1日，由危废所在地的××镇人民政府与××公司签订了危废处置合同，目前危废处置工作正在进行中。综上，请求依法驳回公益诉讼起诉人的诉讼请求。

2019年8月9日，法院再次至涉案现场实地查看，涉案油泥及其污染物仍未处理，车辆上的油泥大量滴落并流淌，部分盛装油泥污染物的塑料桶损坏，部分油泥污染物流向地面并渗漏地下，对周围环境造成二次污染。为防止污染继续扩大，案件审理期间，审理法院通过不同方式多次对××县环境保护局进行司法督促。2019年10月，××县环境保护局于案件审理期间将相关油泥及其污染物交由有资质单位进行合法处置，××县人民检察院经审查认为其已履行涉案危险废物代处置职责，遂将诉讼请求变更为"依法确认××县环境保护局对涉案危险废物的贮存不履行监管职责的行为违法"。

• 案件争点

被告××县环境保护局对涉案危险废物的贮存、处置是否具有法定监管职责？如具有相应监管职责，具体应当如何履职？被告是否依法、全面履行了相关环保监管职责？

• 裁判要旨

法院认为：公益诉讼起诉人××县人民检察院在履职过程中，发现被告××县环境保护局就涉案危险废物的存放和处置未全面履行环境保护行政监管法定职责，致使出现环境污染后果，社会公共利益持续处于受侵害状态，所以依法向被告发出检察建议。被告收到检察建议后在法定期限内始终未履职，故公益诉讼起诉人提起本行政公益诉讼符合《中华人民共和国行政诉讼法》（2017年修正）第二十五条第四款、第四十九条第（二）项、第（三）项、第（四）项及《最高人民法院、最高人民检察院关于检察公益诉讼案件适用法律若干问题的解释》（法释〔2018〕6号，2018年3月2日起施行，已修改）第二十一条、第二十二条规定的行政公益诉讼受案范围和起诉条件。

根据双方当事人的诉辩主张、涉案检察建议及回复，结合行政公益诉讼相关法律规定，本案争议焦点为：1. 被告××县环境保护局对涉案危险废物的贮存、处置是否具有法定监管职责；如具有相应监管职责，具体应当如何履职。2. 被告是否依法、全面履行了相关环保监管职责。

一、关于被告××县环境保护局对涉案危险废物的贮存、处置是否具有法定监督管理职责及具体应当如何履职的问题。

第一，《中华人民共和国环境保护法》（2014年修订）第十条第一款规定："县级以上地方人民政府环境保护主管部门，对本行政区域环境保护工作实施统一监督管理"；《中华人民共和国固体废物污染环境防治法》（2016年修正，已修改）第十条第二款规定："县级以上人民政府环境保护主管部门对本行政区域内固体废物污染环境的防治工作实施统一监督管理"；第十七条第一款规定："收集、贮存、运输、利用、处置固体废物的单位和个人，必须采取防扬散、防流失、防渗漏或者其他防止污染环境的措施；不得擅自倾倒、堆放、丢弃、遗撒固体废物"；第五十二条规定："对危险废物的容器和包装物以及收集、贮存、运输、处置固体废物的设施、场所，必须设置危险废物识别标志"；第五十五条规定："产生危险废物的单位，必须按照国家有关规定处置危险废物，不得擅自倾倒、堆放；不处置的，由所在地县级以上地方人民政府环境保护行政主管部门责令限期改正；逾期不处置或者处置不符合国家有关规定的，由所在地县级以上地方人民政府环境保护行政主管部门指定单位按照国家有关规定代为处置，处置费用由产生危险废物的单位承担。"故，被告作为环境保护行政主管机关，对其辖区范围内固体废物污染环境防治工作实施统一监督管理，对涉案危险废物的收集、贮存、运输、处置等各环节均具有法定的监管职责。

第二，根据上述规定，就涉案危险废物的贮存和处置，被告所负有的监督管理职责具体应当包括：依法规范选择涉案危废贮存地点；在涉案危废的收集、贮存过程中采取充分的防扬散、防流失、防渗漏等污染防治措施；对危险废物的容器、包装物及在贮存场所设置危险废物识别标志。在杨某某等人不能处置涉案危废的情况下，应及时指定有资质单位按照国家规定代为处置；涉案危废在贮存期间出现流失、渗漏等突发情况，可能或已经造成二次污染的情况下，应及时采取应急处置措施，预防污染发生或扩大。

第三，危险废物具有腐蚀性、毒性、感染性等危害特性，对生态环境和人民群众生命健康、安全具有极大威胁，一旦处置不当，可能造成不可估量和无法逆转的危害后果。《中华人民共和国固体废物污染环境防治法》（2016年修正，已修改）明确规定防治固体废物污染环境的根本目的在于保障人体健康，维护生态安全，促进经济社会可持续发展。该法第五十五条之所以规定，产生危险废物的单位逾期不处置危险废物或者处置危险废物不符合国家有关规定的，由环保行政主管部门指定单位按照国家有关规定代为处置，目的就在于及时消除污染风险，防止因污染扩散造成新的损害，从而实现保障人体健康、保护生态环境的立法目的。依照该法实施代履行，既是环保行政机关的职权，更是其必须履行的法定职责，环保行政机关理应恪尽职守。案件中，冯某某等人因涉嫌刑事犯罪被公安机关采取强制措施，客观上不具备处置涉案危废的条件，被告作为当地环保行政主管机关，理当履行代处置职责，以及时消除环境污染，维护社会公共利益，故其关于涉案危废的代处置应由危废产生单位所在地环保行政机关实施的抗辩意见，有违立法本意，实为逃避监管义务，法院不予采纳。

二、关于被告××县环境保护局是否依法、全面履行了相关环保监管职责的问题。

第一，根据《中华人民共和国固体废物污染环境防治法》（2016年修正，已修改）第十七条第一款、第五十二条、第五十五条针对环保行政主管部门固体废物污染防治监管职责所作的规定，该案中，被告××县环境保护局虽在污染行为发生后对相关事实进行了调查取证，后将案件移送公安机关并对涉案油泥及污染物进行包装后转移，采取了一定的应急处置措施。但案发之后，其在明知涉案油泥系具有毒性、易燃性的危险废物，需要依法收集、贮存并及时处置的情况下，对涉案危废未依法寻找符合条件的场所进行贮存，而是简单堆放于无危废贮存管理资质的危险品运输公司停车场内；在收集、转移、贮存等过程中未采取任何污染防治措施；在涉案油泥的包装物上及存放场所内亦未设置相关危废识别标志；涉案油泥贮存期间未进行有效的日常管护，在存放容器出现破损以致油泥出现流失、渗漏的情况下亦未及时采取有关污染防治应急处理措施，有悖《中华人民共和国环境保护法》《中华人民共和国固体废物污染环境防治法》的相关规定，明显存在监管缺失。至于被告辩称其于刑事侦查期间曾向公安机关提出处置涉案危废，因公安机关未予准许故未能履职，根据《中华人民共和国行政诉讼法》（2017年修正）第三十四条之规定，"被告对作出的行政行为负有举证责任，应当提供作出该行政行为的证据……被告不提供或者无正当理由逾期提供证据，视为没有相应证据"，被告提出的上述抗辩内容，公安机关不予认可，被告当庭亦自认无相关证据佐证，故法院对其该抗辩主张亦不予采纳。

第二，《最高人民法院、最高人民检察院关于检察公益诉讼案件适用法律若干问题的解释》（法释〔2018〕6号，2018年3月2日起施行，已修改）第二十一条第二款规定，行政机关应当在收到检察建议书之日起两个月内依法履行职责，并书面回复人民检察院；出现国家利益或者社会公共利益损害继续扩大等紧急情形的，行政机关应当在十五日内书面回复。被告××县环境保护局作为环境保护行政主管机关，对涉案危废本应及时妥善处置，做好污染风险管控，使社会公共利益免受不必要的侵害，但被告不仅未有依法积极作为，而且在涉案油泥存在滴落、流淌、渗漏造成新的环境污染且公益诉讼起诉人发出检察建议后，仍未采取及时、有效的监管措施，导致社会公共利益持续处于受侵害状态。被告作为环境保护行政主管机关，具有专业的环境污染风险防控知识和技术，理应深知涉案危废的特性及二次污染的危害，但其在贮存期间无视新的污染发生，放任污染后果蔓延，拒不接受检察机关履职建议，构成行政不作为违法。

法院认为，良好的生态环境是经济社会发展的基础，是人民群众生命安全健康的保证，其没有替代品，用之不觉，失之难存，人人都应形成"像保护眼睛一样保护生态环境，像对待生命一样对待生态环境"的行为自觉，并落实于日常生活的点滴之中。环保行政机关更应深刻认识生态环境保护的价值和自身肩负的使命，秉持正确的执法理念和执法态度，做到依法全面、及时履职，敢于直面问题，突出责任担当，切实维护好辖区环境安全和社会稳定。被告××县环境保护局目前虽已将涉案危废交由有资质的单位合法处置，但其在司法机关多次风险提示、检察机关发出检察建议后仍然未依照法律规定履行法定职责，导致污染物对环境造成新的损害，表明被告对其法定职责认识不清，管理制度存在疏漏。法院建议被告增强生态环境保护责任意识，依照法律规定，全面理解自身管理职责，形成责任清单；进一步梳理内部工作流程，从制度上保障法律法规的有效贯彻落实。

综上，公益诉讼起诉人请求确认被告怠于履职的行为违法的诉讼请求，具有事实与法律依据，法院予以支持。依照《中华人民共和国行政诉讼法》（2017

年修正）第二十五条第四款、第七十四条第二款第（二）项，《最高人民法院、最高人民检察院关于检察公益诉讼案件适用法律若干问题的解释》（法释〔2018〕6号，2018年3月2日起施行，已修改）第二十一条、第二十四条、第二十五条第一款第（一）项之规定，判决如下：

确认被告××县环境保护局对危险废物的贮存未全面、及时履行环境保护行政监管职责的行为违法。

三、司法案例类案甄别

（一）事实对比

样本案例一中，被告行政机关××区林业局作为林业行政主管部门，负责××区行政区域内森林资源保护、利用、更新的监督管理，应当依法履行职责，对违反林业管理法律法规非法占用、毁坏森林资源、改变林地用途的行为依法查处，责令违法行为人停止违法行为并按法律规定补种树木。若违法行为人拒不补种或者补种不符合国家有关规定的，××区林业局应当承担代种义务，所需费用可向违法行为人追偿。但在该案中，被告××区林业局未全面履行法律职责，行为违法。未全面履行法律职责的表现有三：一是在公安机关立案侦查后撤销行政处罚违法。被告××区林业局在将涉嫌犯罪的行政违法行为移送司法机关且司法机关立案后，撤销之前已经作出的行政处罚决定，其不但撤销了与刑事裁判可能作出的罚金刑功能相同的罚款处罚，还一并撤销了不属于刑事处罚的责令违法行为人补植复绿以恢复原状的行为罚。这一行为违反法律规定，行为不当。二是在刑事判决生效后，未责令违法行为人补植复绿以恢复被毁坏的林地的行为违法。责令犯罪人补植复绿以修复环境，不属于刑罚处罚范畴，而属于法律赋予行政主管机关的行政权，属于行政处罚范围。在对违法行为人追究刑事责任后，刑罚处罚未涉及环境修复责任的，行政机关应当依法作出决定，责令违法行为人按森林法的要求种植树木、修复环境。因此，××区林业局在刑事判决生效后应当依法作出责令违法行为人履行补植复绿义务的行政处罚决定并监督违法行为人履行，违法行为人拒不履行或者履行不合格的，应当代为补植复绿，并责令违法行为人承担费用。被告××区林业局未作出责令沈某某及其武陵××公司补植复绿以恢复原状并监督履行的行为违法。三是代为补植复绿职责未正确履行。××区林业局在未作出责令违法行为人修复环境决定的情形下，会同乡镇人民政府等在被毁坏的林地上种植了部分树苗，但效果较差，难以保证成活率，难以达到环境修复的目的，且对于毁坏严重、形同戈壁的土地未进行治理复绿。鉴于被毁坏林地及林木的公益林性质、水源涵养、水土保持功能，补植复绿应当就地进行，不得异地替代。因此，××区林业局代为补植树木的行为，虽已部分履行职责，但尚未正确、全面履行，仍应继续履行。××区林业局未责令违法行为人补植复绿，其代为补植的行为即使全面完成，也将因此缺乏责令违法行为人承担费用的依据。

样本案例二中，被告行政机关××县生态环境局作为环境保护行政主管机关，对其辖区范围内固体废物污染环境防治工作实施统一监督管理，对涉案危险废物的收集、贮存、运输、处置等各环节均具有法定的监管职责。若产生危险废物的单位逾期不处置危险废物或者处置危险废物不符合国家有关规定的，作为环保行政主管部门的××县生态环境局应当指定单位按照国家有关规定代为处置。该案中，冯某某等人因涉嫌刑事犯罪被公安机关采取强制措施，客观上不具备处置涉案危废的条件，被告××县生态环境局理当履行代处置职责，以及时消除环境污染，维护社会公共利益。

该案中，被告××县环境保护局虽在污染行为发生后对相关事实进行了调查取证，后将案件移送公安机关并对涉案油泥及污染物进行包装后转移，采取了一定的应急处置措施。但案发之后，其在明知涉案油泥系具有毒性、易燃性的危险废物，需要依法收集、贮存并及时处置的情况下，对涉案危废未依法寻找符合条件的场所进行贮存，而是简单堆放于无危废贮存管理资质的危险品运输公司停车场内；在收集、转移、贮存等过程中未采取任何防扬散、防流失、防渗漏等污染防治措施；在涉案油泥的包装物上及存放场所内亦未设置相关危废识别标志；涉案油泥贮存期间未进行有效的日常管护，在存放容器出现破损以致油泥出现流失、渗漏的情况下亦未及时采取有关污染防治应急处理措施，有悖《环境保护法》《中华人民共和国固体废物污染环境防治法》的相关规定，明显存在监管缺失。

从事实认定方面看，样本案例一与样本案例二均根据被告行政机关实施的具体行政行为，认定了被告行政机关部分履职行为，但两起样本案例中的被告行政机关均因未全面履行法定职责（代为处置或补植等）而被认定其行为违法。

（二）适用法律对比

样本案例一××市××区人民检察院诉××市××区林业局不履行林业行政管理职责行政公益诉讼案，法院认为，依照《中华人民共和国森林法》（2009年修正，已修改）第五条规定，××区林业局作为××区人民政府林业行政主管部门，负责对××区行政区域内森林资源保护、利用、更新的监督管理。

依照《中华人民共和国森林法》（2009年修正，已修改）第四十四条的规定，××区林业局应当责令违法行为人停止违法行为并按法律规定补种树木，违法行为人拒不补种或者补种不符合国家有关规定的，由林业主管部门代为补种，所需费用向违法行为人追偿。

依照《中华人民共和国行政处罚法》（2009年修正，已修改）第二十八条"违法行为构成犯罪，人民法院判处拘役或者有期徒刑时，行政机关已经给予当事人行政拘留的，应当依法折抵相应刑期。违法行为构成犯罪，人民法院判处罚金时，行政机关已经给予当事人罚款的，应当折抵相应罚金"，以及《行政执法机关移送涉嫌犯罪案件的规定》① 第十一条第三款"行政执法机关向公安机关移送涉嫌犯罪案件前，已经依法给予当事人罚款的，人民法院判处罚金时，依法折抵相应罚金"的规定，违法行为人的同一行为在既违反行政法应受处罚，又触犯刑律应受刑罚处罚的情形下，行政执法机关在将案件移送司法机关之前已经作出的行政处罚，折抵相同功能的刑罚。这种折抵是执行上的折抵，而不是惩罚决定本身的折抵，且仅折抵惩罚功能相同的处罚，功能不同的处罚内容不能折抵。因此，在刑事侦查立案前已经作出的行政处罚不应撤销。被告××区林业局在将涉嫌犯罪的行政违法行为移送司法机关且司法机关立案后，撤销之前已经作出的行政处罚决定，这一撤销行为违反法律规定，行为不当。

被告××区林业局未全面正确履行法定职责，公益诉讼人请求确认××区林业局未依法履行监管职责的行为违法，法院予以支持。××区林业局应依法作出责令违法行为人补植复绿的行政决定，在违法行为人不能补植复绿的情况下，代为治理土地、种植树木、恢复生态。公益诉讼起诉人请求判令被告××区林业局依法履行法定职责，法院予以支持。鉴于武陵××公司系沈某某投资开办的一人公司，在公司资产与个人资产未清楚分离的情形下，其责任可由沈某某个人承担。被告××区林业局所持依据"一事不再罚"原则，在对违法行为人判处罚金刑以后不能再行给予罚款处罚的辩解理由，符合《中华人民共和国行政处罚法》（2017年修正）和《行政执法机关移送涉嫌犯罪案件的规定》②的规定，法院予以支持。

---

① 2001年7月9日中华人民共和国国务院令第310号公布，自2001年7月9日起施行。该法规已被《国务院关于修改〈行政执法机关移送涉嫌犯罪案件的规定〉的决定》（2020年8月7日发布，2020年8月7日实施）修订。

② 2001年7月9日中华人民共和国国务院令第310号公布，自2001年7月9日起施行。该法规已被《国务院关于修改〈行政执法机关移送涉嫌犯罪案件的规定〉的决定》（2020年8月7日发布，2020年8月7日实施）修订。

综上，依照《中华人民共和国行政诉讼法》（2017年修正）第七十二条之规定，法院判决由被告××市××区林业局对沈某某以××市××区武陵××公司名义毁坏××市××区××街道××村××组、××乡××村××林地补植复绿恢复原状，依法履行监督管理法定职责，并于2019年9月完成复绿工程验收。

样本案例二江苏省××县人民检察院诉××县生态环境局行政公益诉讼案，法院认为，根据《中华人民共和国固体废物污染环境防治法》（2016年修正，已修改）第十七条第一款、第五十二条、第五十五条针对环保行政主管部门固体废物污染防治监管职责所作的规定，被告××县环境保护局虽在污染行为发生后对相关事实进行了调查取证，后将案件移送公安机关并对涉案油泥及污染物进行包装后转移，采取了一定的应急处置措施。但案发之后，被告在明知涉案油泥系具有毒性、易燃性的危险废物，需要依法收集、贮存并及时处置的情况下，未对案涉污染物实施妥善处理措施，明显存在监管缺失。

根据《最高人民法院、最高人民检察院关于检察公益诉讼案件适用法律若干问题的解释》（法释〔2018〕6号，2018年3月2日起施行，已修改）第二十一条第二款规定，行政机关应当在收到检察建议书之日起两个月内依法履行职责，并书面回复人民检察院；出现国家利益或者社会公共利益损害继续扩大等紧急情形的，行政机关应当在十五日内书面回复。被告不仅未有依法积极作为，而且在涉案油泥存在滴落、流淌、渗漏造成新的环境污染且公益诉讼起诉人发出检察建议后，仍未采取及时、有效的监管措施，导致社会公共利益持续处于受侵害状态，放任污染后果蔓延，拒不接受检察机关履职建议，构成行政不作为违法。

综上，依照《中华人民共和国行政诉讼法》（2017年修正）第二十五条第四款、第七十四条第二款第（二）项，《最高人民法院、最高人民检察院关于检察公益诉讼案件适用法律若干问题的解释》（法释〔2018〕6号，2018年3月2日起施行，已修改）第二十一条、第二十四条、第二十五条第一款第（一）项之规定，判决确认被告××县环境保护局对危险废物的贮存未全面及时履行环境保护行政监管职责的行为违法。

（三）类案大数据报告

截至2023年1月12日，以"环境""行政公益诉讼""代履行"为关键词，通过公开案例数据库检索，共检索到类案208件，经逐案阅看、分析，剔除重复案件，与本规则关联度较高的案件实际共有198件。

从类案地域分布来看，当前案例主要集中在云南省（89件）、吉林省（26

件)、湖北省（22件），其他地区案件数量较少。从类案结案时间来看，此类案件2020年最多，共106件，近三年数量较少。从案件经历的审理程序来看，当前案例中一审终审的案件共185件，一审终审率约为93%。

四、类案裁判规则的解析与确立

由于生态环境损害预防与救济的公益性和时效性，在违法行为人不履行或不能履行环境损害救济时，负有相关环境保护监管职责的行政机关，应当依据具体情况，依法实施代履行，这既是环保行政机关的职权，更是其必须履行的法定职责。在环境行政公益诉讼中，人民法院认定代履行违法的主要情形是行政机关怠于履行法定职责。检察机关就行政机关代履行行为违法提起环境行政公益诉讼时，应全面审查行政机关代履职全过程，予以综合判断。

（一）审查行政机关是否存在法定的代履行职责。行政机关代履行职责一般在生态环境单行法律、法规、司法解释和《中华人民共和国行政强制法》中予以明确规定。

（二）审查行政机关是否已经履行法定的代履行职责。行政机关未履行法定的代履行职责包含两个层面：一是行政机关完全没有履行法定的代履行职责。例如，行政机关完全没有采取任何措施的，未要求违法行为人履行也未代履行，收到检察机关监督建议后未回复，也未纠正行为等；二是未及时、全面、充分地履行法定的代履行职责。例如采取措施不当造成污染及生态损害仍然存在的，履行部分职责未实现环境修复目的，代履行效果差等。

五、关联法律法规

（一）《中华人民共和国森林法》（2009年修正，已修改）

第四十四条　违反本法规定，进行开垦、采石、采砂、采土、采种、采脂和其他活动，致使森林、林木受到毁坏的，依法赔偿损失；由林业主管部门责令停止违法行为，补种毁坏株数一倍以上三倍以下的树木，可以处毁坏林木价值一倍以上五倍以下的罚款。

违反本法规定，在幼林地和特种用途林内砍柴、放牧致使森林、林木受到毁坏的，依法赔偿损失；由林业主管部门责令停止违法行为，补种毁坏株数一倍以上三倍以下的树木。

拒不补种树木或者补种不符合国家有关规定的，由林业主管部门代为补种，所需费用由违法者支付。

【法条变迁】《中华人民共和国森林法》（2019年修订）

第七十四条　违反本法规定，进行开垦、采石、采砂、采土或者其他活动，造成林木毁坏的，由县级以上人民政府林业主管部门责令停止违法行为，限期在原地或者异地补种毁坏株数一倍以上三倍以下的树木，可以处毁坏林木价值五倍以下的罚款；造成林地毁坏的，由县级以上人民政府林业主管部门责令停止违法行为，限期恢复植被和林业生产条件，可以处恢复植被和林业生产条件所需费用三倍以下的罚款。

违反本法规定，在幼林地砍柴、毁苗、放牧造成林木毁坏的，由县级以上人民政府林业主管部门责令停止违法行为，限期在原地或者异地补种毁坏株数一倍以上三倍以下的树木。

向林地排放重金属或者其他有毒有害物质含量超标的污水、污泥，以及可能造成林地污染的清淤底泥、尾矿、矿渣等的，依照《中华人民共和国土壤污染防治法》的有关规定处罚。

第八十一条　违反本法规定，有下列情形之一的，由县级以上人民政府林业主管部门依法组织代为履行，代为履行所需费用由违法者承担：

（一）拒不恢复植被和林业生产条件，或者恢复植被和林业生产条件不符合国家有关规定；

（二）拒不补种树木，或者补种不符合国家有关规定。

恢复植被和林业生产条件、树木补种的标准，由省级以上人民政府林业主管部门制定。

（二）《中华人民共和国行政处罚法》（2017年修正，已修改）

第二十八条　违法行为构成犯罪，人民法院判处拘役或者有期徒刑时，行政机关已经给予当事人行政拘留的，应当依法折抵相应刑期。

违法行为构成犯罪，人民法院判处罚金时，行政机关已经给予当事人罚款的，应当折抵相应罚金。

【法条变迁】《中华人民共和国行政处罚法》（2021年修正）

第三十五条　违法行为构成犯罪，人民法院判处拘役或者有期徒刑时，行政机关已经给予当事人行政拘留的，应当依法折抵相应刑期。

违法行为构成犯罪,人民法院判处罚金时,行政机关已经给予当事人罚款的,应当折抵相应罚金;行政机关尚未给予当事人罚款的,不再给予罚款。

(三)《中华人民共和国行政诉讼法》(2017年修正)

第二十五条第四款 人民检察院在履行职责中发现生态环境和资源保护、食品药品安全、国有财产保护、国有土地使用权出让等领域负有监督管理职责的行政机关违法行使职权或者不作为,致使国家利益或者社会公共利益受到侵害的,应当向行政机关提出检察建议,督促其依法履行职责。行政机关不依法履行职责的,人民检察院依法向人民法院提起诉讼。

(四)《中华人民共和国环境保护法》(2014年修订)

第十条 国务院环境保护主管部门,对全国环境保护工作实施统一监督管理;县级以上地方人民政府环境保护主管部门,对本行政区域环境保护工作实施统一监督管理。

县级以上人民政府有关部门和军队环境保护部门,依照有关法律的规定对资源保护和污染防治等环境保护工作实施监督管理。

(五)《中华人民共和国固体废物污染环境防治法》(2016年修正,已修改)

第十条 国务院环境保护行政主管部门对全国固体废物污染环境的防治工作实施统一监督管理。国务院有关部门在各自的职责范围内负责固体废物污染环境防治的监督管理工作。

县级以上地方人民政府环境保护行政主管部门对本行政区域内固体废物污染环境的防治工作实施统一监督管理。县级以上地方人民政府有关部门在各自的职责范围内负责固体废物污染环境防治的监督管理工作。

国务院建设行政主管部门和县级以上地方人民政府环境卫生行政主管部门负责生活垃圾清扫、收集、贮存、运输和处置的监督管理工作。

第十七条第一款 收集、贮存、运输、利用、处置固体废物的单位和个人,必须采取防扬散、防流失、防渗漏或者其他防止污染环境的措施;不得擅自倾倒、堆放、丢弃、遗撒固体废物。

第五十二条 对危险废物的容器和包装物以及收集、贮存、运输、处置危险废物的设施、场所,必须设置危险废物识别标志。

第五十八条第二款　贮存危险废物必须采取符合国家环境保护标准的防护措施，并不得超过一年；确需延长期限的，必须报经原批准经营许可证的环境保护行政主管部门批准；法律、行政法规另有规定的除外。

第七十六条　违反本法规定，危险废物产生者不处置其产生的危险废物又不承担依法应当承担的处置费用的，由县级以上地方人民政府环境保护行政主管部门责令限期改正，处代为处置费用一倍以上三倍以下的罚款。

【法条变迁】《中华人民共和国固体废物污染环境防治法》（2020年修正）

第九条　国务院生态环境主管部门对全国固体废物污染环境防治工作实施统一监督管理。国务院发展改革、工业和信息化、自然资源、住房城乡建设、交通运输、农业农村、商务、卫生健康、海关等主管部门在各自职责范围内负责固体废物污染环境防治的监督管理工作。

地方人民政府生态环境主管部门对本行政区域固体废物污染环境防治工作实施统一监督管理。地方人民政府发展改革、工业和信息化、自然资源、住房城乡建设、交通运输、农业农村、商务、卫生健康等主管部门在各自职责范围内负责固体废物污染环境防治的监督管理工作。

第二十条第一款　产生、收集、贮存、运输、利用、处置固体废物的单位和其他生产经营者，应当采取防扬散、防流失、防渗漏或者其他防止污染环境的措施，不得擅自倾倒、堆放、丢弃、遗撒固体废物。

第七十七条　对危险废物的容器和包装物以及收集、贮存、运输、利用、处置危险废物的设施、场所，应当按照规定设置危险废物识别标志。

第八十一条第三款　从事收集、贮存、利用、处置危险废物经营活动的单位，贮存危险废物不得超过一年；确需延长期限的，应当报经颁发许可证的生态环境主管部门批准；法律、行政法规另有规定的除外。

第一百一十三条　违反本法规定，危险废物产生者未按照规定处置其产生的危险废物被责令改正后拒不改正的，由生态环境主管部门组织代为处置，处置费用由危险废物产生者承担；拒不承担代为处置费用的，处代为处置费用一倍以上三倍以下的罚款。

（六）《中华人民共和国行政强制法》

第五十条　行政机关依法作出要求当事人履行排除妨碍、恢复原状等义务的行政决定，当事人逾期不履行，经催告仍不履行，其后果已经或者将危害交通安全、造成环境污染或者破坏自然资源的，行政机关可以代履行，或者委托没有利害关系的第三人代履行。

（七）《最高人民法院、最高人民检察院关于检察公益诉讼案件适用法律若干问题的解释》（法释[2018]6号，2018年3月2日起施行，已修改）①

第二十一条 人民检察院在履行职责中发现生态环境和资源保护、食品药品安全、国有财产保护、国有土地使用权出让等领域负有监督管理职责的行政机关违法行使职权或者不作为，致使国家利益或者社会公共利益受到侵害的，应当向行政机关提出检察建议，督促其依法履行职责。

行政机关应当在收到检察建议书之日起两个月内依法履行职责，并书面回复人民检察院。出现国家利益或者社会公共利益损害继续扩大等紧急情形的，行政机关应当在十五日内书面回复。

行政机关不依法履行职责的，人民检察院依法向人民法院提起诉讼。

（八）《危险废物经营许可证管理办法》（2016年修订）

第四条 县级以上人民政府环境保护主管部门依照本办法的规定，负责危险废物经营许可证的审批颁发与监督管理工作。

第五条 申请领取危险废物收集、贮存、处置综合经营许可证，应当具备下列条件：

（一）有3名以上环境工程专业或者相关专业中级以上职称，并有3年以上固体废物污染治理经历的技术人员；

（二）有符合国务院交通主管部门有关危险货物运输安全要求的运输工具；

（三）有符合国家或者地方环境保护标准和安全要求的包装工具，中转和临时存放设施、设备以及经验收合格的贮存设施、设备；

（四）有符合国家或者省、自治区、直辖市危险废物处置设施建设规划，符合国家或者地方环境保护标准和安全要求的处置设施、设备和配套的污染防治设施；其中，医疗废物集中处置设施，还应当符合国家有关医疗废物处置的卫生标准和要求；

（五）有与所经营的危险废物类别相适应的处置技术和工艺；

（六）有保证危险废物经营安全的规章制度、污染防治措施和事故应急救援措施；

（七）以填埋方式处置危险废物的，应当依法取得填埋场所的土地使用权。

第十七条 县级以上人民政府环境保护主管部门应当通过书面核查和实地检查等方式，加强对危险废物经营单位的监督检查，并将监督检查情况和处

---

① 2020年修正，但第二十一条内容无改动。

结果予以记录，由监督检查人员签字后归档。

公众有权查阅县级以上人民政府环境保护主管部门的监督检查记录。

县级以上人民政府环境保护主管部门发现危险废物经营单位在经营活动中有不符合原发证条件的情形的，应当责令其限期整改。

（九）《环境保护行政执法与刑事司法衔接工作办法》（环环监〔2017〕17号，2017年1月25日施行）

第十条第二款　涉及查封、扣押物品的，环保部门和公安机关应当密切配合，加强协作，防止涉案物品转移、隐匿、损毁、灭失等情况发生。对具有危险性或者环境危害性的涉案物品，环保部门应当组织临时处理处置，公安机关应当积极协助；对无明确责任人、责任人不具备履行责任能力或者超出部门处置能力的，应当呈报涉案物品所在地政府组织处置。上述处置费用清单随附处置合同、缴费凭证等作为犯罪获利的证据，及时补充移送公安机关。

检察环境公益案件裁判规则

第15条

在检察行政公益诉讼中,认定行政机关是否"不依法履行职责"需要从履职范围、履职期限和履职程度三个方面进行综合判断

检察环境公益案件类案甄别与裁判规则确立

一、聚焦司法案件裁判观点

■ 争议焦点

确立环境行政公益诉讼制度的目的在于纠正环境行政管理机关不依法履行职责,造成国家利益或者社会公共利益受损的情形。该如何认定行政机关"不依法履行职责"呢?除了需要考虑行政机关是否拥有相应的职权、行政机关是否在履职期限内作出行政行为外,还需要考虑行政机关履职是否充分、全面。在司法实践中,应当如何判断上述因素与认定"不依法履行职责"之间的关系?如何进行裁判呢?

■ 裁判观点

1. 履职范围:"监督管理职责"不仅包括行政机关对违法行为的行政处罚职责,也包括行政机关为避免公益损害持续或扩大,依据法律、法规、规章等规定,运用公共权力、使用公共资金等对受损公益进行恢复等综合性治理职责。

2. 履职期限:基于检察建议产生三个时间阶段,其中书面回复检察建议期限届满后的履职情况才是决定能否进入诉讼程序的决定性因素,该阶段是实体性履职期限,若期限内未完成对违法行为的纠正属于"不依法履行职责"。

3. 履职程度:行政机关仅仅针对违法行为作出行政决定,而未对是否履行生效行政决定进行监督,或仅仅选择采取部分行政手段,使得生态公益继续处于被损害状态,属于未穷尽可期待的行政行为,是履职的不充分、不全面,属于"不依法履行职责"。

二、司法案例样本对比

样本案例一
××市人民检察院诉××市××乡人民政府不履行
环保监督管理职责公益诉讼案

• **法院**

吉林省××市人民法院

• **诉讼主体**

公益诉讼起诉人：××市人民检察院
被告：××市××乡人民政府

• **基本案情**

××市人民检察院在××乡政府辖区内××江河道管理范围内，发现有6051.5立方米垃圾堆放。垃圾为无序堆放，未作防渗漏、防扬散及无害化处理。××市人民检察院于2017年4月18日向××乡政府发出检察建议书，建议依法履行统筹和监管职责，对违法存在的垃圾堆放场立即进行治理。2017年5月12日××乡政府向××市检察院回复称，××乡党委及政府高度重视检查建议反映的问题，制定了××乡垃圾堆放场整治方案。××市人民检察院于2017年6月5日、2017年6月9日、2017年6月17日、2017年6月23日四次复查现场后，认为垃圾堆放点有二辆铲车在推土掩埋，有少量垃圾仍处于裸露状态，××乡政府未依法履行监管职责，对违法形成的垃圾处理场未进行彻底整治，公共利益仍处于持续损害之中。××市人民检察院于2017年6月26日向××市人民法院提起公益诉讼，要求确认××乡政府不履行对垃圾处理的监管职责违法，并判令××乡政府立即履行监管职责，对违法形成的垃圾场进行治理，恢复原有生态环境。

××市人民法院作出行政裁定认为，涉案的垃圾是××市××乡区域的生活垃圾，且该垃圾堆放场位于××市××乡区域××江河堤内，属于××江河道管理范围。××乡政府只对该事项负有管理职责。其监管职责应由有关行政主管部门行使,故××乡政府不是适格的被告,根据《最高人民法院关于适用〈中华人民共和国行政诉讼法〉若干问题的解释》(法释〔2015〕9号,2015年5月1日起施行,已废止)第三条第一款第(三)项之规定,裁定驳回公益诉讼起诉人××市人民检察院的起诉。

××市人民检察院上诉称,依据《中华人民共和国固体废物污染环境防治法》(2016年修正,已修改)第四十九条"农村生活垃圾污染环境防治的具体办法,由地方性法规规定",《吉林省生态环境保护工作职责规定(试行)》第八条,《××市生态环境保护工作职责规定(试行)》第九条"乡镇政府(街道办事处)应督促指导本辖区企事业单位和其他生活经营者落实环境保护措施,配置必要监管人员,落实监管网格的环境监管责任,加强隐患排查,发现环境违法问题及时向上级人民政府和有关部门报告。组织本辖区内各单位和居民开展农村环境综合整治,加强禽畜水产养殖等农业面源污染防治和秸秆禁烧,抓好生活垃圾分类处置、生活污水集中处理,加强农村饮用水源和耕地保护。"《××市生态环境保护工作责任规定(试行)》第九条,关于乡镇人民政府(街道办事处)生态环境保护职责第(五)项"抓好生活垃圾分类处置、生活污水集中处理,加强农村饮用水源和耕地保护";第(六)项"负责或内河道垃圾、畜禽尸体等对水产生污染的物质实施清理和处理,对乡镇(街)出境断面水质负责"以及《××市市容环境卫生管理条例》第六条第三款"乡(镇)人民政府和街道办事处负责本辖区内的市容和环境卫生管理工作"等规定,乡镇人民政府是其辖区内生活垃圾污染环境的监管主体,负有监管职责。涉案垃圾场位于××市××乡××村林场东北方位,距××江约500米,垃圾堆放处均为沙土坑,经测绘垃圾堆放量为6051.5立方米,且附近林地存在大量零散倾倒的垃圾。该处垃圾属无序堆放,未作防渗漏、防扬散及无害化处理,周边生态环境、水体面临被污染的风险。公益诉讼起诉人于2017年4月18日向××乡政府发出检察建议书,建议其依法履行监管职责,对违法存在的生活垃圾堆放场立即进行治理,恢复原有的生态环境。××乡政府收到检察建议后,由乡党委书记、乡长带领相关工作人员赴该垃圾场实地查看,向××市人民政府汇报垃圾场情况,积极制作垃圾场整治方案,并开展对现存垃圾进行掩埋封闭、筹备购买垃圾清运车辆等工作,其上述积极履职行为应当予以肯定。一审裁定认定"垃圾系××乡政府区域的生活垃圾,××乡政府对该事项负有管理职责",故虽该处垃圾系位于××江河道管理范围内,但该处垃圾系主要由××乡政府当地居民倾倒,依据《中华人民共和国固体废物污染环境防治法》(2016年修正,已修改)《吉林省生态环境保护工作职责规定(试行)》《××市生态环境保护工作职责规定（试行）》《××市生态环境保护工作责任规定（试行）》的规定，×××乡政府对生活垃圾的分类处置，防止生活垃圾对环境造成污染有明确的、不可否认的、不可推卸的职责。据此，原审裁定在认定××乡政府有管理职责的情况下，混淆"管理"与"监管"的概念，因此认定其不是适格被告于法无据。综上，请二审法院支持上诉人的诉请。

吉林省××市中级人民法院认为，第一，关于对"监督管理职责"的理解问题。行政机关是国家行政管理机关，既具有管理社会公共事务的权力，同时亦有保障行政相对人合法权益和维护公共利益的行政职责。行政机关应当履行行政职责而不履行的行政行为，应当根据不同情况分别受上级机关、司法机关以及社会舆论等的监督和规制。但是由于司法机关与上级机关的职能和作用并不完全相同，司法机关无权对所有的行政行为进行监督和规制，行政公益诉讼亦不例外。行政公益诉讼的提起，应受《中华人民共和国行政诉讼法》受案范围的限制。通常意义上讲，行政机关对生态环境行政管理职责包含两方面的含义：首先，运用公共权力使用公共资金，组织相关部门对生态环境进行治理，如雾霾治理、垃圾处理和"小广告"清理等；其次，运用公共权力对破坏生态环境的违法行为进行监督管理，如依法制止生产企业排放大气污染物的违法行为；依法制止擅自倾倒垃圾的违法行为以及依法制止张贴"小广告"的违法行为等。对于如何合理安排公共资金、如何分阶段建设垃圾处理设施、如何关停环境污染企业等对生态环境进行治理的行政管理职责，目前并不属于司法调整范畴。目前行政诉讼有权调整的行政行为应当限定在行政机关运用公共权力对破坏生态环境的违法行为进行监督管理的范围内，也就是说雾霾、垃圾以及"小广告"等生态环境问题没有得到有效治理，以此要求确认行政机关未履行环境保护监督管理职责（治理职责）行为违法的，不属于环保行政公益诉讼受案范围。

《中华人民共和国行政诉讼法》（2017年修正）第二十五条第四款"人民检察院在履行职责中发现生态环境和资源保护、食品药品安全、国有财产保护、国有土地使用权出让等领域负有监督管理职责的行政机关违法行使职权或者不作为，致使国家利益或者社会公共利益受到侵害的，应当向行政机关提出检察建议，督促其依法履行职责。行政机关不依法履行职责的，人民检察院依法向人民法院提起诉讼"规定的"监督管理职责"应当不包括前述行政机关"运用公共权力使用公共资金，组织相关部门对生态环境进行治理"的管理职责，仅应指行政机关依据法律、法规或者规章的明确授权行使的监督管理职责。第二，关于确定对生态环境违法行为负有监督管理的责任主体问题。要求行政机关履行运用公共权力对破坏生态环境的违法行为进行制止和处罚的监督管理职责以及要求确认行政机关不履行上述职责违法，属于行政公益诉讼的受案范围。但是在提起该类诉讼时应正确界定监督管理的责任主体。《中华人民共和国固体废物污染环境保护法》（2016年修正，已修改）第四十九条规定："农村生活垃圾污染环境防治的具体办法，由地方性法规规定。"《吉林省环境保护条例》（2004年修正，已废止）第十二条规定："县级以上人民政府的环境保护行政主管部门，依法对本辖区的环境保护工作实施统一监督管理。"第十五条："城市街道办事处、乡镇人民政府按照有关规定，负责本辖区的环境保护工作。"根据以上规定，对环境保护方面的违法行为授权进行监督检查和处罚的主体限定为县级以上人民政府的环境保护行政主管部门，对乡镇政府仅是宏观地规定了负责辖区内环境保护工作，没有具体明确如何负责。《吉林省生态环境保护工作职责规定（试行）》规定乡镇政府"指导本辖区企事业单位和其他生产经营者落实环境保护措施，配置必要监管人员，落实监管网格的生态环境监管责任，加强隐患排查，发现生态环境违法问题及时向上级人民政府和有关部门报告。组织本辖区内各单位和居民开展农村环境综合整治，加强禽畜水产养殖等农业面源污染防治和秸秆禁烧，抓好生活垃圾分类处置、生活污水集中处理，加强农村饮用水源和耕地保护"的职责虽在地方性法规的基础上明确了乡镇政府的管理职责，但该文件仍未明确乡政府具体应当如何履行。同时，根据文件规定，乡镇政府是否按照文件落实，由上级政府按照文件规定进行奖励及问责，故上述文件规定的职责与《中华人民共和国行政诉讼法》（2017年修正）第二十五条规定的监督管理职责不同，该管理职责的落实情况应当由上级政府按照文件规定进行评价，不受《中华人民共和国行政诉讼法》调整。

综上所述，××乡政府是否履行清理垃圾的职责不受《中华人民共和国行政诉讼法》调整；××乡政府不是履行对破坏生态环境的违法行为进行制止和处罚的监督管理职责的责任主体。公益诉讼起诉人以××乡政府不履行清理垃圾职责为由提起的诉讼不符合《中华人民共和国行政诉讼法》（2017年修正）第四十九条第（四）项规定。一审法院裁定驳回公益诉讼起诉人的起诉并无不当。裁定驳回上诉，维持原裁定。

吉林省人民检察院抗诉称，第一，××市中级人民法院作出行政裁定，适用法律错误，裁定驳回上诉，维持一审裁定的结论错误。1.依照《中华人民共和国行政诉讼法》（2017年修正）第二十五条第四款、《最高人民法院、最高人民检察院关于检察公益诉讼案件适用法律若干问题的解释》（法释〔2018〕6号，2018年3月2日起施行，已修改）第二十二条之规定，只要负有监督管理职责的行政机关违法行使职权或者不作为，致使国家利益或者社会公共利益受到侵害，经诉前程序仍不依法履职或者纠正违法行为的，检察机关就有权提起公益诉讼。根据职权法定原则，有法律法规明文规定职权的行政机关在其职权范围内对相应事项即负有"监督管理职责"，上述法律规定中的"监督管理职责"未做任何限定和划分，而二审法院将行政机关的法定监督职责区分为治理职责和对违法行为的监管职责，并认为"目前行政诉讼有权调整的行政行为应当限定在行政机关运用公共权力对破坏生态环境的违法行为进行监督管理的范围内"的观点，是对"监督管理职责"进行限缩解释，缩小了公益诉讼受案范围，明显与立法不符。可见，法院未按照法律规定的条件受理行政公益诉讼案件，属于适用法律错误。2.将行政机关的职责区分为治理职责和对违法行为的监管职责的观点没有法律依据，学理上的探讨不能成为排除法院受理案件的理由。《中华人民共和国行政诉讼法》（2017年修正）第十三条及《最高人民法院关于适用〈中华人民共和国行政诉讼法〉的解释》（法释〔2018〕1号，2018年2月8日起施行）第一条第二款对不属于受案范围的事项进行了详细规定，而此案不属于上述法条规定的情形，二审法院仅依据此理论认为不属于法院受案范围，属于适用法律错误。3."××乡政府是否履行清理垃圾的职责不受行政诉讼法调整"的观点与现有司法判例和司法机关形成的共识相悖。从××特区人民检察院诉贵州省××自治县××镇政府环境行政公益诉讼案以及省内其他地区类似情况的公益诉讼等判例可见，乡镇政府对辖区的环境卫生负有监督管理职责。具体到处置垃圾方面，无论是垃圾场选址还是垃圾的收集、采取防污措施、运输等，乡镇人民政府均有监督管理职责，未依法履职造成社会公益受损的案件均属于环境行政公益诉讼案件范围。这是全国司法机关形成的共识。

第二，根据现行的法律、法规及规范性文件，乡镇人民政府对于辖区内生活垃圾处理有明确的、具体的监督管理职责。从《中华人民共和国地方各级人民代表大会和地方各级人民政府组织法》（2015年修正，已修改）第六十一条"乡、民族乡、镇的人民政府行使下列职权：（二）执行本行政区域内的经济和社会发展计划、预算，管理本行政区域内的经济、教育、科学、文化、卫生、体育事业和财政、民政、公安、司法行政、计划生育等行政工作"的规定看，××乡政府对辖区的卫生工作具有明确职权，负有管理职责。从《中华人民共和国环境防治法》（2014年修订）第六条第二款"地方各级人民政府应当对本行政区域内的环境质量负责"；第三十三条第二款"县级、乡级人民政府应当提高农村环境保护公共服务水平，推动农村环境综合整治"；第三十七条"地方各级人民政府应当采取措施，组织对生活废弃物的分类处置、回收利用"；第五十一条"各级人民政府应当统筹城乡建设污水处理设施及配套管网，固体废物的收集、运输和处置等环境卫生设施，危险废物集中处置设施、场所以及其他环境保护公共设施，并保障其正常运行"的规定看，乡级人民政府对辖区环境质量负责，应当推动农村环境综合整治，应当采取有效措施，做好对生活废弃物的分类处置、回收利用的工作。从《中华人民共和国固体废物污染环境防治法》（2016年修正，已修改）第三节"生活垃圾污染环境的防治"第三十九条"县级以上地方人民政府环境卫生行政主管部门应当组织对城市生活垃圾进行清扫、收集、运输和处置，可以通过招标等方式选择具备条件的单位从事生活垃圾的清扫、收集、运输和处置"以及第四十九条"农村生活垃圾污染环境防治的具体办法，由地方性法规规定"的规定看，城市生活垃圾的监管部门是"县级以上地方人民政府环境卫生行政主管部门"，而农村生活垃圾的监管部门由地方性法规进行设定。依照《吉林省城市市容和环境卫生管理条例》[①] 第三条第二款"县级以上地方人民政府其他有关部门以及建制镇人民政府、街道办事处，应当在各自的职责范围内依法做好与城市市容和环境卫生管理有关的工作"和《吉林省环境保护条例》[②] 第十五条"城市街道办事处，乡镇人民政府按照有关规定，负责本辖区的环境保护工作"的规定，乡镇人民政府对本辖区的环境卫生工作负责，是农村生活垃圾的监管部门。从《吉林省生态环境保护工作职责规定（试行）》第八条、《××市生态环境保护工作职责规定（试行）》第九条"乡镇人民政府（街道办事处）应督促指导本辖区企事业单位和其他生产经营者落实环境保护措施，配置必要监管人员，落实监管网络的环境监管人员，落实监管网络的环境监管责任，加强隐患排查，发现环境违法问题及时向上级人民政府和有关部门报告。组织本辖区内各单位和居民开展农村环境综合整治，加强禽畜水产养殖等农业面源污染防治和秸秆禁烧，抓好生活垃圾分类处置、生活污水集中处理，加强农村饮用水源和耕地保护"。《××市生态环境保护工作责任规定（试行）》第九条"关于乡镇人民政府（街道办事处）生态环境保护职责"第（五）项"抓好生活垃圾分类处置、生活污水集中处理，加强农村饮用水源和耕地保护"；第（六）项"负责域内河道垃圾、畜禽实体等对水体产生污染的物质实施清理和处理，对乡镇（街）出境断面水质负责"以及《××市市容和环境卫生管理条例》第六条第三款"乡（镇）人民政府和街道办事处负责本辖区内的市容和环境卫生管理工作"的规定看，乡镇人民政府负责辖区生

---

① 2008年11月28日吉林省人民代表大会常务委员会公告第10号公布，自2009年4月1日起施行，该法规被《吉林省人民代表大会常务委员会关于修改和废止〈吉林省建设工程勘察设计管理条例〉等7部地方性法规的决定》（2023年12月1日发布，2023年12月1日实施）修订。

② 2004年6月18日吉林省人民代表大会常务委员会公布，自2004年7月1日起施行，该法规被《吉林省生态环境保护条例》（2020年11月27日发布，2021年1月1日实施）废止。

态环境保护工作职责清晰，内容明确。另，从国务院《村庄和集镇规划管理条例》①第六条第三款"乡级人民政府负责本行政区域的村庄、集镇规划建设管理工作"以及第三十九条"有下列行为之一的，由乡级人民政府责令停止侵害，可以处以罚款；造成损失的，并应当赔偿：（一）损坏村庄和集镇的房屋、公共设施的；（二）乱堆粪便、垃圾、柴草，破坏村容镇貌和环境卫生的"的规定看，乡级人民政府对于乱堆垃圾行为有制止和罚款权力。可见，无论是法律、行政法规、地方性法规以及从省级到县级关于生态环境保护工作职责的文件，都明确规定了乡镇人民政府对辖区环境卫生的监督管理职责。这种监督管理职责包含的不仅是法律层面的对辖区环境保护的宏观规定，还有地方性法规和地方性文件细化后的具体职权，更有行政法规规定的对行政相对人具有责令停止侵害、处以罚款的权力，所以××乡人民政府作为一级政府，对其乡镇辖区存在的生活垃圾处理负有监督管理职责。二审法院未适用上述法律规定，而适用《吉林省环境保护条例》②第十二条认定"××乡政府不是履行对破坏生态环境的违法行为进行制止和处罚的监督管理职责的责任主体"存在法律适用错误。综上，二审法院对行政公益诉讼的受案范围及行政机关的"监督管理职责"理解不当，适用法律错误，特提出抗诉，请依法再审。

××乡人民政府答辩称：一、案涉垃圾堆放的地点在××江河道内，应当由县级的水行政管理部门管辖；二、接到检察建议后，××乡人民政府组织人力物力向市政府申请资金，在2018年6月对垃圾堆放问题进行了首次处理，固体垃圾清理完毕并填埋，本案涉及的6000多吨垃圾彻底清理，案涉地点从外观上已经恢复了原状。

吉林省高级人民法院查明事实与吉林省××市中级人民法院二审查明事实一致。另查明，案涉垃圾场位于××乡××村林场东北方位，距××江500米，属于××乡辖区。该垃圾场共有两处堆放点，均为沙土坑，经测绘垃圾堆放量为6051.5立方米，附近林地及路边还有大量零散倾倒的垃圾。××检察院2017年4月18日向××乡政府发出检察建议，2017年6月17日邀请环保专家与测绘人员复查现场发现，垃圾堆放点边缘地带又新增两堆生活垃圾与建筑垃圾的混合物。

吉林省高级人民法院裁定，支持吉林省人民检察院的抗诉意见。理由如下：

---

① 1993年6月29日中华人民共和国国务院令第116号公布，自1993年11月1日起施行，现行有效。

② 2004年6月18日吉林省人民代表大会常务委员会公布，自2004年7月1日起施行，该法规被《吉林省生态环境保护条例》（2020年11月27日发布，2021年1月1日实施）废止。

首先,××市××乡人民政府具有环境保护"监督管理职责"。乡人民政府具有环境保护的"监督管理职责"或"环境保护职权"。《中华人民共和国环境保护法》(2014年修订)明确了乡人民政府在农村环境保护中的相应职责。《中华人民共和国环境保护法》(2014年修订)第六条第二款规定:"地方各级人民政府应当对本行政区域的环境质量负责。"该条款是对环境保护义务的规定。之所以法律规定地方政府要对环境质量负责,主要是因为环境是典型的公共产品,政府作为公共物品的管理者应当对环境质量负责。由于影响环境质量的因素具有复杂性,能够承担起统筹协调各种资源,综合治理,改善环境质量责任的,除了政府以外没有其他主体。《中华人民共和国环境保护法》(2014年修订)第二十八条第一款规定:"地方各级人民政府应当根据环境保护目标和治理任务,采取有效措施,改善环境质量。"本条是关于地方政府改善环境质量的规定,明确了各级人民政府是环境保护的主要责任主体。《中华人民共和国环境保护法》(2014年修订)第三十三条第二款规定:"县级、乡级人民政府应当提高农村环境保护公共服务水平,推动农村环境综合整治。"该条款是关于农业与农村环境保护的规定,明确了具体担负起提高农村环保公共服务水平的责任主体是县、乡两级人民政府。《中华人民共和国环境保护法》(2014年修订)第三十七条规定:"地方各级人民政府应当采取措施,组织对生活废弃物的分类处置、回收利用。"该条是关于地方政府组织处理生活废弃物的规定,明确了地方各级人民政府为责任主体。《中华人民共和国环境保护法》(2014年修订)第六十八条规定:"地方各级人民政府、县级以上人民政府环境保护主管部门和其他负有环境保护监督管理职责的部门有下列行为之一的,对直接负责的主管人员和其他直接责任人员给予记过、记大过或者降级处分;造成严重后果的,给予撤职或者开除处分,其主要负责人应当引咎辞职……"地方各级人民政府、县级以上人民政府环境保护主管部门和其他负有环境保护监督管理职责的部门享有环境监督管理的权力,同时承担相应的环境监管义务,对于不依法履行监管职责的,应当承担相应的法律责任。此外,抗诉机关援引的《吉林省生态环境保护工作职责规定(试行)》第八条、《××市生态环境保护工作职责规定(试行)》第九条等规定,也从不同角度对于乡政府的环保职责进行了规定。具体规定还有1993年11月1日施行的国务院《村庄和集镇规划建设管理条例》①第三十九条:"有下列行为之一的,由乡级人民政府责令停止侵害,可以处以罚款;造成损失的,并应当赔偿:(一)损坏村庄和集镇的房屋、公共设施的;(二)乱堆

---

① 1993年6月29日中华人民共和国国务院令第116号公布,自1993年11月1日起施行,现行有效。

粪便、垃圾、柴草，破坏村容镇貌和环境卫生的。"乡级人民政府依法需要承担包括环境保护相关职责，已经在《中华人民共和国环境保护法》中予以明确，且不是被作为集中列举的政府的抽象的职权之一，而是规定了关于环境保护的具体职权。因此，乡政府作为行政体系一员，环境保护职权属于其法定职责的一部分，对于垃圾堆放等破坏乡村环境行为，乡政府应当承担相应的"监督管理职责"。由于环保工作的特殊性和复杂性，人民法院不应在判决中对乡政府环境保护"监督管理职责"作限缩解释，或片面解读，而应从《中华人民共和国环境保护法》（2014年修订）立法体系、立法本意出发，结合具体案例的实际情况，对乡政府环境保护"监督管理职责"全面解读。《中华人民共和国行政诉讼法》（2017年修正）第二十五条第四款"人民检察院在履行职责中发现生态环境和资源保护、食品药品安全、国有财产保护、国有土地使用权出让等领域负有监督管理职责的行政机关违法行使职权或者不作为，致使国家利益或者社会公共利益受到侵害的，应当向行政机关提出检察建议，督促其依法履行职责。行政机关不依法履行职责的，人民检察院依法向人民法院提起诉讼"中规定的"监督管理职责"应当不仅包括前述行政机关"运用公共权力使用公共资金，组织相关部门对生态环境进行治理"的管理职责，还指行政机关依据法律、法规或者规章的明确授权行使的监督管理职责。

其次，原一、二审适用法律错误。在课予义务诉讼中被告就原告请求事项是否具有相应职责，原则上属于实体审查内容，只有明显不属于行政机关权限范围的，才可以适用"速裁程序"。课予义务诉讼程序裁判规定，《最高人民法院关于适用〈中华人民共和国行政诉讼法〉的解释》（法释〔2018〕1号，2018年2月8日起施行）第九十三条第二款："人民法院经审理认为原告所请求履行的法定职责或者给付义务明显不属于行政机关权限范围的，可以裁定驳回起诉"。一般情况下，对于行政机关是否具有法定职责或者给付义务，属于实体判断问题，应当采用判决方式，只有原告所请求履行的法定职责或者给付义务"明显"不属于行政机关权限范围的，才可以裁定驳回起诉。是否属于"明显"情形，应当由人民法院根据案件具体情况进行判断，但是不能滥用该款内容。最终裁定撤销××市人民法院（2017）行政裁定和吉林省××市中级人民法院（2018）行政裁定，并指令××市人民法院对本案进行审理。

2020年9月18日，××市人民法院重新组成合议庭审理该案。在此期间，××乡政府对案涉垃圾堆放场进行了清理，经吉林省、××市、××市三级人民检察院共同现场确认，垃圾确已彻底清理，但因××乡政府对其履职尽责标准仍然存在不同认识，××市检察院决定撤回第二项关于要求××乡政府依法履职的诉讼请求，保留第一项确认违法的诉讼请求。2020年12月28日，××

市人民法院作出行政判决，对于垃圾堆放等破坏辖区内环境卫生的行为，乡级人民政府应当依法履行"监督管理职责"，案件符合法定起诉条件。××乡政府对辖区内的环境具有监管职责，在收到检察建议后未及时履行监管职责进行治理，虽然现在已治理完毕，但××市检察院请求确认××乡政府原行政行为违法，于法有据。法院最后判决确认××乡政府原不依法履行生活垃圾处理职责违法。××乡政府未提出上诉，该判决已生效。

• 案件争点

《中华人民共和国行政诉讼法》（2017年修正）第二十五条第四款中规定的"监督管理职责"仅仅指行政机关依据法律、法规或者规章的明确授权行使的监督管理职责，还是既包括行政机关依据法律、法规或者规章的明确授权行使的监督管理职责，又包括行政机关运用公共权力使用公共资金，组织相关部门对生态环境进行治理的管理职责？

• 裁判要旨

《中华人民共和国行政诉讼法》（2017年修正）第二十五条第四款中的"监督管理职责"可分为"监督职责"和"管理职责"。前者具体表现为针对环境违法行为作出行政处罚决定、责令相对人改正违法行为、申请法院强制执行等，这类具体行政行为受司法调整。后者表现为行政机关为避免公益损害持续或扩大，依据相关规定，运用公共权力、使用公共资金等对受损公益进行恢复等，此属于行政机关的综合性治理行为。无论行政机关没有依法履行的是"监督职责"，还是"管理职责"，均属于"不依法履行职责"，检察机关都可以对此提起行政公益诉讼。

样本案例二

贵州省××市××区人民检察院诉××市××区××镇人民政府不履行环境资源管理职责公益诉讼案

• 法院

贵州省××市××区人民法院

• 诉讼主体

公益诉讼起诉人：贵州省××市××区人民检察院
被告：贵州省××市××区××镇人民政府

• 基本案情

公益诉讼起诉人××市××区人民检察院在履行职责中发现，被告××镇政府在未办理相关审批手续，未采取防渗漏、防扬散、防臭气等环保措施的情况下，将××镇周边以及辖区内几个村寨的垃圾收集并运输至××居委会××海坝堆放，严重污染当地环境，并引起附近村民投诉。2019年1月18日、22日、24日，××市××区人民检察院分别对××海坝垃圾场附近村民张某某、××镇××居委会支书陈某某、××镇政府四创办工作人员王某、××镇政府垃圾清运驾驶员邓某某进行调查询问，并作了询问笔录。张某某证实××海坝垃圾场严重影响其生产生活；陈某某证实××海坝垃圾场只修建了围墙，没有修建其他设施；王某证实××海坝垃圾场的垃圾系政府安排人员集运堆放的；邓某某证实其从2018年开始运垃圾到××海坝垃圾场。2019年1月25日，××市××区人民检察院向被告××镇政府发出检察建议书，要求××镇政府在收到检察建议书后两个月内依法履行辖区垃圾管理职责，对××镇××居委会××海坝违法堆放的垃圾进行处置，并书面回复××市××区人民检察院。被告××镇政府于2019年1月25日收到检察建议书后，于2019年3月20日作出了书面回复，现正将垃圾集中转运至发电站。后××市××区人民检察院发现××镇政府又继续在××海坝垃圾场堆放垃圾，便委托××测绘咨询有限公司对××镇××海坝垃圾场占地面积及垃圾堆放工程量进行测量。2020年9月10日，××测绘咨询有限公司出具《××镇××海坝垃圾场占地面积及垃圾堆放工程量测量报告书》，测量结果为：占地面积1687.7平方米（折合2.5316亩）；垃圾堆放工程量为4507.5立方米。2020年9月11日，××市××区人民检察院对张某某、蔡某某进行调查询问，并作了询问笔录，其二人证实被告××镇政府现又继续往××居委会××海坝堆放垃圾。2020年9月23日，贵州省高级人民法院聘用的环境资源审判咨询专家刘某某、吴某出具《××市××区××镇（原××县××镇）××海坝垃圾场环境影响评估专家意见》，初步评估结论为：该垃圾场以生活垃圾为主，垃圾场占地面积1687.7平方米（折合2.5316亩），垃圾堆放量4507.5立方米，垃圾场已严重污染水环境、大气环境和土壤环境，危害周边居民身体健康，造成当地居民生活质量下降，产生了严重的环境影响。截至××市××区人民检察院向法院提起公益诉讼时，××居委会××海坝仍然堆放大量垃圾。

法院经审理后认为,公益诉讼起诉人××市××人民检察院已在诉前向被告××镇政府送达了书面检察建议,履行了相关的诉前程序,并向法院提交了被告未依法全面履行职责的证据材料,符合公益诉讼的起诉条件。根据《中华人民共和国环境保护法》(2014年修订)第六条第二款"地方各级人民政府应当对本行政区域的环境质量负责",《中华人民共和国固体废物污染环境防治法》(2020年修订)第二十条第一款"产生、收集、贮存、运输、利用、处置固体废物的单位和其他生产经营者,应当采取防扬散、防流失、防渗漏或者其他防止污染环境的措施,不得擅自倾倒、堆放、丢弃、遗撒固体废物"及《贵州省城镇垃圾管理办法》(2012年修正)第七条第二款"镇人民政府负责本辖区内的垃圾管理工作"的规定,被告××镇政府负责辖区内的垃圾管理工作,应当履行辖区内的垃圾治理职责。被告在未办理相关审批手续,未对场地作任何环境治理处理的情况下,直接倾倒垃圾,且未采取防扬散、防流失、防渗漏或者其他防止污染环境的措施,致使大量垃圾裸露在外,常年散发腐臭气味,对周边环境造成污染,影响了周边村民的生产生活。被告在检察机关发出检察建议后,虽将××海坝垃圾场的垃圾进行转运,但后又在该处继续堆放垃圾。××海坝垃圾场的环境污染未消除,对当地生态环境仍产生不利影响,社会公共利益仍处于被侵害状态。

法院最终判决确认被告××市××区××镇人民政府将辖区垃圾集中堆放在××市××区××镇××居委会××海坝的行政行为违法,并限被告××市××区××镇人民政府于判决生效之日起六十日内依法履行垃圾管理职责,消除该镇××居委会××海坝垃圾场的环境污染。

• 案件争点

行政机关在收到检察建议书后两个月内书面回复了检察机关是不是属于"依法履行职责"?检察机关是不是不能以其为被告提起行政公益诉讼呢?

• 裁判要旨

基于检察建议而产生的回复期限仅是程序性履职期限,真正决定检察机关能否提起公益诉讼的是行政机关纠正"不依法履行职责"的完成期限,即在合理期限内行政机关是否"依法履行职责",判断标准就是生态环境公益是否还处于被侵害状态。生态环境公益不再处于被侵害状态,检察机关就不会提起行政公益诉讼,反之,检察机关将提起行政公益诉讼。

样本案例三

江西省××市××区人民检察院诉江西省××市水务局怠于履行河道监管职责公益诉讼案

● **法院**

江西省××市××区人民法院

● **诉讼主体**

公益诉讼起诉人：××市××区人民检察院

被告：××市水务局

● **基本案情**

2014年8月20日，水务局执法人员在巡查中发现××市××区××镇×××村村民赖某某在××镇××江段设立采砂场，从事非法采砂。当天，执法人员对赖某某作调查询问笔录，并作检查（勘验）笔录。赖某某称，其于2014年5月中旬建厂，自2014年8月13日开采，每天采砂30方左右。2014年8月22日，被告向赖某某砂场送达责令停止违法通知书，确认其未经批准进行非法无证采砂。依据《江西省河道管理条例》（2018年修正，已修改）第五十条规定，责令赖某某立即停止违法行为，在2014年8月27日之前予以改正；逾期不改正，将依法进行处理。

2016年9月20日，水务局执法人员再次发现涉案砂场从事非法无证采砂。当天，执法人员对赖某某作调查询问笔录，赖某某承认其系砂场股东，2015年停业，2016年9月开采，每天采砂50方左右。执法人员在现场拍摄照片，显示现场有大型采砂设备和构筑物。2016年10月28日××市水利管理行政执法支队向水务局作出调查报告，建议水务局立案查处。水务局于同日立案。2016年12月2日，水务局对赖某某砂场送达责令停止违法通知书，责令其立即停止违法行为，并要求赖某某于2016年12月7日前将整改情况书面报告水务局。

2017年5月4日，水务局执法人员再次对赖某某作出调查询问笔录，赖某某确认自2014年8月开始采砂，共生产10个月，采砂量10000方左右，采砂设备有打砂机、吊机、装载机、破碎机各一台，四条运砂船。执法人员采用GPS定位测量计算赖某某砂场现场堆放砂石约10000方。同日，水务局向赖某某砂场送达《行政处罚事先告知书》。赖某某在声明书上签字确认，对违法事实、处罚依据及内容没有异议。经集体讨论决定，被告于 2017 年 5 月 12 日作出行政处罚决定书，对赖某某砂场作出罚款 20000 元的行政处罚，限其自收到决定书之日起 15 日内缴纳罚款。

2017 年 9 月 19 日，公益诉讼起诉人派驻××生态检察室在履行生态检察职能中发现涉案线索后移交公益诉讼起诉人办理。2017 年 9 月 28 日，经××人民检察院批准同意，公益诉讼起诉人依法决定立案审查。2017 年 10 月 26 日，公益诉讼起诉人向被告发出检察建议书，建议：1. 责令督促赖某某及时清除堆放的砂石及废弃采砂设备，确保河道管理安全；2. 加大执法力度，督促赖某某履行罚款 20000 元的行政处罚决定；3. 加强对辖区内河道采砂行为的监管，依法全面履职。同时要求被告在收到检察建议书后一个月内书面回复。

收到检察建议后，被告对赖某某进行了约谈。2017 年 11 月 23 日，赖某某缴纳罚款 20000 元。2017 年 11 月 27 日，被告将检察建议落实情况书面回复公益诉讼起诉人，主要内容为：堆放的砂石及废弃采砂设备正逐步清除，罚款 20000 元执行到位，今后的工作中将依法加大对辖区内河道采砂行为的监管。收到被告回复后，公益诉讼起诉人分别于 2017 年 11 月 29 日、2017 年 12 月 6 日、2017 年 12 月 13 日到赖某某采砂场回访调查，发现赖某某堆放的砂石及废弃采砂设备仍在河道管理范围内。

2017 年 12 月 1 日，公益诉讼起诉人分别对赖某某、被告执法人员作询问笔录，赖某某确认被告几次要求他清理堆放在涉案现场的砂石及设备，但仍没有清理。2017 年 12 月 6 日，公益诉讼起诉人勘验检查赖某某采砂场的面积为 5.67 亩。2018 年 1 月 4 日、2018 年 3 月 19 日，公益诉讼起诉人分别再次到赖某某采砂场进行现场勘验调查发现，赖某某堆放的砂石及废弃设备仍未清理，被破坏的河堤仍未得到修复，修建的不规则混凝土采砂构筑物等仍未拆除清理，河道管理范围内的环境未得到改善、修复。公益诉讼起诉人遂向法院提起诉讼。

2018 年 3 月 26 日，被告再次对赖某某作询问笔录。2018 年 3 月 27 日至 31 日，被告监督赖某某砂场进行了一定整改。2018 年 4 月 26 日，公益诉讼起诉人到涉案砂场现场调查发现，采砂场地面仍存在部分砂石，被毁损的河堤未得到修复，水泥石墩构筑物仍未拆除。2018 年 5 月 2 日，公益诉讼起诉人到赖某某砂场现场调查发现，被毁损的河堤仍未得到修复，水泥石墩构筑物仍未拆除。

法院经审理认为，2014 年 8 月，被告执法人员首次发现涉案非法采砂行为，履行了责令停止违法行为的法定职责，但未立案处理，是否造成损失，是否有违法所得，没有调查情况反映。在发出责令停止违法行为通知之后，被告亦无任何证据表明反映了该违法行为的后续情况，非法采砂行为何时停止情况不明。2016年9月20日，被告执法人员再次发现非法采砂行为后，被告于2016年10月28日立案，2016年12月再次责令立即停止违法行为，并要求赖某某于2016年12月7日前将整改情况书面报至被告。在整改期限到期后，亦没有反映整改情况。被告于2017年5月12日作出罚款20000元的行政处罚决定。显然，在此案中，对于涉案非法采砂行为，被告虽履行了一定的职责，但对是否造成损失，从而责令其赔偿损失；是否有违法所得，从而没收其违法所得；是否构成危害堤防安全，从而没收其采砂船等调查，没有依法全面履行职责，调查取证不全面。特别是在违法人员多次违法的情况下，仍仅采取了约束力极低的通知停止违法行为，而对赖某某运输船、破碎机等采砂工具均未采取扣押或没收等措施。被告在执法过程中没有严格、全面履职，使违法行为持续时间较长，严重损害社会公共利益，属于怠于全面履行河道监管职责。被告在收到公益诉讼起诉人的检察建议后及公益诉讼起诉人诉至法院后，虽积极履行了恢复河道的一定职责，但在此案判决前，赖某某砂场采砂段违法建设的水泥石墩构筑物仍未拆除。且至此案开庭之日止，赖某某砂场采砂段被毁损的河堤、河道亦未得到修复。被告未责令违法人员采取补救措施，属于未依法全面履职。法院最终判决确认被告××市水务局怠于履行河道监管职责的行为违法，并责令被告××市水务局继续履行督促赖某某恢复被占用的河道原状等监管职责，确保河道管理安全。

• **案件争点**

行政机关已在规定期限内对违法行为采取一定措施，是否属于"依法履行职责"，是否还需要继续履行职责？

• **裁判要旨**

如果行政机关仅仅针对违法行为作出行政决定而不管相对人是否实际履行，或者在行政处罚、行政命令及行政强制等多类型行政手段中，行政机关所采取的手段并不足以救济生态公益，如对相对人应当采取扣押等更严厉的措施却采取了约束力极低的通知停止违法行为等措施，都可归属于"依法履行职责"的不完全、不全面，可认定为是"不依法履行职责"，从而要求行政机关继续履行职责。

三、司法案例类案甄别

（一）事实对比

样本案例一查明事实：××市人民检察院在××乡政府辖区内××江河道管理范围内，发现有6051.5立方米垃圾堆放。垃圾为无序堆放，未作防渗漏、防扬散及无害化处理。××市人民检察院于2017年4月18日向××乡政府发出检察建议书，建议依法履行统筹和监管职责，对违法存在的垃圾堆放场立即进行治理。2017年5月12日××乡政府向××市检察院回复称，××乡党委及政府高度重视此问题，制定了××乡垃圾堆放场整治方案。××市人民检察院于2017年6月5日、2017年6月9日、2017年6月17日、2017年6月23日四次复查现场后，认为垃圾堆放点有二辆铲车在推土掩埋，有少量垃圾仍处于裸露状态，××乡政府未依法履行监管职责，对违法形成的垃圾处理场未进行彻底整治，公共利益仍处于持续损害之中。

样本案例二查明事实：2015年以来，贵州省××市××区××镇人民政府在未办理规划、土地、环保相关审批手续，未采取防渗漏、防扬散、防臭气等环保措施的情况下，将镇政府周边及附近村寨垃圾收集并运输至该镇××海坝处违法占地堆放。2019年1月25日，贵州省××市××区人民检察院向××镇政府发出诉前检察建议书，建议其治理垃圾堆放场，消除环境污染。2019年3月20日，××镇政府书面回复称，已对××海坝垃圾堆放场进行清运整改。同年4月10日，××区检察院经过实地调查核实，发现违规堆放垃圾已经清运。2020年7月，××区检察院发现××镇政府仍继续在××海坝违规倾倒垃圾，该垃圾场违法占地1687.7平方米，堆放工程量为4507.5立方米，严重污染生态环境。

样本案例三查明事实：江西省××市水务局执法人员在巡查中发现赖某某在××镇××江段非法采砂，遂先后两次向其送达责令停止违法通知书。经立案调查后，作出罚款20000元的行政处罚决定。2017年9月，江西省××市××区人民检察院向市水务局发出检察建议书。市水务局对赖某某进行约谈，赖某某缴纳了罚款20000元。后市水务局将检察建议落实情况书面回复区检察院。区检察院进行回访调查，发现赖某某堆放的砂石及废弃采砂设备并未清除，河道管理范围内的环境未得到改善、修复。

从认定事实情况看，在样本案例一、二、三中，法院查明事实均围绕行政机关是否存在"不依法履行职责"的情形展开。从涉案行政机关看，样本案例一的行政机关是吉林省××市××乡政府，样本案例二的行政机关是××市××区××镇人民政府，样本案例三的行政机关是江西省××市水务局，三个行政主体均是对辖区内环境负有监管职责的环境行政机关。从三被告收到检察建议书后的行政行为和结果看，样本案例一××乡政府制定了××乡垃圾堆放场整治方案，对现存垃圾进行掩埋封闭、筹备购买垃圾清运车辆，但这种掩埋处理是在未采取防渗漏等无害化处理措施的情况下进行的，且垃圾堆放场边缘地带陆续有新增的垃圾出现，环境污染未得到有效整治，公益持续受损；样本案例二××镇政府对违规堆放的垃圾进行清运整改，但后在同一地点继续倾倒垃圾，环境污染问题不仅未解决，反而进一步加剧；样本案例三××市水务局责令非法采砂人停止违法行为，并罚款 20000 元，但现场堆放的砂石及废弃采砂设备并未清除，河道未得到修复。从法律事实看，三个样本案例均有相似的事实，即相关环境行政机关在收到检察建议书后均采取了一定的行政行为，但环境公益受损的情况并未得到根本改善。

（二）适用法律对比

样本案例一吉林省高院再审认为，根据《中华人民共和国环境保护法》（2014 年修订）第六条第二款、第二十八条第一款、第三十三条第二款、第三十七条、第六十八条，《吉林省生态环境保护工作职责规定（试行）》第八条、《××市生态环境保护工作职责规定（试行）》第九条、《村庄和集镇规划建设管理条例》①第三十九条的规定，政府作为行政体系一员，环境保护职权属于其法定职责的一部分，对于垃圾堆放等破坏乡村环境行为，乡政府应当承担相应的"监督管理职责"。

样本案例二一审法院认为：根据《中华人民共和国环境保护法》（2014 年修订）第六条第二款、《中华人民共和国固体废物污染环境防治法》（2020 年修订）第二十条第一款、《贵州省城镇垃圾管理办法》（2012 年修正）第七条第二款的规定，××镇政府负责辖区内的垃圾管理工作，应当履行辖区内的垃圾治理职责。

样本案例三一审法院认为：根据《中华人民共和国河道管理条例》（2018 年修订）第五条、第四十四条、《江西省河道管理条例》（2018 年修正，已修改）第四条等规定，××市水务局作为市级河道主管部门，具有履行河道监管

---

① 1993 年 6 月 29 日中华人民共和国国务院令第 116 号公布，自 1993 年 11 月 1 日起施行，现行有效。

的法定职责,对未经批准在河道管理范围内采砂具有行政强制权和行政处罚权。

从法律适用角度看,样本案例一法院适用《中华人民共和国环境保护法》(2014年修订)第六条第二款、第二十八条第一款、第三十三条第二款、第三十七条、第六十八条法律规定;样本案例二法院适用《中华人民共和国环境保护法》(2014年修订)第六条第二款法律规定;样本案例三法院适用《中华人民共和国河道管理条例》(2018年修订)第五条、第四十四条规定。看似前两个样本适用法律基本一致,后一个样本与前两个样本在适用法律上不具有一致性。实际上,由于环境问题比较复杂,环境要素不同,监管部门不同,所担负的监管职责也不同,因此环境保护法律体系中,在综合法《中华人民共和国环境保护法》之外,尚有诸多单行法、行政规章、地方性法规等法律文件。这些法律文件明确了某一环境要素的具体监管机关,细化了具体监管机关的职责,以避免在环境监管过程中出现职权不清、互相推诿的情形。从这一方面看,三个样本所适用的法律在本质上具有一致性,即"一般职责规定+具体细化职责"的法律适用模型。

(三)适用法律程序对比

从适用法律程序情况看,按照《最高人民法院关于人民法院案件案号的若干规定》(法〔2015〕137号,2016年1月1日起施行,已修改)要求,样本案例一、二、三均为一审行政案件。从程序类别看,三个样本均适用行政公益诉讼程序。从程序层级看,三个样本均适用一审诉讼程序。三个样本裁判在适用法律程序上高度一致。

(四)类案大数据报告

截至2023年12月31日,以"行政公益诉讼""生态环境保护""监督管理职责"等为并列关键词,通过公开案例数据库检索,共检索到类案133件。经过筛选与本规则相关的案例,剔除无关联案件和同一案件的多个文书,实际共查找到高度关联的82份案例裁判文书。

从地域分布来看,该类型案例主要分布于吉林省、贵州省、湖北省、甘肃省、安徽省、内蒙古自治区,案件数量分别为24件、10件、8件、8件、8件、5件;其余案件分布省份为云南省4件、江苏省3件、四川省、广东省、福建省各2件,陕西省、河北省、山西省、山东省、湖南省、重庆市各1件。

从结案年度分布来看,2018年结案数最多,为22件;其次是2017年为20件,2019年为16件,2020年为14件,2016年为5件;2021年和2023年各2件;2022年1件。

从案由类型分布来看，水污染案件数量相对较多，为27件；固体废物污染案件22件；森林草原植被破坏案件20件；地质地貌环境破坏案件10件；湿地破坏、河道破坏和大气污染案件各1件。

通过对人民法院关于案件争议焦点和行政机关"不依法履行职责"的认定进行梳理归纳，得出认定行政机关"不依法履行职责"的三类裁判要素："要素一，行政机关是否具有相应的监管职责；要素二，行政机关是否在法定合理的期限内积极履行职责；要素三，行政机关是否通过履行职责保护了生态环境公共利益。"可以发现，法院在认定行政机关"不依法履行职责"时，通常不会采取单一的裁判要素，而是对上述三种裁判要素综合运用以全面考量行政机关是否"不依法履行职责"。对该类案相关裁判观点的裁判样本分布具体如下：综合运用"要素一＋要素二＋要素三"认定行政机关"不依法履行职责"的案件有57件，占比69.5%；综合运用"要素一＋要素三"认定行政机关"不依法履行职责"的案件有12件，占比14.6%；综合运用"要素二＋要素三"认定行政机关"不依法履行职责"的案件有8件，占比9.8%；综合运用"要素一＋要素二"认定行政机关"不依法履行职责"的案件有4件，占比4.8%；单独运用要素一认定行政机关"不依法履行职责"的案件有1件，占比1.2%。

四、类案裁判规则的解析确立

（一）检索案件构成类案

通过对案件事实、适用法律、适用法律程序的细致对比，检索案件均属如何认定检察环境行政公益诉讼中的"不依法履行职责"，法院以适用综合法《中华人民共和国环境保护法》，单行法《中华人民共和国固体废物污染环境防治法》《中华人民共和国水污染防治法》《中华人民共和国土壤污染防治法》等环境法律规定为主，并且均适用行政公益诉讼审判程序，具有高度的类案特征，构成类案。

（二）案件争点相同

案件争议焦点都是如何判定检察环境行政公益诉讼中相关环境行政机关构成"不依法履行职责"。

（三）裁判规则确立

1. "不依法履行职责"的判定。

该判定需综合考量三大要素：其一是履职范围，即相关环境行政机关是否拥有相应职权；其二是履职期限，即相关行政环境机关需要在多长时间内"履行职责"；其三是履职程度，即相关环境行政机关"履职"达到什么样的程度才不被认定为"不依法履行职责"。三大要素缺一不可，并以逐步递进的方式发挥对"不依法履行职责"的审查功能。

2. 确立裁判规则理由。

《中华人民共和国行政诉讼法》（2017年修正）第二十五条第四款确立了检察行政公益诉讼制度，明确检察机关提起行政公益诉讼须满足的条件之一是"负有监督管理职责的行政机关违法行使职权或者不作为"，即"不依法履行职责"，但对哪些情形属于"不依法履行职责"未作详细规定。随后颁行的《最高人民法院、最高人民检察院关于检察公益诉讼案件适用法律若干问题的解释》（法释〔2018〕6号，2018年3月2日起施行，已修改）照搬了这一规定，造成司法实践中对如何认定"不依法履行职责"有不同理解，产生争议。通过对环境行政公益诉讼案例中"不依法履行职责"的统计研究可以发现，环境行政机关"不依法履行职责"主要表现为两种形式：一种是怠于履行职责；另一种是违法履行职责。一般认为，怠于履行职责就是消极不作为，实际上怠于履行职责既包括消极不作为，也包括积极不作为。消极不作为常见于三种情形：其一是行政机关认为己方不负有对某一事项的监管职责从而不对违法行为采取行政手段。如在样本案例一××市人民检察院诉××市××乡人民政府不履行环保监督管理职责公益诉讼案中，××乡政府认为其对堆放在××江河堤内的垃圾只有管理职责，监管职责应由有关行政主管部门行使；其二是行政机关对违法行为采取了行政手段，但未监督生效行政决定的执行。如在样本案例三江西省××市××区人民检察院诉江西省××市水务局怠于履行河道监管职责公益诉讼案中，水务局对违法相对人作出罚款20000元的行政处罚，但相对人并未及时缴纳罚款，水务局对此未予以督促；其三是行政机关对违法行为仅采取了部分行政手段，未穷尽可能的救济措施。如在样本案例三江西省××市××区人民检察院诉江西省××市水务局怠于履行河道监管职责公益诉讼案中，××市水务局虽责令违法采砂者停止违法行为，并对其作出罚款的行政处罚，但并未清除现场堆放的砂石及废弃采砂设备，河道未得到修复，环境公益处于持续受损状态。积极不作为表现在行政机关虽认为己方对某一事项不负有监管职责，但将其移送至有权机关。如在××市××区人民检察院诉××市林业局不履行法定职责行政公益诉讼案中,××林业局认为其仅对占用林地非法采矿致所占林地植被全部毁坏的行为负有监管职责,因非法烧矿所产生的大气污染造成的森林毁坏属于××市环境保护局的职责,并将案件移送至环境保护局查处。违法履行职责,通常表现为行政机关自身违法行使职权导致环境受损。在样本案例二贵州省××市××区人民检察院诉××市××区××镇人民政府不履行环境资源管理职责公益诉讼案中,××镇政府在未办理规划、土地、环保相关审批手续,未采取防渗漏、防扬散、防臭气等环保措施的情况下,将当地垃圾收集运输至该镇××海坝处违法占地堆放,对周边环境造成严重污染就是此种情形。

为明确哪些情形属于行政机关"不依法履行职责",《人民检察院公益诉讼办案规则》(高检发释字〔2021〕2号,2021年7月1日起施行)第八十二条规定:"有下列情形之一的,人民检察院可以认定行政机关未依法履行职责:(一)逾期不回复检察建议,也没有采取有效整改措施的;(二)已经制定整改措施,但没有实质性执行的;(三)虽按期回复,但未采取整改措施或者仅采取部分整改措施的;(四)违法行为人已经被追究刑事责任或者案件已经移送刑事司法机关处理,但行政机关仍应当继续依法履行职责的;(五)因客观障碍导致整改方案难以按期执行,但客观障碍消除后未及时恢复整改的;(六)整改措施违反法律法规规定的;(七)其他没有依法履行职责的情形。"总结来看,判定哪些情形属于"不依法履行职责"需要综合考量三个因素:其一是履职范围,即环境行政机关对某一事项是否有监管职责;其二是履职期限,即环境行政机关有没有在合理的期限内"履行职责","履行职责"是否及时,这属于效率范畴的事项,关系到受损的环境公益能否及时得到修复;其三是履职程度,即环境行政机关有没有穷尽"履行职责"方式,"履行职责"是否全面、充分,这属于公平范畴的事项,关系到环境行政机关是否被客观对待。

(1)明确履职范围是认定行政机关"不依法履行职责"的逻辑起点

如样本案例一的情形,为何案件经过一审、二审、再审程序后,又以省高院指令一审法院审理才得以结束,就在于法院、检察院及行政机关对何为"监督管理职责"有不同的认识理解。××市法院一审认为××乡政府只对垃圾处理负有管理职责,监管职责应由有关行政主管部门行使。××市中级法院二审认为,行政机关对生态环境的行政管理职责包括两部分:一是运用公共权力使用公共资金、组织相关部门对生态环境进行治理,例如垃圾处理;二是运用公共权力对破坏生态环境的违法行为进行监督管理,例如依法制止擅自倾倒垃圾的违法行为。其中,前者不属于司法调整范围,行政诉讼有权调整的行政行为应当限定在后者的范围内,即《中华人民共和国行政诉讼法》(2017年修正)

第二十五条第四款的"监督管理职责"应当不包括治理生态环境的管理职责，仅应指依据法律规范的明确授权行使的监督管理职责。吉林省高院再审认为吉林省检察院的抗诉理由成立，明确××市××乡政府具有环境保护"监督管理职责"。最终的结论是《中华人民共和国行政诉讼法》（2017年修正）第二十五条第四款中的"监督管理职责"，不仅包括行政机关对违法行为的行政处罚职责，也包括行政机关为避免公益损害持续或扩大，依据法律、法规、规章等规定，运用公共权力、使用公共资金等对受损公益进行恢复等综合性治理职责。该案件之所以具有指导意义，就在于其对"监督管理职责"进行了类型化解构，注意到通过制止相对人的违法行为进行环境治理与通过运用公共权利、使用公共资金对环境进行治理的区别。前者属于"监督职责范畴"的事项，具体表现为针对环境违法行为作出行政处罚决定、责令相对人改正违法行为、申请法院强制执行等。这类具体行政行为受司法调整。后者属于"管理职责范畴"的事项。从司法案例看，"管理职责"又可细分为两种情况，一种是环境污染或生态破坏并非由相对人造成，而是由行政机关自身违法行使职权导致，行政机关为纠正自身违法行为所进行的清除或修复等综合治理行为，该"管理职责"的履职行为受司法调整，如湖北省××市人民检察院诉×市镇政府不依法履行职责行政公益诉讼案中，×市镇政府对垃圾场采取的综合整治行为即是如此。另一种是环境污染或生态破坏没有具体的违法者，而是由历史原因所形成。根据《中华人民共和国环境保护法》（2014年修订）的规定，行政机关对此负有"管理职责"，但行政机关由此采取的清除或修复等行为属于自由裁量权范围的事项，这意味着行政机关可以根据本地环境问题的轻重缓急，自行决定首先解决哪一类环境问题，或在哪一环境问题上投入更多公共资金，这类综合治理行为则不受司法调整。因此，《中华人民共和国行政诉讼法》（2017年修正）第二十五条第四款中的"监督管理职责"，不仅包括行政机关对违法行为的行政处罚职责，也包括行政机关为避免公益损害持续或扩大，依据法律、法规、规章等规定，运用公共权力、使用公共资金等对受损公益进行恢复等综合性治理职责。准确说来，在综合性治理职责中，行政机关违法行使职权造成生态公益受损的行为才受司法调整，行政机关出于改善环境质量的目的对辖区内的环境问题予以处理是抽象宏观的治理行为，行政机关享有一定自由裁量权，此综合性生态环境治理行政行为不在司法调整范围内。

（2）实体性履职期限是认定行政机关"不依法履行职责"的中间环节

从环境公益诉讼制度看，围绕检察建议产生了两个时间节点——检察建议的发出与回复时间，进而形成了三个时间阶段：第一个是发出检察建议前，在此阶段，因为行政机关"不依法履行职责"，检察机关才向其发出检察建议，以敦促行政机关"依法履行职责",行政机关"不依法履行职责"处于正在进行的状态;第二个是检察建议发出后的两个月内(情况紧急是十五日),此阶段是行政机关书面回复检察建议的时间,但这两个月或十五日的期限并不是简单走书面回复的流程,实际上行政机关回复的是其在收到检察建议后,如何积极履行职责,行政机关"不依法履行职责"处于纠正状态,回复给检察机关的是履职的实际进展及其遇到的障碍等具体情况;第三个是两个月回复检察建议的时间届满,此时若行政机关"不依法履行职责"的情况得以纠正,生态环境公益不再处于被侵害状态,检察机关就不会提起行政公益诉讼,反之,检察机关将提起行政公益诉讼,这一阶段考察的是行政机关"依法履行职责"的完成状况。因此,基于检察建议而产生的回复期限仅是程序性履职期限,真正决定能否提起公益诉讼的是行政机关纠正"不依法履行职责"的完成期限,该期限属于实体性履职期限。

样本案例二中,××镇政府在收到检察建议书之日起两个月内依法履行了职责,并书面回复了××区检察院。据此,××区检察院在实地调查核实后未提起行政公益诉讼。但在2020年7月,××区检察院发现××镇政府继续在同一地点倾倒垃圾,环境污染问题进一步加剧,生态公益持续受到侵害,××镇政府"不依法履行职责"的行为并未得到纠正、实际完成。对此,××区检察院不再发出检察建议,而是直接提起以××镇政府为被告的行政公益诉讼。与之形成鲜明对比的是在河南省××市××区"××童话王国"违法建设破坏生态环境案中,检察院于2019年3月21日向行政机关发出检察建议。行政机关3月底开始根据要求开展工作,拆除了公园主体建筑16处房屋,虽说在两个月内,该公园仍有6万余平方米硬化地面未处理,大量设施尚未拆除,直至6月29日行政机关才完成所有工作,此时,书面回复检察建议的时间已经届满,但由于行政机关始终在积极进行相关工作,检察机关并没有起诉。

综上,从司法实践看,实体性履职期限内行政机关是否积极纠正"不依法履行职责"的行为是检察机关重点审查的要素。该期限通常由行政法来规定,如《中华人民共和国行政处罚法》(2021年修订)第六十条明确,"行政机关应当自行政处罚案件立案之日起九十日内作出行政处罚决定。法律、法规、规章另有规定的,从其规定。"如若行政机关在行政法规定期限内积极纠正"不依法履行职责",即便纠正期限超出两个月的书面回复期限,也不能认定其是"不依法履行职责"。也有行政法对期限没有作出规定的情况,此时需检察机关结合所纠正"不依法履行职责"行为的复杂性、困难度客观判断。

(3)穷尽履职手段是认定行政机关"不依法履行职责"的最后一步

如样本案例三的情形,行政机关在法定时间内对违法相对人作出罚款

20000万元的行政处罚,表面上看是履行了监督管理职责,但相对人并未按时缴纳罚款,同时,未处理河道内堆放着的砂石及废弃设备。对此,检察机关于2017年10月26日向行政机关发出检察建议书,在两个月的书面回复期限内,相对人未缴纳罚款的行为得到纠正,但河道内堆放的砂石和废弃设备仍未被清理,被损害的生态环境没有得到改善、修复。检察机关查验核实后,认为行政机关"未依法责令赖某某停止违法行为,恢复原貌,清除、拆除障碍或者采取其他补救措施等","危害河道管理安全",属"未依法完全履职"。因此,提起行政公益诉讼。综上,不能根据行政机关在规定期限内对违法行为采取一定措施就简单判定其"依法履行职责",相对人有没有履行生效行政决定,行政机关已采取的措施是否全面,都是需要进一步考察的因素。具体说来,如果行政机关仅仅作出行政决定而不管相对人是否实际履行,或者在行政处罚、行政命令及行政强制等多类型行政手段中,行政机关所采取的手段并不足以救济生态公益,是"依法履行职责"的不完全、不全面,可认定为"不依法履行职责"。此内容属于对"履行职责"程度的判断,考察的是行政机关是否穷尽可能的行政手段救济受损的生态环境,如果在其穷尽可能的手段之后,生态环境仍处于受损状态,此时也不宜认为行政机关"不依法履行职责",不能提起行政公益诉讼,否则就是对行政机关的苛责和不公平,不利于发挥行政机关依法履行监督管理职责的积极性。

五、关联法律法规

（一）《中华人民共和国环境保护法》（2014年修订）

第六条第二款　地方各级人民政府应当对本行政区域的环境质量负责。

第二十八条第一款　地方各级人民政府应当根据环境保护目标和治理任务,采取有效措施,改善环境质量。

第三十三条第二款　县级、乡级人民政府应当提高农村环境保护公共服务水平,推动农村环境综合整治。

第三十七条　地方各级人民政府应当采取措施,组织对生活废弃物的分类处置、回收利用。

（二）《中华人民共和国行政诉讼法》（2017年修正）

第二十五条第四款　人民检察院在履行职责中发现生态环境和资源保护、

食品药品安全、国有财产保护、国有土地使用权出让等领域负有监督管理职责的行政机关违法行使职权或者不作为，致使国家利益或者社会公共利益受到侵害的，应当向行政机关提出检察建议，督促其依法履行职责。行政机关不依法履行职责的，人民检察院依法向人民法院提起诉讼。

第七十二条　人民法院经过审理，查明被告不履行法定职责的，判决被告在一定期限内履行。

第七十四条第二款　行政行为有下列情形之一，不需要撤销或者判决履行的，人民法院判决确认违法：（一）行政行为违法，但不具有可撤销内容的；（二）被告改变原违法行政行为，原告仍要求确认原行政行为违法的；（三）被告不履行或者拖延履行法定职责，判决履行没有意义的。

第七十六条　人民法院判决确认违法或者无效的，可以同时判决责令被告采取补救措施；给原告造成损失的，依法判决被告承担赔偿责任。

第八十九条　人民法院审理上诉案件，按照下列情形，分别处理：

（一）原判决、裁定认定事实清楚，适用法律、法规正确的，判决或者裁定驳回上诉，维持原判决、裁定；

（二）原判决、裁定认定事实错误或者适用法律、法规错误的，依法改判、撤销或者变更；

（三）原判决认定基本事实不清、证据不足的，发回原审人民法院重审，或者查清事实后改判；

（四）原判决遗漏当事人或者违法缺席判决等严重违反法定程序的，裁定撤销原判决，发回原审人民法院重审。

原审人民法院对发回重审的案件作出判决后，当事人提起上诉的，第二审人民法院不得再发回重审。

人民法院审理上诉案件，需要改变原审判决的，应当对被诉行政行为作出判决。

（三）《最高人民法院关于适用〈中华人民共和国行政诉讼法〉的解释》（法释〔2018〕1号，2018年2月8日起施行）

第九十三条第二款　人民法院经审理认为原告所请求履行的法定职责或者给付义务明显不属于行政机关权限范围的，可以裁定驳回起诉。

第一百一十九条　人民法院按照审判监督程序再审的案件，发生法律效力的判决、裁定是由第一审法院作出的，按照第一审程序审理，所作的判决、裁定，当事人可以上诉；发生法律效力的判决、裁定是由第二审法院作出的，按照第二审程序审理，所作的判决、裁定，是发生法律效力的判决、裁定；上级人民法院按照审判监督程序提审的,按照第二审程序审理,所作的判决、裁定是发生法律效力的判决、裁定。

人民法院审理再审案件,应当另行组成合议庭。

第一百二十三条 人民法院审理二审案件和再审案件,对原审法院立案、不予立案或者驳回起诉错误的,应当分别情况作如下处理:

(一)第一审人民法院作出实体裁决后,第二审人民法院认为不应当立案的,在撤销第一审人民法院判决的同时,可以迳行驳回起诉;

(二)第二审人民法院维持第一审人民法院不予立案裁定错误的,再审法院应当撤销第一审、第二审人民法院裁定,指令第一审人民法院受理;

(三)第二审人民法院维持第一审人民法院驳回起诉裁定错误的,再审法院应当撤销第一审、第二审人民法院裁定,指令第一审人民法院审理。

(四)《最高人民法院、最高人民检察院关于检察公益诉讼案件适用法律若干问题的解释》(法释[2018]6号,2018年3月2日起施行,已修改)①

第二十一条 人民检察院在履行职责中发现生态环境和资源保护、食品药品安全、国有财产保护、国有土地使用权出让等领域负有监督管理职责的行政机关违法行使职权或者不作为,致使国家利益或者社会公共利益受到侵害的,应当向行政机关提出检察建议,督促其依法履行职责。

行政机关应当在收到检察建议书之日起两个月内依法履行职责,并书面回复人民检察院。出现国家利益或者社会公共利益损害继续扩大等紧急情形的,行政机关应当在十五日内书面回复。

行政机关不依法履行职责的,人民检察院依法向人民法院提起诉讼。

(五)《中华人民共和国固体废物污染环境防治法》(2020年修订)

第二十条第一款 产生、收集、贮存、运输、利用、处置固体废物的单位和其他生产经营者,应当采取防扬散、防流失、防渗漏或者其他防止污染环境的措施,不得擅自倾倒、堆放、丢弃、遗撒固体废物。

第三十九条 县级以上地方人民政府环境卫生行政主管部门应当组织对城市生活垃圾进行清扫、收集、运输和处置,可以通过招标等方式选择具备条件的单位从事生活垃圾的清扫、收集、运输和处置。

第四十九条 农村生活垃圾污染环境防治的具体办法,由地方性法规规定。

---

① 此法2020年修正,但第二十一条、第二十五条第一款内容无变动。

检察环境公益案件裁判规则

第 16 条

行政机关的"监督管理职责",不仅包括具体行政处罚,也包括综合性治理职责。对仅作出行政处罚,生态环境公共利益未脱离受损状态的情形,检察机关可提出检察建议。对生态环境公共利益仍受到侵害的,检察机关可提起环境行政公益诉讼

一、聚焦司法案件裁判观点

■ 争议焦点

《中华人民共和国行政诉讼法》(2017年修正)第二十五条第四款中的"负有监督管理职责的行政机关"是否仅指对生态环境违法行为负有行政处罚职责的行政机关。

■ 裁判观点

检察机关办理环境行政公益诉讼案件的终极目的是维护生态环境公共利益。《中华人民共和国行政诉讼法》(2017年修正)第二十五条第四款中的"监督管理职责",不仅包括行政机关对生态环境违法行为进行行政处罚,也包括行政机关为避免生态环境公共利益损害持续或扩大,依法开展生态环境修复等职责。因此,对生态环境和资源保护领域负有监督管理职责的行政机关不仅包括具有行政处罚权力的行政机关,还包括具有开展生态环境修复、应急处置等相关职责的行政机关。在上述机关未依法履职的情形下,检察机关可以依法制发检察建议,督促其履职。在上述行政机关仍不依法履职的情形下,检察机关可以依法提起环境行政公益诉讼。

二、司法案例样本对比

样本案例一

宁夏回族自治区××县人民检察院督促整治
非法占用草原行政公益诉讼案

• 法院

无

• **主体**

检察机关：宁夏回族自治区××县人民检察院
行政机关：宁夏回族自治区××县自然资源局

• **基本案情**

宁夏回族自治区××县地处宁夏中部干旱带，坐落在××沙漠南缘，是"三北"防护林体系重点县，连年干旱少雨，天然草原生态环境脆弱，防沙治沙任务严峻。2008年至2014年，高某红等三人擅自占用××县××镇××自然村草原用于扩建经营砖厂，造成159.5亩草原遭到严重破坏。行政机关对其三人违法行为进行行政处罚后，案涉草原生态长期未修复，构筑物也未拆除，土质沙化风险较大，公共利益持续受到侵害。

2021年9月6日，宁夏回族自治区××铁路运输检察院在办理刑事案件中发现相关线索，根据属地管辖规定，依法将案件线索移送宁夏回族自治区××县人民检察院。根据《中华人民共和国土地管理法》（2019年修正）《中华人民共和国草原法》（2021年修正）的规定，××县自然资源局对草原生态负有修复监管职责。9月9日，宁夏回族自治区××县人民检察院对县自然资源局以行政公益诉讼立案。

立案后，宁夏回族自治区××县人民检察院通过查阅刑事卷宗、调查走访、现场勘查等方式查明，2008年至2014年，高某红等三人违反《中华人民共和国草原法》（2013年修正，已修改）的相关规定，在未经过草原行政主管部门审核同意的情况下，擅自占用××县××镇××自然村草原用于扩建经营砖厂，造成159.5亩草原遭到严重破坏。2014年5月12日，××县自然资源局曾对违法行为人作出责令退还非法占用的土地、没收在非法占用的土地上新建的建筑物和其他设施及罚款373000元的行政处罚，但涉案区域的草原生态长期未修复，构筑物也未拆除，导致案涉土地表土裸露，周边环境遭受风沙威胁，土地荒漠化问题没有得到治理，社会公共利益持续受到侵害。

2021年9月18日，宁夏回族自治区××县人民检察院组织乡镇人民政府、自然资源局、生态环境局召开公开听证会，邀请人大代表、政协委员、行业专家参加，检察机关从线索来源、调查情况、法律依据等对案件办理情况、行政机关的法定职责及行政机关履职情况等方面作了详细阐述，明确了行政机关监管职责和履职情况。

2021年9月20日，宁夏回族自治区××县人民检察院向××县自然资源局制发诉前检察建议，建议其依法履行职责，责令砖厂限期拆除违建厂房和设施，并对受损草原进行修复。同年11月，××县自然资源局书面回复，已拆除违建厂房和地上其他设施，并聘请第三方公司对涉及的区域进行实地调查。在广泛征求专家意见的基础上，编制草地植被恢复项目实施方案，督促对案涉草原进行修复。

2022年5月，宁夏回族自治区××县人民检察院对该案开展"回头看"，邀请人民监督员、群众代表共同前往现场核查整改情况。经实地查看，案涉159.5亩草原已全部完成了场地平整、人工播撒草种等工作，草势生长良好，草原盖度达到85%，行政机关安排专人抚育管护该区域，未发现问题反弹，土质沙化风险得到明显控制。

• **案件争点**

××县自然资源局对草原生态负有的生态修复职责是否属于《中华人民共和国行政诉讼法》（2017年修正）第二十五条第四款的监督管理职责？检察机关是否可以依据其未履行生态环境修复职责这一理由向其制发检察建议？

• **要旨**

检察机关应当依法能动履职，针对违法行为人非法占用草原，造成草地枯死、土地趋于沙化，但行政机关只作出行政处罚、未修复草原的情况，可以通过公开听证、制发诉前检察建议、邀请人民监督员和群众代表实地核查整改情况等方式，督促行政机关依法全面履行监管职责，有效促进当地草原保护和荒漠化防治，织密生态环境修复监督网。

样本案例二
××区林业局行政公益诉讼案

• **法院**

湖北省××市××区人民法院

• **诉讼主体**

公益诉讼起诉人：湖北省××市××区人民检察院
被告：湖北省××市××区林业局

• 基本案情

2013年4月,吴某在未经林业主管部门审批同意、未办理林地使用手续情况下,在××市××区××镇××村大沟占用林地0.22公顷(2202.1平方米,属国家生态公益林)开采石料,擅自改变林地用途。2013年4月30日,被告××市××区林业局以吴某行为违反《中华人民共和国森林法实施条例》(2011年修订,已修改)第十六条第一款,依据《中华人民共和国森林法实施条例》(2011年修订,已修改)第四十三条第一款之规定,对吴某作出行政处罚决定书,责令:1. 于2014年4月30日前恢复所毁林地原状;2. 处以每平方米10元罚款,共计22000元,十五日内缴清(后同意罚款在2013年12月30日前分两次缴清)。

2013年3月,金某某在未经县级林业主管部门同意、未办理征占用林地使用许可证情况下,在××市××区××镇××村五组任某某开垦山林以南承包的山林处和××村一组(小地名××沟处)正对面山坡两个地点非法进行开垦取土、取石,占用林地面积0.28公顷(2801.4平方米,为国家和省级生态公益林),擅自改变林地用途。2013年4月22日,被告××市××区林业局以金某某行为违反《中华人民共和国森林法》(2009年修正,已修改)第十八条第一款、《中华人民共和国森林法实施条例》(2011年修订,已修改)第十六条第一款,依据《中华人民共和国森林法实施条例》(2011年修订,已修改)第四十三条第一款之规定,对金某某作出行政处罚决定书,责令:1. 停止违法行为,于2013年12月31日前恢复所毁林地原状;2. 处以每平方米20元罚款,共计56028元,十五日内缴清(后同意在2013年4月22日前缴纳20000元,2014年4月底前缴清剩余全部罚款)。

2013年3月,赵某某在未经林业主管部门审批同意、未办理林地使用手续情况下,在××市××区××镇××村大沟占用林地0.28014公顷(2801.4平方米,属国家生态公益林)开采石料,擅自改变林地用途。2013年5月2日,被告××市××区林业局以赵某某行为违反《中华人民共和国森林法实施条例》(2011年修订,已修改)第十六条第一款,依据《中华人民共和国森林法实施条例》(2011年修订,已修改)第四十三条第一款之规定,对赵某某作出行政处罚决定书,责令:1. 于2014年4月30日前恢复所毁林地原状;2. 处以每平方米10元罚款,共计28000元,十五日内缴清(后同意罚款在2013年12月30日前分两次缴清)。

在××市××区林业局作出上述三份行政处罚决定后,截至2016年2月4日,吴某仍有7000元罚款未缴纳,金某某仍有36028元罚款未缴纳,赵某某仍有8000元罚款未缴纳，且吴某、金某某、赵某某均未将非法改变用途的林地恢复原状，××市××区林业局亦未采取有效措施督促吴某、金某某、赵某某缴纳剩余罚款和恢复林地原状。2015年12月12日，××市××区检察院向××市××区林业局发出检察建议，建议××市××区林业局规范执法，认真落实行政处罚决定所确定的义务，采取有效措施，督促当事人缴清罚款、恢复森林植被。截至2016年1月13日，××市××区林业局未向××市××区检察院回复检察建议，亦未依法履行职责。

公益诉讼起诉人××市××区检察院认为，依据《国家级公益林区划界定办法》① 第二条及湖北省生态公益林相关管理办法规定，公益林有提供公益性服务的典型目的。吴某等三人非法改变公益林用途，导致公益林受损，破坏了整体意义上的森林资源，损害了公共利益。依据《中华人民共和国森林法》（2009年修正，已修改）第十三条及《中华人民共和国行政处罚法》（2009年修正，已修改）第五十一条之规定，××市××区林业局在对吴某等三人作出行政处罚决定后，怠于履行职责，致使吴某等三人未缴清罚款、恢复林地植被，导致国家和社会公共利益仍然处于受侵害状态。故，依据《全国人民代表大会常务委员会关于授权最高人民检察院在部分地区开展公益诉讼试点工作的决定》及《人民检察院提起公益诉讼试点工作实施办法》（高检发释字〔2015〕6号，2015年12月24日起施行，已废止）第十一条之规定，××市××区人民检察院向××市××区人民法院提起行政公益诉讼，请求判令：1.确认被告在作出行政处罚决定后，未依法履行职责违法；2.判令被告××市××区林业局对第一项中行政处罚决定所涉违法行为，依法继续履行职责。经庭审释明，公益诉讼起诉人明确其第2项诉讼请求的具体内容为：判令被告××市××区林业局继续履行收缴剩余罚款的职责以及对被毁林地生态修复工作的监督、管理职责。

在本案审理过程中，经被告督促，吴某、赵某某相继将罚款及加处罚款全部缴清，金某某缴纳了全部罚款及部分加处罚款，剩余加处罚款以经济困难为由申请缓缴，××区林业局批准了金某某缓缴加处罚款的请求。同时，金某某、吴某、赵某某三人在被毁林地上均补栽了苗木。受××市××区人民法院委托，××市林业调查规划设计院对被毁林地当前生态恢复程度及生态恢复所需期限进行了鉴定。鉴定意见显示：造林时间、树种、苗木质量、造林密度、造林方式等符合林业造林相关技术要求，在正常管护的情况下修复期限至少需要三年

---

① 林资发〔2009〕214号文件，2009年9月27日公布，自2010年1月1日起施行。该法规被《国家林业局、财政部关于印发〈国家级公益林区划界定办法〉和〈国家级公益林管理办法〉的通知》（2017年4月28日发布，2017年4月28日实施）废止。同时该法规发布机关中的中华人民共和国国家林业局已于2018年3月被撤销。

才能达到郁闭要求。

被告在案件审理期间提交了一套对被毁林地拟定的管护方案。方案中，被告明确表示愿意继续履行监督管理职责，采取有效措施进行补救，恢复被毁林地的生态功能，并且成立了领导小组，明确了责任单位、管护范围、管护措施和相关要求。

人民法院认为，首先，关于公益诉讼起诉人××市××区人民检察院请求确认被告××市××区林业局在作出行政处罚决定后未依法履行职责行为违法的诉讼请求。根据《中华人民共和国行政处罚法》（2009年修正，已修改）第五十一条，《中华人民共和国行政强制法》第五十条、第五十三条、第五十四条的规定，当事人在法定期限内未申请行政复议或者提起行政诉讼，又未履行行政处罚决定的，作出行政处罚决定的行政机关应采取催告、加处罚款等方式督促其履行。经催告无效后，行政机关可以代履行，没有行政强制执行权的行政机关可以自期限届满之日起三个月内申请人民法院强制执行。该案中，被告对被处罚人吴某、金某某、赵某某等人毁损公益林地的违法行为作出行政处罚决定后，既未依法进行催告，也未采取代履行措施或在法定期限内申请人民法院强制执行，致使已经发生法律效力的行政处罚决定中有关被毁林地在指定期限内恢复原状的内容未能得到执行，罚款未予收缴，已经构成怠于履行行政职责的不作为行为。公益诉讼起诉人向被告发出检察建议后，被告仍未纠正。法院受理案件后，被告虽然进行了整改，督促被处罚人缴纳了部分罚款（除金某某确因经济困难被批准缓缴外，其余被处罚人均已全部缴清），并在被毁林地上补栽了苗木，但依照《中华人民共和国行政诉讼法》（2014修正，已修改）第七十四条第二款第（二）项的规定，应当确认被告怠于履行法定职责的不作为行为违法。

其次，关于公益诉讼起诉人请求判令被告××市××区林业局继续履行法定职责的诉讼请求。被告虽在被毁林地补种了苗木并拟定了一套修复方案，但被毁林地恢复原状尚需一定时日，且只有在正常管护下才能实现修复目的，被告作为对森林资源的保护、利用和更新实行监督、管理的行政主管部门，其当然应承担被毁林地后续生态修复工作的监督、管理法定职责。被告应当继续履行上述法定职责，通过持续有效的监管，促使被毁林地修复到相关技术规范所要求的标准。同时，由于被处罚人金某某尚未全额缴纳加处罚款，被告在作出缓缴决定后，对剩余部分亦应负责收缴。

综上，法院依照《中华人民共和国行政诉讼法》（2014修正，已修改）第七十二条、第七十四条第二款第（二）项之规定，判决如下：一、确认被告××市××区林业局在作出行政处罚决定后，未依法履行后续监督、管理和申请人民法院强制执行法定职责的行为违法；二、责令被告××市××区林业局继续履行收缴剩余加处罚款的法定职责；三、责令被告××市××区林业局继续履行被毁林地生态修复工作的监督、管理法定职责。

• 案件争点

××市××区林业局作出行政处罚后是否就意味着其已经依法履职？××市××区林业局是否有对被毁林地生态修复工作负有监督管理的职责？检察机关是否可以依据其未履行上述监督管理职责向其制发检察建议并提起行政公益诉讼？

• 裁判要旨

行政机关对侵害生态环境和资源保护领域的侵权人进行行政处罚后，怠于履行法定职责，既未依法开展后续监督管理，也未申请人民法院强制执行，导致国家和社会公共利益未脱离受侵害状态，经诉前制发检察建议程序后，人民检察院可以向人民法院提起行政公益诉讼。

样本案例三
云南省××县人民检察院诉××县森林公安局怠于履行法定职责环境行政公益诉讼案

• 法院

云南省××县人民法院

• 诉讼主体

公益诉讼起诉人：云南省××县人民检察院
被告：云南省××县森林公安局

• 基本案情

2013年1月，××县居民王某某受××公司的委托在国有林区开挖公路，被××县××林业局护林人员发现并制止，××县林业局接报后交××县森林公安局进行查处。××县森林公安局于2013年2月20日向王某某送达了林业行政处罚听证权利告知书，并于同年2月27日向王某某送达了××县林业局行政处罚决定书。行政处罚决定书载明：××公司在未取得合法的林地征占用手续的情况下，委托王某某于2013年1月13日至19日，在13林班21、22小班之间用挖掘机开挖公路长度为494.8米、平均宽度为4.5米、面积为2226.6平方米，共计3.34亩。根据《中华人民共和国森林法实施条例》（2016年修订，已修改）第四十三条第一款规定，决定对王某某及××公司给予如下行政处罚：1. 责令限期恢复原状；2. 处非法改变用途林地每平方米10元的罚款，即22266元。2013年3月29日××公司缴纳了罚款后，××县森林公安局即对该案予以结案。其后直到2016年11月9日，××县森林公安局也没有督促××公司和王某某履行"限期恢复原状"的行政义务，所破坏的森林植被至今没有得到恢复。

2016年11月9日，××县人民检察院向××县森林公安局发出检察建议，建议依法履行职责，认真落实行政处罚决定，采取有效措施，恢复森林植被。2016年12月8日，××县森林公安局回复称自接到检察建议书后，即刻进行认真研究，采取了积极的措施，并派民警到王某某家对处罚决定第一项责令限期恢复原状进行催告。鉴于王某某死亡，执行终止。对于××公司，××县森林公安局没有向其发出催告书。

××县森林公安局为××县林业局所属的正科级机构，2013年年初，××县林业局向其授权委托办理本县境内的所有涉及林业、林地处罚的林政处罚案件。2013年9月27日，云南省人民政府发布《关于云南省林业部门相对集中林业行政处罚权工作方案的批复》，授权各级森林公安机关在全省范围内开展相对集中林业行政处罚权工作。同年11月20日，经云南省人民政府授权，云南省人民政府法制办公室对森林公安机关行政执法主体资格单位及执法权限进行了公告，××县森林公安局也是具有行政执法主体资格和执法权限的单位之一。同年12月11日，云南省林业厅发出通知，决定自2014年1月1日起，各级森林公安机关依法行使省政府批准的62项林业行政处罚权和11项行政强制权。

公益诉讼起诉人××县人民检察院认为，被告没有依法履行职责，导致森林自然环境遭受破坏后长期得不到恢复。《中华人民共和国森林法》（2009年修正，已修改）第二十条规定："依照国家有关规定在林区设立的森林公安机关，负责维护辖区社会治安秩序，保护辖区内的森林资源，并可以依照本法规定，在国务院林业主管部门授权的范围内，代第三十九条、第四十二条、第四十三条、第四十四条规定的行政处罚权"。按照上述规定，被告依法行使处罚权，其应督促行政相对人按照处罚决定履行义务，但其在长达三年多的时间内都未督促相对人将毁坏的林木恢复原状。同时，根据《中华人民共和国行政处罚法》（2009年修正，已修改）第五十一条的规定，被告依法应当行使有效的手段使被毁坏的森林植被得到恢复。但被告作为该林地的管理者和保护者，在长达数年的时间内未依法履职，既未依法催告执行，又未依法申请人民法院强制执行，致使国家利益和社会公共利益仍处于受侵害状态。在检察机关发出检察建议后，被告仍未依法履行法定职责，致使国家利益和社会公共利益处于持续受侵害状态。因此，公益诉讼起诉人根据《全国人民代表大会常务委员会关于授权最高人民检察院在部分地区开展公益诉讼试点工作的决定》和《人民检察院提起公益诉讼试点工作实施办法》（高检发释字〔2015〕6号，2015年12月24日起施行，已废止）第四十一条的规定，向××县人民法院提起诉讼，请求依法确认××县森林公安局怠于履行法定职责的行为违法；请求判令××县森林公安局在一定期限内履行法定职责。

××县人民法院认为，公益诉讼起诉人提起本案诉讼符合最高人民法院《人民法院审理人民检察院提起公益诉讼案件试点工作实施办法》及最高人民检察院《人民检察院提起公益诉讼试点工作实施办法》（高检发释字〔2015〕6号，2015年12月24日起施行，已废止）规定的行政公益诉讼受案范围，符合起诉条件。《中华人民共和国行政诉讼法》（2014年修正，已修改）第二十六条第六款规定："行政机关被撤销或者职权变更的，继续行使其职权的行政机关是被告"。2013年9月27日，云南省人民政府《关于云南省林业部门相对集中林业行政处罚权工作方案的批复》授权各级森林公安机关相对集中行使林业行政部门的部分行政处罚权，因此，根据规定××县森林公安局行使原来由××县林业局行使的林业行政处罚权，是适格的被告主体。该案中，××县森林公安局在查明××公司及王某某擅自改变林地的事实后，以××县林业局名义作出对××公司和王某某责令限期恢复原状和罚款22266元的行政处罚决定符合法律规定，但在××公司缴纳罚款后三年多时间里没有督促××公司和王某某对破坏的林地恢复原状，也没有代为履行，致使××公司和王某某擅自改变的林地至今没有恢复原状，且未提供证据证明有相关合法、合理的事由，其行为显然不当，是怠于履行法定职责的行为。行政处罚决定没有执行完毕，××县森林公安局依法应该继续履行法定职责，采取有效措施，督促行政相对人限期恢复被改变林地的原状。

云南省××县人民法院于2017年6月19日作出行政判决：一、确认被告××县森林公安局怠于履行处罚决定第一项内容的行为违法；二、责令被告××县森林公安局继续履行法定职责。宣判后，当事人服判息诉，均未提起上诉，判决已发生法律效力，××县森林公安局也积极履行了判决。

• 案件争点

云南省××县森林公安局作出行政处罚后是否就意味着其已经依法履职？云南省××县森林公安局是否有对被毁林地生态修复工作负有监督管理的职责？检察机关是否可以依据其未履行上述监督管理职责向其制发检察建议并提起行政公益诉讼？

• 裁判要旨

环境行政公益诉讼中，人民法院应当以相对人的违法行为是否得到有效制止，行政机关是否充分、及时、有效采取法定监管措施以及国家利益或者社会公共利益是否得到有效保护，作为审查行政机关是否履行法定职责的标准。具有行政处罚职权的行政机关作出处罚决定后，未能有效监督行政相对人依照行政处罚有效开展生态环境修复，应当认定行政机关未依法履职。

样本案例四

陕西省××市环境保护局××分局不全面履职案

• 法院

陕西省××市××区人民法院

• 诉讼主体

公益诉讼起诉人：陕西省××市人民检察院
被告：陕西省××市环境保护局××分局

• 基本案情

2014年5月，陕西××能源化工有限公司年产60万吨甲醇工程项目建成，并经陕西省环境保护厅审批投入试生产至2014年12月31日。2014年11月24日，陕西省发布《关中地区重点行业大气污染物排放限值》地方标准，燃煤锅炉颗粒物排放限值为20 mg/m³，自2015年1月1日起实施。××能源化工有限公司试生产期间，燃煤锅炉大气污染物排放值基本处于地方标准20 mg/m³以上，国家标准50 mg/m³以下。

2015年1月1日，××能源化工有限公司试生产期满后未停止生产且燃煤锅炉颗粒物排放值持续在 20 mg/m³ 以上 50 mg/m³ 以下。

2015年7月7日，陕西省××市环境保护局××分局（以下简称××分局）向××能源化工有限公司下达《环境违法行为限期改正通知书》，责令其限期改正生产甲醇环保违规行为，否则将予以高限处罚。××能源化工有限公司没有整改到位，××分局未作出高限处罚。2015年11月18日，××分局向××能源化工有限公司下达《行政处罚决定书》，限其于一个月内整改到位，并处以50000元罚款。但该企业并未停止甲醇项目生产，颗粒物超标排放问题依然没有得到有效解决，对周围大气造成污染。

2015年11月下旬，陕西省××市人民检察院在办案中发现××分局可能有履职不尽责的情况，遂指定××县人民检察院开展调查。××县人民检察院查明：××能源化工有限公司超期试生产且颗粒物超标排放，而××分局虽对××能源化工有限公司作出行政处罚，但未依法全面履职。2015年12月3日，××县人民检察院向××分局发出检察建议书，建议其依法履职，督促××能源化工有限公司上线治污减排设备，确保环保达标。

2016年1月4日，××分局书面回复××县人民检察院称：2015年12月24日对××能源化工有限公司下达《责令限制生产决定书》，责令该公司限产。2015年12月30日作出《排污核定与排污费缴纳决定书》，对××能源化工有限公司2015年10月至12月间颗粒物超标排放加收排污费。

针对××分局回复意见，××县人民检察院进一步查明：××分局作出责令限制生产决定、加收排污费等措施后，××能源化工有限公司虽然按要求限制生产，但其治污减排设备建设项目未正式投入使用，颗粒物排放依然超过限值。

鉴于检察建议未实现应有效果，2016年5月11日，××县人民检察院向××县人民法院提起行政公益诉讼。××县人民法院受理后，认为符合起诉条件，但不宜由××县人民法院管辖。经向××市中级人民法院请示指定管辖，2016年5月13日，××市中级人民法院依法裁定本案由××市××区人民法院管辖。2016年11月10日，××市××区人民法院对本案公开审理。

检察机关认为××分局未依法全面履职主要表现在三个方面。首先，××分局未依法监管相对人严格执行建设项目环境保护设施设计、施工、使用"三同时"的规定。××能源化工有限公司的环境保护设施虽然与建设项目同时设计、同时施工，但并未同时使用。其次，××分局初期未采取有效措施对××能源化工有限公司违法排放颗粒物的行为作出处理。自2015年1月1日起，××能源化工有限公司颗粒物排放浓度均超过 20 mg/m³ 的标准，最高达 72 mg/m³。××分局却未采取有效行政监管措施予以处置，直到2015年7月7日才对颗粒物超标排放违法行为发出《环境违法行为限期改正通知书》。再次，××分局未依法全面运用监管措施督促××能源化工有限公司纠正违法行为。××能源化工有限公司在收到《环境违法行为限期改正通知书》后两个月内未按要求整改到位，××分局未采取相应措施作出高限处罚。遂请求：确认××分局未依法全面履职的行为违法；判令××分局依法全面履行职责，督促××能源化工有限公司采取有效措施，确保颗粒物排放符合标准。

××分局答辩状称，其对企业采取了行政处罚、责令限制生产等措施，已经全面履行职责，颗粒物超标排放是由于地方标准的变化。诉讼前，××能源化工有限公司减污设备已经运行，检察机关不需要再提起诉讼。

针对××分局答辩，检察机关提出辩论意见：对于××能源化工有限公司的排污行为，××分局虽有履职行为，但履职不尽责。一是作出的50000元罚款不是高限处罚；二是按照相关规定，在地方标准严于国家标准的情况下，依法应当执行地方标准；三是2016年3月27日，××能源化工有限公司减污设备已经上线运行，但颗粒物排放数据仍不稳定，仍有不达标的问题；四是诉讼中，××分局于2016年5月16日才作出按日连续处罚的行政处罚，对××能源化工有限公司违法行为罚款6450000元。

2016年8月22日，××能源化工有限公司减污设备经评估正式投入运行，经第三方检测机构的检测，××能源化工有限公司颗粒物排放已持续稳定符合国家和地方排放标准。2016年12月20日，检察机关撤回了第二项诉讼请求，即督促××能源化工有限公司采取有效措施，确保颗粒物排放达到国家标准和地方标准。

2016年12月28日，陕西省××市××区人民法院作出一审判决，确认被告××分局未依法全面履行对相对人××能源化工有限公司环境监管职责的行为违法。

• **案件争点**

陕西省××市环境保护局××分局作出行政处罚后是否就意味着其已经依法履职？检察机关是否可以依据其未全面履行监督管理××能源化工有限公司达标排放职责向其制发检察建议并提起行政公益诉讼？

• **裁判要旨**

行政机关在履行环境保护监管职责时，虽有履职行为，但未依法全面运用行政监管手段制止违法行为，检察机关经诉前程序仍未实现督促行政机关依法全面履职目的的，应当向人民法院提起行政公益诉讼。

三、司法案例类案甄别

（一）事实对比

样本案例一中××县自然资源局对草原生态负有修复监督管理职责，但××县自然资源局仅对违法行为人作出责令退还非法占用的土地、没收在非法占用的土地上新建的建筑物和其他设施及罚款 373000 元的行政处罚，未对涉案区域的草原生态修复工作进行监督管理，导致案涉土地表土裸露，周边环境遭受风沙威胁，土地荒漠化问题没有得到治理，社会公共利益持续受到侵害。

样本案例二中××市××区林业局在对吴某等三人作出行政处罚决定后，急于履行职责，致使吴某等三人未缴清罚款、恢复林地植被，导致国家和社会公共利益仍然处于受侵害状态。

样本案例三中××县森林公安局在查明××公司及王某某擅自改变林地的事实后，以××县林业局名义作出对××公司和王某某责令限期恢复原状和罚款 22266 元的行政处罚决定。但在××公司缴纳罚款后三年多时间里没有督促××公司和王某某对破坏的林地恢复原状，也没有代为履行，致使××公司和王某某擅自改变的林地至诉讼时仍没有恢复原状。

样本案例四中××能源化工有限公司超期试生产且颗粒物超标排放，而××分局虽对××能源化工有限公司作出行政处罚，但未依法全面履职督促××能源化工有限公司上线治污减排设备，确保环保达标。

从认定事实情况看，样本案例一、二、三中××县自然资源局、××市××区林业局及××县森林公安局既具有进行行政处罚的职权，又对生态负有修复、监督管理职责，其属于生态环境和资源保护领域负有监督管理职责的行政机关，虽然已经对违法行为人作出行政处罚，但未能对涉案区域的生态修复工作进行监督管理，应当认定为未依法履职；样本案例四中××分局既具有进行行政处罚的职权，又有监督管理企业达标排放、维护和改善区域环境质量的职责，因而其属于生态环境和资源保护领域负有监督管理职责的行政机关，虽然已经对违法行为人作出行政处罚，但未能有效及时监督××能源化工有限公司达标排放，应当认定为未依法履职。

（二）适用法律对比

样本案例一由于未进入诉讼程序，所以没有生效判决书可供参考。根据案件事实来看,检察机关制发检察建议,督促行政机关依法履职可以依据《中华人民共和国行政诉讼法》(2017年修正)第二十五条第四款之规定。

样本案例二法院认为公益诉讼起诉人向被告发出检察建议后,被告仍未纠正。法院受理案件后,被告虽然进行了整改,督促被处罚人缴纳了部分罚款,并在被毁林地上补栽了苗木,但依照《中华人民共和国行政诉讼法》(2014年修正,已修改)第七十四条第二款第(二)项的规定,应当确认被告怠于履行法定职责的不作为行为违法。因此,在该案件中,适用《中华人民共和国行政诉讼法》(2014年修正,已修改)第七十二条、第七十四条第二款第(二)项之规定。

样本案例三中法院为保护森林资源,维护国家和社会公共利益,依照《中华人民共和国森林法》(2009年修正,已修改)第十三条、第二十条,《中华人民共和国森林法实施条例》(2016年修订,已修改)第四十三条第一款,《中华人民共和国行政诉讼法》(2014年修正,已修改)第二十六条第六款、第七十条、第七十四条第二款第(一)项之规定作出判决。

样本案例四中适用的法律包括《中华人民共和国环境保护法》(2014年修订)第十五条第二款,《中华人民共和国大气污染防治法》(2015年修订,已修改)第五条、第七条、第四十三条、第九十九条,《中华人民共和国行政处罚法》(2009年修正,已修改)第五十一条,《环境保护主管部门实施按日连续处罚办法》①第五条、第十条,《建设项目环境保护管理条例》(已修改)第十五条、第二十条第一款,《建设项目竣工环境保护验收管理办法》(2010年修正,已废止)第十四条、第十七条第三款,《火电厂大气污染物排放标准》《关中地区重点行业大气污染物排放限值》。

(三)适用法律程序对比

从适用法律程序情况看,样本案例一并未进入审判程序;而按照《最高人民法院关于人民法院案件案号的若干规定》(法〔2015〕137号,2016年1月1日起施行,已修改)要求和案件审理机关,样本案例二、三、四适用的均为行政一审程序。

(四)类案大数据报告

截至2023年12月12日,以"公益诉讼起诉人""生态""环境"为关键

---

① 2014年12月19日中华人民共和国环境保护部令第28号公布,自2015年1月1日起施行,现行有效。该部门规章制定机关中华人民共和国环境保护部已于2018年3月被撤销。

词，通过公开案例数据库检索，共检索到行政公益诉讼类案 757 件。从类案地域分布趋势看，上述案例主要集中在吉林省、湖北省、云南省。从案件经历的审理程序看，上述案件适用第一审程序的占比约 98％，适用二审程序占比约 2％。

四、类案裁判规则的解析确立

检察机关办理环境行政公益诉讼案件，不能仅判断行政机关是否具有行政处罚职权，是否依法行使行政处罚职权，应当从维护生态环境公共利益视角出发，重点审查行政机关是否有履行保护生态环境公共利益的义务和职责。并基于此，明确《中华人民共和国行政诉讼法》（2017 年修正）第二十五条第四款中的"监督管理职责"，不仅包括行政机关对生态环境违法行为进行行政处罚，也包括行政机关为避免生态环境公共利益损害持续或扩大，依法开展生态环境修复等职责。因此，生态环境和资源保护领域负有监督管理职责的行政机关不仅包括具有行政处罚权力的行政机关，还包括具有开展生态环境修复、应急处置等相关职责的行政机关。具体来看，建议检察机关在开展检察监督过程中参考以下思路进行判断。

（一）应当分析涉案行政机关在生态环境领域的"监督管理"职责是否具有可诉性，以此判断该行政机关能否作为行政公益诉讼的适格主体

从广义上讲，"监督"是指有权限的机关对于违法的行为和不当的行为加以矫正的活动；"管理"包括计划、组织、指挥、调节和监督等职能。我国行政法律对地方各级人民政府及其职能部门在生态环境领域的具体管理职责都作出了详细规定，但并非所有的管理职责都是具有可诉性的，如有的是计划、组织、指挥、调节性的，就不具有行政公益诉讼意义上的可诉性，对于怠于履行上述职责的行政机关，不应作为行政公益诉讼的监督对象。

（二）对行政机关不依法履行法定职责的判断和认定，应以法律规定的行政机关法定职责为依据，并对照行政机关的执法权力清单和责任清单

在判断和认定过程中，应当考虑我国行政管理的实际情况。从我国行政法

的规定及管理实践来看，对于具体领域的行政工作，一般实行"属地管理、分级负责"。"上面千条线，下面一根针"的实际情况普遍存在。在行政公益诉讼案件中，以乡镇一级政府为监督对象的占比普遍较高。实际上，在某些地方性法规中，对乡镇政府监督管理职责的规定比较宏观，一些地方性法规也没有赋予其相应的强制性管理手段。乡镇政府在管理实践中"事项多、责任重、手段弱"。因此，在把握监督对象时，不能仅以法律法规规定某监督对象具有"宏观"的监督管理职责就将其作为监督对象，应当深入考查监督对象是否具有具体的、法定的监督管理职责。对于不同层级的行政机关，如果均怠于履行监督管理职责的，可以一并作为监督对象，提起环境行政公益诉讼。

（三）判断行政机关是否依法履职，应当以是否全面运用或者穷尽法律法规和规范性文件规定的行政监管手段制止违法行为，国家利益或者社会公共利益是否得到了有效保护为标准

行政机关虽然采取了部分行政监管或者处罚措施，但未依法全面运用或者穷尽行政监管手段制止违法行为，国家利益或者社会公共利益受侵害状态没有得到有效纠正的，应认定行政机关不依法全面履职。此时，上述机关可以作为行政公益诉讼的监督对象。

五、关联法律法规

《中华人民共和国行政诉讼法》（2017年修正）

第二十五条　行政行为的相对人以及其他与行政行为有利害关系的公民、法人或者其他组织，有权提起诉讼。

有权提起诉讼的公民死亡，其近亲属可以提起诉讼。

有权提起诉讼的法人或者其他组织终止，承受其权利的法人或者其他组织可以提起诉讼。

第二十五条第四款　人民检察院在履行职责中发现生态环境和资源保护、食品药品安全、国有财产保护、国有土地使用权出让等领域负有监督管理职责的行政机关违法行使职权或者不作为，致使国家利益或者社会公共利益受到侵害的，应当向行政机关提出检察建议，督促其依法履行职责。行政机关不依法履行职责的，人民检察院依法向人民法院提起诉讼。

检察环境公益案件裁判规则

第 17 条

行政机关辩称因资金不足、技术能力有限、执法人员不足等客观原因限制无法履行行政职责的，不能作为免责事由予以支持

一、聚焦司法案件裁判观点

■ 争议焦点

在检察环境行政公益诉讼中,被告行政机关辩称因资金不足、技术能力有限、执法人员不足等客观原因限制无法履行行政职责的,人民法院能否将该客观原因作为免责事由予以支持?

■ 裁判观点

由于环境污染与生态破坏治理难度大、专业化程度高,生态环境主管机关在履行生态环境监管职责有时存在困难重重的局面。在相关检察环境公益诉讼案件中,人民法院往往在生态环境主管部门是否已经依法履职的判断上陷入困境。生态环境主管部门常辩称已依法履行行政监管职责,仅由于生态环境状况复杂、缺乏专业人员、资金不足等客观原因未达到治理效果。对此,可以参照《人民检察院公益诉讼办案规则》(高检发释字〔2021〕2号,2021年7月1日起施行)第八十二条的对行政机关依法履职的具体规定,秉持实际有效原则,以生态环境主管部门的履职行为是否产生了有效的生态环境保护效果、维护了人民群众的生态环境公益为判断点。对于行政机关的履职行为没有有效推动污染防治、生态保护,但主张将资金不足、技术能力有限、执法人员不足等客观原因作为免责事由的,人民法院不应予以支持。

二、司法案例样本对比

样本案例一

××市人民检察院诉××市环境保护局不履行法定职责案

- 法院

内蒙古自治区××市人民法院

- 诉讼主体

公益诉讼起诉人：内蒙古自治区××市人民检察院
被告：内蒙古自治区××市环境保护局

- 基本案情

××市人民检察院在履行职责中发现，××市建国路西至中华路两侧居民饮用水受到污染，居民用水不能正常饮用的情况已持续多年。××市人民检察院于2016年8月4日向××市环境保护局发出检察建议，督促××市环境保护局对水污染原因进行调查，对污染的水源进行治理。2016年9月2日××市环境保护局书面回复了检察建议，复函称已经对水污染进行了调查和治理。但××市人民检察院经过调查核实发现××市环境保护局仍未依法履职，故向××市人民法院依法提起检察环境行政公益诉讼。

- 案件争点

1. ××市环境保护局对××市××镇××居委会所在社区饮用水污染的防治是否应依法履行职责？
2. 被告××市环境保护局是否继续履行行政职责？

- 裁判要旨

关于确认××市环境保护局对××市××镇××居委会所在社区饮用水污染的防治未依法履行职责违法的问题。根据《中华人民共和国环境保护法》（2014年修订）第十条及《中华人民共和国水污染防治法》（2008年修订，已修改）第八条的规定"县级以上地方人民政府环境保护主管部门对水污染防治实施统一监督管理"。因此被告××市环境保护局依法负有对本行政区域内环境保护及水污染防治工作的监督管理职责。此案中被告对管辖区域内的××镇××居委会所在社区居民饮用水污染没有按照法律规定严格履行监督管理职责，造成了该社区居民饮用水被污染的结果，给该社区居民的生产、生活造成了不便和影响，对该区域内的生态环境形成了危害，致使社会公众利益受到侵害的事实成立。虽然被告在诉讼前对被污染地区的水质进行多次监测，履行了相关职责，但对案涉的××镇××居委会所在社区的环境保护及水污染防治未尽到监督管理职责的行为仍然违法。公益诉讼起诉人要求确认其未履行法定职责的行为违法有法律依据，故对被告未依法履行法定职责的行为违法予以确认。

关于判令被告××市环境保护局继续履行职责的问题。公益诉讼起诉人向被告发出检察建议后,被告虽然采取了一定的行政措施进行补救,但此案涉及的××镇××居委会所在社区居民饮用水污染问题并未得到有效的控制及解决,被告并未履职到位,其还应继续采取措施对××镇××居委会所在社区的居民饮用水污染进行治理。因此,判令被告继续履行职责会更加有效地督促行政机关依法行政,防止环境污染的范围持续扩大,促进生态环境的保护和改善。公益诉讼起诉人为保护国家和社会公共利益不受侵害,所提出的诉讼请求有事实依据和法律依据,依法予以支持。

综上,依法确认被告××市环境保护局对××市××镇××居委会所在社区居民饮用水被污染未履行环境保护及水污染防治管理职责的行为违法,责令被告××市环境保护局继续履行环境保护及水污染防治管理职责。

样本案例二

××县检察院与××县环境保护局不履行监管职责行为违法案

- **法院**

甘肃省××市××区人民法院

- **诉讼主体**

公益诉讼起诉人:甘肃省××县人民检察院
被告:甘肃省××县环境保护局

- **基本案情**

××县人民检察院诉称,在××县某水源地保护区内建有某养猪场,该养猪场未办理环评手续、未取得排污许可证,长期非法排放污染物,对农村饮水环境安全造成严重危害。2017年2月20日,××县人民检察院向××县环境保护局发出检察建议书,建议被告依法拆除某养猪场在农村饮水安全工程一级和二级水源地保护区内的非法建筑物和其他设施;切实依法履行监管职责,对辖区内存在的此类问题进行一次全面排查整顿,避免类似问题的再度发生。2017年3月20日,被告回复称,其进行了行政监管。次日,公益诉讼起诉人现场查看,该养猪场的非法建筑和其他设施并未被完全拆除。公益诉讼起诉人认为被告监管不力,导致某养猪场在水源地保护区内存在多年,非法排污污染水源地，其行为已对公共利益造成损害。经公益诉讼起诉人诉前检察建议监督后，被告仍未完全履行职责。故公益诉讼起诉人诉至法院，请求：1. 确认被告对建在水源地保护区内的某养猪场未依法履行监督管理职责的行为违法；2. 判令被告依法继续履行监督管理职责。诉讼中，因某养猪场于2017年4月10日全部搬离、场地清理完毕，公益诉讼起诉人的第二项诉讼请求提前实现，公益诉讼起诉人撤回第二项诉讼请求，请求确认被告对建在水源地保护区内的某养猪场没有依法履行监督管理职责的行为违法。

• **案件争点**

1. ××县环境保护局对某养猪场是否尽到了行政监管职责？
2. ××县环境保护局辩称执法人员少力量不足、没有及时发现污染源、没有人反映有污染源等理由是否应当得到支持？

• **裁判要旨**

依据《中华人民共和国环境保护法》（2014年修订）、《中华人民共和国水污染防治法》（2008年修订，已修改）的规定，各级环保部门需要对辖区内环境保护通过定期检查、突击检查、专项督查、重点巡查等方式，进行环境监察，排除一切污染环境的情况。2013年12月31日，××县某地被××市人民政府划分为乡镇集中式饮用水安全工程水源地保护区之前，某养猪场就已在该处存在。划分为水源地保护区后，被告疏于环境保护监督管理，对水源地有无污染源没有进行排查、巡查，导致污染源养猪场在水源地保护区又持续存在并生产了近三年，被告疏于监管的行为已属违法。尽管被告在2016年12月国道××线拆迁征地联席会议后有履行监管职责的行为，对水源地存在的某养猪场进行查处并依法提请县政府、公安机关等作出关停取缔处理等，并在收到公益诉讼起诉人的检察建议之后，也督促某养猪场全部拆除。但是，该时间段的监管并不能替代认定之前被告没有履行监管职责的行为也合法。

根据《中华人民共和国水污染防治法》（2008年修订，已修改）第五十九条第一款"禁止在饮用水水源二级保护区内新建、改建、扩建排放污染物的建设项目；已建成的排放污染物的建设项目，由县级以上人民政府责令拆除或者关闭"的规定，行使责令拆除或者关闭的责任主体是县级以上人民政府，产生的法律后果应该由县政府承担。被告作为法定的政府环境保护职能部门，根据职责法定原则，对违反环境保护管理的行为应当进行查处，对不属于本部门处理的，应当按照管理权限和程序上报或者移送有权机关进行处理。检察建议第一项建议被告取缔在水源地保护区内某养猪场，拆除非法建筑物和其他设施的内容，属于需要责令关闭或者拆除企业的情形，检察建议由被告履行该项职责不恰当。但是，检察建议第二项内容明确，被告在环境保护中具有法定的监管职权，此案被告对水源地保护区没有依法履行监管职责，致使水源地保护区长期存在污染源，与被告没有尽到监管职责、没有及时上报县政府处理有直接的因果关系。污染源持续存在侵害了公共利益，自 2013 年 12 月 31 日××县某地饮水安全工程划分为水源地之日起至 2016 年 12 月 13 日被告提请××县人民政府对某养猪场依法关停取缔之日，被告疏于监管、怠于履责的行为违法，公益诉讼起诉人的诉讼请求依法成立，应予支持。

主动监管、定期检查、重点巡查、排除一切污染环境的状况是环境保护部门必须做到的义务。涉案养殖场污染源长期存在于水源地，被告认为执法人员少力量不足、没有及时发现污染源、没有人反映有污染源等辩解于法无据，不予支持。

样本案例三

××县人民检察院诉××市环境保护局××分局怠于履行监管职责行政公益诉讼案

- 法院

山东省××市××区人民法院

- 诉讼主体

公益诉讼起诉人：××县人民检察院
被告：××市环境保护局××分局

- 基本案情

××市××区人民检察院在履职中发现，在××市××区××镇××村，有刘某某、许某某等多家加工户非法生产塑料颗粒，未经规划许可、未办理环保审批手续、未安装污染防治设施，采用落后工艺，以废旧塑料袋、丝网等为原料，经过清洗、粉碎、加热等工序生产塑料颗粒，生产过程中产生的污水未作任何处理，直接排放到附近的河流和低洼地里，严重污染了周边的水体和土地。××市环境保护局××分局作为当地的环境保护主管部门，对辖区内的环境保护工作负有统一的监督管理职责，并负有对污染环境违法行为依法查处的职责。2016 年 4 月 13 日，××区人民检察院经调查取证向被告提出检察建议书，建议被告依法履行监管职能，对刘某某、许某某等非法加工户及时查处，并依法查封、扣押相关企业生产设备，加大对非法加工户的环境污染行为查处、清理力度。但被告在接到检察建议书后，辩称已落实了检察建议书中有关及时查处非法从事塑料颗粒生产经营行为的职责，进行专项整治活动。但由于××村的塑料颗粒加工户恢复供电、具备恢复生产条件，未被依法予以清理，环境污染行为持续存在。××区人民检察院认为，被告仍存在怠于履行主要监管职责、履行监管职责不到位的情形。因此，向××市××区人民法院提起诉讼，请求：1. 确认被告对××村非法加工户生产塑料颗粒造成环境污染怠于履行监管职责违法；2. 责令被告对××村非法加工户生产塑料颗粒造成环境污染的违法行为依法履行监管职责。

• 案件争点

1．××市环境保护局××分局对××市××区××镇××村中加工户非法生产塑料颗粒带来的环境污染是否尽到了行政监管职责？

2．××县环境保护局辩称执法人员力量严重不足、无法实施监管，主张已经履行职责到位是否应当得到支持？

• 裁判要旨

根据《中华人民共和国环境保护法》（2014 年修订）第二十五条等及相关行政法规的规定，县级以上人民政府环境保护主管部门负有环境保护监督管理的主要职责。在本辖区内，根据××区人民政府文件，乡镇街道政府虽同样负有网格化管理职责，但被告作为县级以上人民政府环境保护的主管部门负有主要的、统一的监管职责，不能被乡镇街道政府网格化管理职责所代替。被告对辖区内长期存在的"土小"企业环境污染行为的治理，应当结合乡镇街道政府网格化管理体系，履行环境保护的主要监管职责。被告在接到人民检察院的检察建议书后，虽然对辖区内多家非法生产塑料颗粒加工户开展了为期一个月的专项整治活动，也采取了查封、扣押、关停以及拆除大部分加工户的机器设备等措施。但是，人民群众反映强烈的环境污染问题仍然存在，没有从根本上得到遏制。至公益诉讼起诉人提起行政公益诉讼时，仍有部分加工户在进行间歇性的生产，其继续非法排污行为给周边环境造成严重危害或者潜在危害。公益诉讼起诉人向法院提供的证据证实，被告在接到人民检察院的检察建议后存在怠于履行主要监管职责、履行监管职责不到位的情形。故对被告提出监管职责已履行到位的主张，法院不予采信。被告虽已采取了一定的查封、扣押、关停及拆除大部分加工户的机器设备等强制措施,但被告最终还是履行职责不到位,没有达到根治目的。法院认为,被告怠于履行监管职责行为违法,应当责令被告继续依法履行环境保护的监管职责,必须采取有效措施并确保这些塑料颗粒加工户不再具有随时可以恢复生产的能力,不再继续侵害社会公共利益,达到人民群众满意的清理效果,同时也符合公益诉讼起诉人的诉求目的。

综上所述,××县人民检察院作为行政公益诉讼起诉人,依法向法院提起行政公益诉讼,符合法律规定。公益诉讼起诉人以维护社会公共利益为目的,充分发挥了检察建议在法律监督中的重要作用,及时督促行政机关依法行政,在被告存在怠于履行监管职责、履行监管职责不到位的情形下依法提起行政公益诉讼,要求被告对非法加工塑料颗粒的污染环境违法行为依法继续履行监管职责,法院应予支持。

三、司法案例类案甄别

(一)事实对比

样本案例一中,××市环境保护局对水污染未依法尽到监督管理职责,被人民法院依法确认其行为违法,并责令其依法继续履行水污染防治管理职责。

样本案例二中,××县环境保护局对建在水源地保护区的养猪场以执法力量不足、未收到人民反映等理由对未履行到位监督管理职责进行抗辩,被人民法院依法确认其未履行依法行政职责的行为违法。

样本案例三中,××市环境保护局××分局同样以执法人员力量严重不足作为辩论理由,但仍被人民法院依法确认其怠于履职的行为违法,责令其依法继续履行监管职责。

从认定事实情况看,样本案例一、二、三中原告人民检察院均主张地方生态环境污染的状况没有改变,因此认定地方环境保护局未尽到环境保护监管职责。而被告环境保护局均对生态环境污染情况未改变的理由进行了阐述,认为自身已经尽到行政监管职责,生态环境污染情况未改变是由于"客观原因"导致的。样本案例一中被告辩称,水污染未被治理的原因是水文地质环境复杂,查找污染源非常困难,缺乏专业知识与资金支持。样本案例二中被告主张地理位置偏僻隐蔽、没有人反映水源地内有污染源,被告执法人员力量不足,因此没有及时完成对水源保护区养猪场搬离工作的监管任务。样本案例三中被告认为本单位已经依法尽到行政监管职责,环境污染仍存在是由于污染企业的行为属于间接性的违法生产行为,环保部门由于执法力量严重不足、无法做到实时监管。但在上述三个案件中,人民法院均未将上述"客观原因"作为免责事由予以支持,而是认定地方环境保护局未全面履行环境保护管理职责,依法确认被告环境保护局的行为违法或责令其继续履职。

(二)适用法律对比

样本案例一××市人民检察院诉××市环境保护局不履行法定职责案中,人民法院认为,根据《中华人民共和国环境保护法》(2014年修订)第十条和《中华人民共和国水污染防治法》(2008年修订,已修改)第八条,县级以上人民政府有关部门应当依照有关法律的规定对本辖区内的水污染防治等环境保护工作实施监督管理,具体到此案,应当由××市环境保护局承担辖区水污染防治工作的监督管理职责。即使××市环境保护局对污染水质进行了监测并履行了相关职责,但水污染防治问题未得到有效控制和解决。根据《中华人民共和国行政诉讼法》(2014年修正,已修改)第七十四条第二款第(二)项确认××市环境保护局行政行为违法,并根据该法第七十二条要求其限期履行对水污染的治理职责,根据该法第一百零二条要求其承担此案诉讼费用。

样本案例二××县检察院诉××县环境保护局不履行监管职责行为违法案,法院经审理认为,根据《中华人民共和国环境保护法》(2014年修订)与《中华人民共和国水污染防治法》(2008年修订,已修改)的规定,地方环境保护局对辖区内应当实施主动性的环境保护监管,通过定期、突击、专项检查等方式履行生态环境保护监管职责。在涉案地块被划为水源地以来,被告××县环境保护局未对水源地有无污染源进行排查、巡查,导致污染源某养猪场长期存在,违反《中华人民共和国水污染防治法》(2008年修订,已修改)第五十九条第一款的规定。因此,甘肃省××市××区人民法院根据《中华人民共和国行政诉讼法》(2017年修正)第七十四条第二款第(二)项之规定,依法确认××县环境保护局对水源地保护区某养猪场未依法履行监督管理职责的行为违法。

样本案例三××县人民检察院诉××市环境保护局××分局怠于履行监管职责行政公益诉讼案。法院依据《中华人民共和国环境保护法》(2014年修订)第二十五条及有关行政法规的规定,认定县级以上人民政府的环境保护主管部门对地方环境保护事务具有监督管理的主要职责。被告××市环境保护局××分局应当对本区内的环境保护事务负主要、统一的监管职责,不能被乡镇街道政府网格化管理职责所代替,而被告的行为没有从根本上遏制××村塑料颗粒加工户所产生的环境污染。因此依据《中华人民共和国行政诉讼法》(2017年修正)第二十五条第四款、第七十二条的规定,依法责令被告××市环境保护局××分局针对××村刘某某、许某某等6家塑料颗粒加工户继续履行环境保护监督管理职责。

（三）适用法律程序对比

从适用法律程序情况看，样本案例一、二、三均为检察院提起的环境行政公益诉讼，适用行政公益诉讼一审程序。

（四）类案大数据报告

截至2023年12月23日之前，在公开案例数据库中查找人民检察院主张行政机关不履行生态环境监管行政职责、被诉行政机关辩称已履行行政职责，后被人民法院依法确认不履行行政职责行为违法的检察行政环境公益诉讼案件。经逐案阅看、分析，与本规则关联度较高的案件实际共有48件。

从案件年份分布来看，与本裁判规则紧密相关的行政机关不履行行政职责的检察行政环境公益诉讼案件数量在2017—2019年有所上升并在2019年达到顶峰（16件），在2019—2020年略有下降。

从地域分布来看，与本裁判规则紧密相关的行政机关不履行行政职责的检察行政环境公益诉讼案件主要集中在吉林省、安徽省、山东省（分别有8件、7件、5件），江西省、云南省、贵州省、海南省、河南省相关案件数量最少（各1件）。

从相关案例的抗辩事由看，被诉行政机关以生态环境治理工作复杂、恢复周期长、资金困难、人员不足等客观原因作为不履行行政职责的抗辩事由、主张已经合理履行生态环境行政管理职责的案件共有10件，约占检索到相关案件的20.83%。

四、类案裁判规则的解析确立

依法履职是国家和广大群众对行政机关的最基本要求，地方生态环境保护事务的监督管理职责应当由地方生态环境主管机关依法履行。履职与否和履职程度关系到本辖区内生态环境保护的切实效果，关系到地方生态环境主管机关作为执法机关是否为人民群众服务、切实保护人民群众的生态环境利益，关系到习近平生态文明法治思想是否得到贯彻落实。

由于环境污染与生态破坏的隐蔽性、复杂性、扩散性，污染防治、生态破坏行为的专业性，生态环境保护的地方主管机关履行监督管理职责具有一定难度，在某些情况下囿于缺乏专业知识、专业人员少、资金不足，难以达到生态环境监督管理目的。在检察环境行政公益诉讼中，被告生态环境主管机关主张存在上述情形作为免责事由的，人民法院不应支持，具体理由如下：

第一，在检察行政公益诉讼中，人民法院判断行政机关是否依法履行生态环境保护监管职责，可以参照《人民检察院公益诉讼办案规则》（高检发释字〔2021〕2号，2021年7月1日起施行）第八十二条。该条虽是对检察公益诉讼的起诉条件的说明，但对于判断行政机关是否依法履行行政职责具有参照意义。根据该条款，"有下列情形之一的，人民检察院可以认定行政机关未依法履行职责：（一）逾期不回复检察建议，也没有采取有效整改措施的；（二）已经制定整改措施，但没有实质性执行的；（三）虽按期回复检察建议，但未采取整改措施或者仅采取部分整改措施的；（四）违法行为人已经被追究刑事责任或者案件已经移送刑事司法机关处理，但行政机关仍应当继续依法履行职责的；（五）因客观障碍导致整改方案难以按期执行，但客观障碍消除后未及时恢复整改的；（六）整改措施违反法律法规规定的；（七）其他没有依法履行职责的情形。"

第二，在检察公益诉讼中，人民法院判断行政机关是否依法履行生态环境保护监管职责，应当采用实际有效原则。行政机关依法履职与检察环境行政公益诉讼均以保护人民群众的生态环境公益为目的。在判断行政机关是否履行生态环境监管职责时，应当重点判断该生态环境主管机关的履职行为是否对生态环境保护具有实际效果，而非浮于表面工作。正如最高人民法院指导案例137号云南省××县检察院诉××县森林公安局怠于履行法定职责案中，明确指出：行政机关采取监管措施不仅应当充分、及时且有效。海南省检察院××分院诉××市农林局行政公益诉讼案中，人民法院对于被告行政机关仅以文来文往的方式履职、未采取的切实有效措施的行为，不应认定被告依法履行了行政职责。在样本案例一中，××市环境保护局对水污染虽然采取了一定的行政措施进行补救，但水污染问题并未得到有效的控制及解决；样本案例二中，水源地保护区长期存在污染源与被告没有尽到监管职责、没有及时上报县政府处理有直接的因果关系，均不符合实际有效原则的要求，可以认定其并未依法履行行政职责。

第三，生态环境状况复杂、专业人员少、专业知识欠缺、资金不足等情形，不影响人民法院认定生态环境主管部门是否依法履行行政职责。在有关案件中，被告生态环境主管部门常辩称采取了一定的行政管理措施，仅因为人员少、资金匮乏、治理难度大等理由尚未达到理想的治理效果，但仍应属于依法履职。这种主张采取的是行为论思路，将重点置于是否进行了生态环境监管行动，忽视监管行动所起的效果。然而，根据实际有效原则，在检察环境行政公益诉讼中，判断行政机关是否依法履职采取的应是偏向于结果论的认定思路，重点在于行政机关履职行为对生态环境公益是否产生了有效的保护效果。行政机关面对生态环境治理的难题，不应当畏难而退，而应当迎难而上，切实保护绿水青山，共护人与自然的生命家园。因此，对于将实际情况复杂、专业化程度高等客观原因作为免责事由的主张，人民法院不应支持。

五、关联法律法规

（一）《中华人民共和国行政诉讼法》（2017年修正）

第二十五条　行政行为的相对人以及其他与行政行为有利害关系的公民、法人或者其他组织，有权提起诉讼。

有权提起诉讼的公民死亡，其近亲属可以提起诉讼。

有权提起诉讼的法人或者其他组织终止，承受其权利的法人或者其他组织可以提起诉讼。

人民检察院在履行职责中发现生态环境和资源保护、食品药品安全、国有财产保护、国有土地使用权出让等领域负有监督管理职责的行政机关违法行使职权或者不作为，致使国家利益或者社会公共利益受到侵害的，应当向行政机关提出检察建议，督促其依法履行职责。行政机关不依法履行职责的，人民检察院依法向人民法院提起诉讼。

第七十二条　人民法院经过审理，查明被告不履行法定职责的，判决被告在一定期限内履行。

第七十四条　行政行为有下列情形之一的，人民法院判决确认违法，但不撤销行政行为：

（一）行政行为依法应当撤销，但撤销会给国家利益、社会公共利益造成重大损害的；

（二）行政行为程序轻微违法，但对原告权利不产生实际影响的。

行政行为有下列情形之一，不需要撤销或者判决履行的，人民法院判决确认违法：

（一）行政行为违法，但不具有可撤销内容的；

（二）被告改变原违法行政行为，原告仍要求确认原行政行为违法的；

（三）被告不履行或者拖延履行法定职责，判决履行没有意义的。

(二)《中华人民共和国水污染防治法》(2008年修订,已修改)

第八条　县级以上人民政府环境保护主管部门对水污染防治实施统一监督管理。

交通主管部门的海事管理机构对船舶污染水域的防治实施监督管理。

县级以上人民政府水行政、国土资源、卫生、建设、农业、渔业等部门以及重要江河、湖泊的流域水资源保护机构,在各自的职责范围内,对有关水污染防治实施监督管理。

第五十九条　禁止在饮用水水源二级保护区内新建、改建、扩建排放污染物的建设项目;已建成的排放污染物的建设项目,由县级以上人民政府责令拆除或者关闭。

在饮用水水源二级保护区内从事网箱养殖、旅游等活动的,应当按照规定采取措施,防止污染饮用水水体。

【法条变迁】《中华人民共和国水污染防治法》(2017年修正)中上述内容分别对应该法第九条、第六十六条。

(三)《中华人民共和国环境保护法》(2014年修订)

第十条　国务院环境保护主管部门,对全国环境保护工作实施统一监督管理;县级以上地方人民政府环境保护主管部门,对本行政区域环境保护工作实施统一监督管理。

县级以上人民政府有关部门和军队环境保护部门,依照有关法律的规定对资源保护和污染防治等环境保护工作实施监督管理。

第二十五条　企业事业单位和其他生产经营者违反法律法规规定排放污染物,造成或者可能造成严重污染的,县级以上人民政府环境保护主管部门和其他负有环境保护监督管理职责的部门,可以查封、扣押造成污染物排放的设施、设备。

(四)《最高人民法院关于执行〈中华人民共和国行政诉讼法〉若干问题的解释》(法释[2000]8号,2000年3月10日起施行,已废止)

第六十条　人民法院判决被告重新作出具体行政行为,如不及时重新作出具体行政行为,将会给国家利益、公共利益或者当事人利益造成损失的,可以限定重新作出具体行政行为的期限。

人民法院判决被告履行法定职责,应当指定履行的期限,因情况特殊难于确定期限的除外。

【法条变迁】《最高人民法院关于适用〈中华人民共和国行政诉讼法〉的解释》(法释〔2018〕1号,2018年2月8日施行)

第九十一条 原告请求被告履行法定职责的理由成立,被告违法拒绝履行或者无正当理由逾期不予答复的,人民法院可以根据行政诉讼法第七十二条的规定,判决被告在一定期限内依法履行原告请求的法定职责;尚需被告调查或者裁量的,应当判决被告针对原告的请求重新作出处理。

检察环境公益案件裁判规则

第 18 条

检察环境公益诉讼中,人民法院认为案件反映出生态环境行政管理中存在短板问题的,可以向相关行政主管部门发出司法建议

检察环境公益案件类案甄别与裁判规则确立

一、聚焦司法案件裁判观点

■ 争议焦点

在检察环境公益诉讼中,人民法院发现在案件中有关生态环境保护的行政工作存在短板问题的,能否向负责行政主管部门发出司法建议?

■ 裁判观点

生态破坏与环境污染的治理与修复本身具有复杂性、艰巨性、隐蔽性。检察环境公益诉讼中,在解决个案中的生态环境问题外,必须充分发挥司法能动性,从根本上解决个案反映的一类生态环境问题。人民法院在审理检察环境公益诉讼中,发现个案判决不足以解决复杂的生态环境问题、有关生态环境保护的行政管理工作在此类案件上存在不足时,应当妥善运用司法建议手段,向案件生态环境问题有关的行政机关发出司法建议。

二、司法案例样本对比

样本案例一
××市人民检察院诉贵州××化工有限公司等
土壤污染责任纠纷案

• **法院**

贵州省××市中级人民法院

• **诉讼主体**

公益诉讼起诉人:××市人民检察院
被告:贵州××化工有限公司、广东××贸易有限公司

• 基本案情

贵州××化工有限公司（以下简称贵州××公司）、广东××贸易有限公司（以下简称广东××公司）均未取得危险废物经营许可证。2010年5月，两公司建立合作关系，广东××公司提供原料给贵州××公司加工，加工费为生产每吨硫酸240元，硫酸产品及废渣由广东××公司负责接收销售。2011年11月1日，两公司签订《原料购销协议》，以贵州××公司名义对外向××冶炼厂购买硫精矿原料。2011年11月1日至2015年7月6日，贵州××公司共取得硫精矿66900吨，用于生产硫酸。2015年3月30日至2018年3月30日，贵州××公司整体承包给广东××公司独立经营，期间曾发生高温水管破裂事故，导致生产车间锅炉冷却水直接排入厂外河流。上述生产过程中，生产原材料和废渣淋溶水、生产废水流入厂区外，造成厂区外一、二号区域土壤污染。经鉴定，一号区域为灌草地，重金属污染面积约达3600平方米，全部为重度污染。二号区域为农田，重金属污染面积达39500平方米，91%的土壤为重度污染，7%的土壤为中度污染，2%的土壤为轻度污染。污染地块的种植农作物重金属超标。县环境保护局于2015年、2016年两次责令贵州××公司拆除排污暗管、改正违法行为，处以行政罚款。2016年9月，贵州××公司及其法定代表人梁某某、广东××公司余某因犯污染环境罪被追究刑事责任。2017年12月，贵州省××研究设计院出具《损害评估报告》，确认案涉土壤污染损害费用包括消除危险费用、污染修复、期间生态服务功能损失共计6397000元。

案件公益诉讼起诉人据此请求，1.判令贵州××公司严格按照环境影响报告书批复要求，建设、完善排水系统，改善环保实施，立即停止侵害；2.判令贵州××公司依法及时处置厂内遗留的危险废物原料，全面清理废渣堆，及时修复被污染的土壤，消除危险，或承担土壤生态环境修复费用；3.判令贵州××公司赔偿生态环境受到损害至恢复原状期间服务功能损失费；4.判令贵州××公司承担该案诉讼费用、鉴定费用及专家咨询费用。在追加广东××公司为该案被告后，公益诉讼起诉人要求广东××公司共同连带承担上述责任。

• 案件争点

1.《损害评估报告》是否具备合法性？

2.涉案土壤污染后果与贵州××公司、广东××公司的生产行为是否具有因果关系？《损害评估报告》对因果关系的认定是否应当采信？

3. 贵州××公司、广东××公司是否构成共同侵权？是否应当承担民事责任？应当承担连带责任还是按份责任？承担责任的范围如何认定？

4. 涉案土壤污染侵权责任承担方式如何确定？《损害评估报告》能否作为认定具体损失及费用的依据？

5. 在本案中人民法院是否可以向有关行政机关发送司法建议，更好地实现维护社会公益的目的？

• 裁判要旨

针对第一个争议焦点，关于《损害评估报告》的合法性问题。经法院释明，由公益诉讼人申请，在各方当事人对选择鉴定机构不能达成一致意见的情况下，法院依据《中华人民共和国民事诉讼法》（2012 年修正，已修改）第七十六条和《最高人民法院关于审理环境侵权责任纠纷案件适用法律若干问题的解释》（法释〔2015〕12 号，2015 年 6 月 3 日起施行，已废止）第八条，按照《中华人民共和国环境保护部环境损害鉴定评估推荐机构名录》，选择名列其中的贵州省××研究设计院作为鉴定机构，并由其机构的鉴定人员协同中国××研究院鉴定人员共同作出《损害评估报告》，且项目负责人及相关鉴定人员出庭接受质询，故《损害评估报告》具备合法性。

针对第二个争议焦点，关于贵州××公司、广东××公司的生产行为与污染后果之间是否具有因果关系问题。首先，该案中，贵州××公司、广东××公司在生产过程中实施了污染行为，且污染物到达了涉案污染区域。其次，经过现场监测和××环境监测站、贵州××检测服务有限公司的监测报告进行的认定，足以说明污染损害后果存在以及存在的范围、程度。第三，根据监测结果，涉案污染土壤中的锌、镉、砷、铅等重金属与贵州某公司生产原料、废渣以及排放废水中所含重金属成分相同，《损害评估报告》足以认定贵州××公司、广东××公司的生产排污行为是导致涉案土壤及地上农作物重度污染的根本原因，二者之间存在直接因果关系。

针对第三个争议焦点，关于贵州××公司、广东××公司是否构成共同侵权，是否应当承担民事责任，应当承担连带责任，还是按份责任，承担责任的范围如何认定问题。该案中，广东××公司从 2010 年 5 月与贵州××公司建立合作关系，无论是 2015 年 4 月 1 日之前还是之后，贵州××公司、广东××公司在主观上均具有共同故意，客观上共同实施了污染行为。依法应当认定涉案土壤污染损害系贵州××公司、广东××公司共同行为所致。依法认定贵州××公司、广东××公司对全部污染损害后果应当共同承担连带责任。

针对第四个争议焦点，关于涉案土壤污染侵权责任承担方式如何确定，

《损害评估报告》能否作为认定具体损失及费用的依据问题。结合《最高人民法院关于审理环境民事公益诉讼案件适用法律若干问题的解释》(法释〔2015〕1号,2015年1月7日起施行,已修改)第十八条、第二十一条、第二十二条和已查明的该案案情,公益诉讼人请求贵州××公司、广东××公司承担停止侵害、消除危险、修复土壤、赔偿生态环境受到损害至恢复原状期间服务功能损失的民事侵权责任并支付鉴定费于法有据。该案中可以认定二号区域全部丧失农用耕地服务功能价值1111900元。《损害评估报告》认定生态环境期间服务功能损失为160000元,系指污染导致对气候调节、水土涵养等生态环境服务功能的影响所产生的损失,与农用耕地服务功能损失不属于相同的生态服务功能评价范围。故,本案的生态服务功能损失应为二者之和,即1111900元+160000元=1271900元。

此外,该案审理法院还向县政府发出司法建议,建议通过征用程序改变二号区域的农用耕地用途,消除被污染土地继续种植农作物可能带来的人体健康风险。同时,突出保护农用耕地、基本农田的价值理念,将农用耕地用途改变导致农用耕地功能丧失纳入期间服务功能损失,建立了民事裁判与行政执法之间的衔接路径,体现了司法保护公益的良好效果。

样本案例二
××市××区人民检察院诉
××市国土资源局××区分局履行法定职责案

- **法院**

贵州省××市人民法院

- **诉讼主体**

公益诉讼起诉人:××市××区人民检察院
被告:××市国土资源局××区分局

- **基本案情**

2008年××市××区行政区划调整前,××村等已经存在数家违法打砂厂。行政区划调整后至今,违法打砂厂已发展为十余家,生产方式均为来料加工打砂。这十余家打砂厂未在国土部门办理相关手续,非法占用农用地打砂,违法占地面积五十余亩。2014年5月，××市××区人民检察院在开展生态保护检察工作中发现上述违法打砂厂违规占用农用土地打砂的行为，依职权先后于2014年5月26日、11月6日、2015年11月13三次向××市国土资源局××区分局发送了督促令，督促××市国土资源局××区分局对上述打砂厂采取相关措施。2016年4月19日，××市××区人民检察院向××市国土资源局××区分局发送了检察建议书，至起诉时××市国土资源局××区分局仍未依法查处打砂厂，相关打砂厂仍违法占用农用地打砂生产，造成××区××村正常的国土资源管理秩序和社会公共利益受到损害。公益诉讼起诉人××检察院向贵州省××市人民法院起诉，提出如下诉讼请求：请求判令被告对××区××村等十余家非法打砂厂怠于履行职责的行为违法；请求判令被告依法履行土地监管职责。

• 案件争点

1. ××市国土资源局是否对十余家非法打砂厂尽到了法定的土地监管职责？
2. 若未尽到土地及监管职责，是否应当判处被告国土资源局依法履行？
3. 人民法院在司法案件中应当如何有效维护本区国土资源管理秩序和公共利益？

• 裁判要旨

法院认为，依照《中华人民共和国土地管理法》（2004年修正，已修改）的相关规定，对非法占用土地的行为，行政机关应当责令退还非法占用的土地，限期拆除在非法占用的土地上新建的建筑物和其他设施，恢复土地原状，或没收在非法占用的土地上新建的建筑物和其他设施，可以并处罚款，即公益诉讼人所称的行政法意义上的管理职责。而被告在发现这些违法行为后，在长达三年的时间里，虽向相对人送达了停止违法行为通知书，向区政府汇报，但未对违法行为进行立案查处，明显存在未依照法律规定履职的行为，换言之，也是一种怠于履行行政管理职能的行为。法院认为，被告是否具有强制执行权并不妨碍其对违法行为进行立案查处，其向区政府汇报也不能替代其应当履行的管理职责。故被告××区国土局认为其已积极履行了管理职责的辩论意见不能成立，法院不予采纳。因此，依法确认被告××市国土资源局××区分局对××市××区××村等十余家打砂厂违法占地行为未依法履行职责进行查处的行为违法。

鉴于被告已于立案前已向涉案打砂厂作出行政处罚决定（该行政处罚决定并未生效），××市人民法院作出中止诉讼的行政裁定，让先行的行政处罚决定生效落实，给予行政机关充裕的时间去解决环境问题，把控好司法这道最后的防线。同时考虑到涉案打砂厂形成如此规模并非朝夕之间,有其特殊的历史原因,打砂厂持续数年之久所带来的环境问题及相关稳控问题非被告采取措施就一定能够取缔和解决的,还涉及到市场监管、环保、乡政府等多个部门。故,作出中止裁定的同时,法院通过向当地政府提出司法建议,建议由政府牵头,统筹被告及其他相关部门联合执法,多措并举形成合力共同解决涉案的环境污染问题。在司法建议发出后,当地政府联合相关部门进行综合治理,涉案地持续多年的环境问题得到彻底解决,有效的保障了土地资源和居民居住环境的安全,公益诉讼起诉人的诉讼目的最终得以实现。

三、司法案例类案甄别

(一)事实对比

样本案例一为环境民事诉讼案例。贵州××公司与广东××公司共同对土壤环境造成污染,均被判决停止侵害、消除污染、承担生态环境修复费用等法律责任。

样本案例二为行政诉讼案例。××区人民检察院在履职过程中发现打砂厂违规占用农用土地打砂,向国土资源局××区分局发出检察建议后,该局未依法履行查处打砂厂的行政监管职责。人民法院依法确认其行为违法。

样本案例一、二除了根据公益诉讼起诉人的诉讼请求进行判决外,为了有效实现维护生态环境公共利益的目的,人民法院还向有关行政机关发出了司法建议,督促其更好地履行生态环境监管职责,实现"司法"与"行政"的良性互动。在样本案例一中,贵州××公司与广东××公司对土壤造成了环境污染,考虑到被污染的二号区域用于耕种将对人体健康带来风险,××市中级人民法院向县政府发出司法建议,建议通过征用程序改变二号区域的农用耕地用途,消除被污染土地继续种植农作物可能带来的人体健康风险。在样本案例二中,由于受理案件后国土资源局××区分局已对打砂厂作出了行政处罚决定但暂未生效,考虑到打砂厂打击难度大,需要多部门联动,人民法院中止诉讼,并向当地政府发出司法建议,建议由政府牵头,统筹被告及其他相关部门联合执法,多措并举形成合力共同解决涉案的环境污染问题。

(二)适用法律对比

样本案例一中,人民法院根据《中华人民共和国民事诉讼法》(2012年修正，已修改）第七十六条以及《最高人民法院关于审理环境侵权责任纠纷案件适用法律若干问题的解释》（法释〔2015〕12号，2015年6月3日起施行，已废止）第八条，认定本案中《损害评估报告》的合法性。根据《中华人民共和国环境保护法》（2014年修订）第六条、《中华人民共和国侵权责任法》（已废止）第八条（对应《民法典》第一千一百六十八条）、《最高人民法院关于审理环境侵权责任纠纷案件适用法律若干问题的解释》（法释〔2015〕12号，2015年6月3日起施行，已废止）第一条等规定，认定了贵州××公司与广东××公司的共同侵权行为。此外，还根据《最高人民法院关于审理环境民事公益诉讼案件适用法律若干问题的解释》（法释〔2015〕1号，2015年1月7日起施行，已修改）第十八条、第二十一条、第二十二条的规定，要求贵州××公司与广东××公司承担停止侵害、消除危险、修复土壤、承担生态环境损害责任。但对于向县级政府发出相关司法建议的法律依据，裁判文书中并未说明。

样本案例二中，人民法院根据《中华人民共和国土地管理法》（2004年修正，已修改）第七十六条，认定××市国土资源局××区分局具有查处本案中打砂厂的行政监管职责。而本案中，××市国土资源局云岩分局未依法履行行政监管职责。故人民法院依据《中华人民共和国行政诉讼法》（2014年修正，已修改）第74条依法确认其未依法履行职责的行为违法。案件受理后，受理法院已向县级政府发出司法建议，建议统筹组织关停打砂厂，但裁判文书中并未说明发出司法建议的具体法律依据。

（三）适用法律程序对比

从适用法律程序情况看，样本案例一为检察院提起的环境民事公益诉讼，适用民事公益诉讼一审程序；样本案例二为检察院提起的环境行政公益诉讼，适用行政公益诉讼一审程序。

（四）类案大数据报告

截至2023年12月21日，在公开案例数据库中查找人民法院对行政机关发出司法建议的检察环境公益诉讼案件，经逐案阅看、分析，与本规则关联度较高的案件实际共有12件。

从审理程序来看，人民法院发出司法建议的检察环境公益诉讼案件中一审案件有10件，占比约83.33%，二审案件有2件，占比约16.67%。

从裁判法院的层级来看，人民法院发出司法建议的检察环境公益诉讼案件在裁判法院上一般由基层人民法院裁判，也有少部分案件由中级人民法院裁判并发出司法建议。中级人民法院裁判的案件有2件，占比约16.67%；基层人民法院裁判的案件有10件，占比约83.33%。

从裁判文书的参照级别来看，人民法院发出司法建议的检察环境公益诉讼案件中包括一般案件4件，典型案例8件，典型案例中最高人民法院发布的典型案例3件，省级人民法院发布的典型案例3件，中级人民法院发布的典型案例2件。

从案由类型来看，人民法院发出司法建议的检察环境公益诉讼案件中，以刑事附带民事公益诉讼案件为多数，有7件，行政公益诉讼次之，为4件，民事环境侵权导致的民事检察公益诉讼案件仅1件。

从地域分布来看，共有8个省或直辖市在检察环境公益诉讼中由人民法院向行政机关发出司法建议。其中湖北省、吉林省、陕西省、江苏省分别有2件，江西省、重庆市、福建省、安徽省分别有1件。

四、类案裁判规则的解析确立

习近平总书记指出"法治建设既要抓末段、治已病，更要抓前端、治未病"。"司法建议"是指司法机关在司法活动中发现有关单位存在制度、管理等方面的问题，向其提出完善制度的意见和建议，被认为是柔性司法对"刚性"判决重要的补充，是人民法院能动司法、参与社会治理的重要方式。人民法院在检察环境公益诉讼中利用好"司法建议"手段，是践行能动司法理念、在司法审判中实现法律效果、社会效果双赢局面、有效解决生态环境问题的有力举措。在检察环境公益诉讼中，人民法院发现案件反映生态环境主管行政机关的生态环境行政管理工作中存在问题的，可以向有关行政机关提出检察建议，深入解决个案所反映的生态环境问题。具体要注意以下四点：

一是司法建议可以运用于各类检察环境公益诉讼案件。司法建议作为人民法院履行司法监督职责、贯彻能动司法理念的重要手段，在各类检察环境公益诉讼案件中均能普遍适用。当检察环境公益诉讼原告的诉讼请求不足以解决案件所反映的生态环境问题，人民法院可以积极适用司法建议手段，建议有关行政机关妥善维护社会公共利益。

二是司法建议的运用要遵循确有必要原则，具有针对性、规范性和实效性。这是2023年《最高人民法院关于综合治理类司法建议工作若干问题的规定》（法释〔2023〕11号，2023年11月16日起施行，以下简称《司法建议工作规定》）第二条明确规定的人民法院适用司法建议的基本原则。根据在检察环境公益诉讼中，人民法院所发出的司法建议与所审理的检察环境公益诉讼案件应当紧密相关，司法建议反映的应当是所审理的个案背后所反映的一类生态环境行政管理问题，以达到解决同类问题、提高司法效率的目的。

三是司法建议的建议对象应当是与审理法院管辖区域内的同级行政机关。根据《司法建议工作规定》（法释〔2023〕11号，2023年11月16日起施行）第三条，在检察环境公益诉讼中，人民法院提出司法建议时，应当向生态环境问题的主管机关或者其他有关单位提出；"向主管机关提出的，一般应当向本院辖区范围内的同级主管机关提出。发现的综合治理问题需要异地主管机关采取措施的，可以提出工作建议，层报相应的上级人民法院决定"。

四是行政公益诉讼中检察机关向被诉行政机关发出检察建议，不影响人民法院利用司法建议手段，监督建议有关行政机关行使生态环境行政监管职权。根据《中华人民共和国行政诉讼法（2017修正）》第二十五条，在环境行政公益诉讼中，检察机关对被诉行政机关发送检察建议属于行政公益诉讼的法定前置程序。只有在被诉行政机关收到检察建议后，在法定期限内不依法履行职责的，人民检察院才可以依法向人民法院提起诉讼。由此可见，行政公益诉讼中检察建议的对象局限于被诉行政机关。而人民法院所发出的司法建议目的在于发挥司法的能动性、解决同类生态环境问题，既可以针对被诉行政机关，也可以针对其他与本案生态环境问题有关的其他行政机关提出，与人民检察院的检察建议并不矛盾。

五、关联法律法规

（一）《中华人民共和国土地管理法》（2004年修正，已修改）

第六十六条　县级以上人民政府土地行政主管部门对违反土地管理法律、法规的行为进行监督检查。

土地管理监督检查人员应当熟悉土地管理法律、法规，忠于职守、秉公执法。

第七十六条　未经批准或者采取欺骗手段骗取批准，非法占用土地的，由县级以上人民政府土地行政主管部门责令退还非法占用的土地，对违反土地利用总体规划擅自将农用地改为建设用地的，限期拆除在非法占用的土地上新建的建筑物和其他设施，恢复土地原状，对符合土地利用总体规划的，没收在非法占用的土地上新建的建筑物和其他设施，可以并处罚款；对非法占用土地单位的直接负责的主管人员和其他直接责任人员,依法给予行政处分;构成犯罪的,依法追究刑事责任。

超过批准的数量占用土地,多占的土地以非法占用土地论处。

【法条变迁】《中华人民共和国土地管理法》(2019年修正),原第七十六条内容对应该法修正后的第七十七条。

第六十七条 县级以上人民政府自然资源主管部门对违反土地管理法律、法规的行为进行监督检查。

县级以上人民政府农业农村主管部门对违反农村宅基地管理法律、法规的行为进行监督检查的,适用本法关于自然资源主管部门监督检查的规定。

土地管理监督检查人员应当熟悉土地管理法律、法规,忠于职守、秉公执法。

(二)《中华人民共和国行政诉讼法》(2014年修正,已修改)

第七十四条 行政行为有下列情形之一的,人民法院判决确认违法,但不撤销行政行为:

(一)行政行为依法应当撤销,但撤销会给国家利益、社会公共利益造成重大损害的;

(二)行政行为程序轻微违法,但对原告权利不产生实际影响的。

行政行为有下列情形之一,不需要撤销或者判决履行的,人民法院判决确认违法:

(一)行政行为违法,但不具有可撤销内容的;

(二)被告改变原违法行政行为,原告仍要求确认原行政行为违法的;

(三)被告不履行或者拖延履行法定职责,判决履行没有意义的。

《中华人民共和国行政诉讼法》(2017年修正)中,此条内容无变动。

(三)《中华人民共和国环境保护法》(2014年修订)

第六条 一切单位和个人都有保护环境的义务。

地方各级人民政府应当对本行政区域的环境质量负责。

企业事业单位和其他生产经营者应当防止、减少环境污染和生态破坏,对所造成的损害依法承担责任。

公民应当增强环境保护意识,采取低碳、节俭的生活方式,自觉履行环境保护义务。

第六十四条 因污染环境和破坏生态造成损害的,应当依照《中华人民共和国侵权责任法》的有关规定承担侵权责任。

（四）《中华人民共和国固体废物污染环境防治法》（2015年修正，已修改）

第十七条 收集、贮存、运输、利用、处置固体废物的单位和个人，必须采取防扬散、防流失、防渗漏或者其他防止污染环境的措施；不得擅自倾倒、堆放、丢弃、遗撒固体废物。

禁止任何单位或者个人向江河、湖泊、运河、渠道、水库及其最高水位线以下的滩地和岸坡等法律、法规规定禁止倾倒、堆放废弃物的地点倾倒、堆放固体废物。

【法条变迁】《中华人民共和国固体废物污染环境防治法》（2020年修订）

第二十条 产生、收集、贮存、运输、利用、处置固体废物的单位和其他生产经营者，应当采取防扬散、防流失、防渗漏或者其他防止污染环境的措施，不得擅自倾倒、堆放、丢弃、遗撒固体废物。

禁止任何单位或者个人向江河、湖泊、运河、渠道、水库及其最高水位线以下的滩地和岸坡以及法律法规规定的其他地点倾倒、堆放、贮存固体废物。

（五）《危险废物经营许可证管理办法》（2013年修订，已修改）

第二条 在中华人民共和国境内从事危险废物收集、贮存、处置经营活动的单位，应当依照本办法的规定，领取危险废物经营许可证。

《危险废物经营许可证管理办法》（2016年修订）中，本条无变动。

（六）《中华人民共和国侵权责任法》（已废止）

第八条 二人以上共同实施侵权行为，造成他人损害的，应当承担连带责任。

第六十五条 因污染环境造成损害的，污染者应当承担侵权责任。

【法条变迁】《中华人民共和国民法典》

第一千一百六十八条 二人以上共同实施侵权行为，造成他人损害的，应当承担连带责任。

第一千二百二十九条 因污染环境、破坏生态造成他人损害的，侵权人应当承担侵权责任。

（七）《最高人民法院、最高人民检察院关于办理环境污染刑事案件适用法律若干问题的解释》（法释〔2013〕15号，2013年6月17日起施行，已废止）

第十一条 对案件所涉的环境污染专门性问题难以确定的，由司法鉴定机构出具鉴定意见，或者由国务院环境保护部门指定的机构出具检验报告。

县级以上环境保护部门及其所属监测机构出具的监测数据，经省级以上环境保护部门认可的，可以作为证据使用。

【法条变迁】《最高人民法院、最高人民检察院关于办理环境污染刑事案件适用法律若干问题的解释》（法释〔2023〕7号，2023年8月15日起施行）

第十六条 对案件所涉的环境污染专门性问题难以确定的，依据鉴定机构出具的鉴定意见，或者国务院环境保护主管部门、公安部门指定的机构出具的报告，结合其他证据作出认定。

（八）《最高人民法院关于审理环境侵权责任纠纷案件适用法律若干问题的解释》（法释[2015]12号，2015年6月3日起施行，已废止）

第一条 因污染环境造成损害，不论污染者有无过错，污染者应当承担侵权责任。污染者以排污符合国家或者地方污染物排放标准为由主张不承担责任的，人民法院不予支持。

污染者不承担责任或者减轻责任的情形，适用海洋环境保护法、水污染防治法、大气污染防治法等环境保护单行法的规定；相关环境保护单行法没有规定的，适用侵权责任法的规定。

第八条 对查明环境污染案件事实的专门性问题，可以委托具备相关资格的司法鉴定机构出具鉴定意见或者由国务院环境保护主管部门推荐的机构出具检验报告、检测报告、评估报告或者监测数据。

第十条 负有环境保护监督管理职责的部门或者其委托的机构出具的环境污染事件调查报告、检验报告、检测报告、评估报告或者监测数据等，经当事人质证，可以作为认定案件事实的根据。

第十四条 被侵权人请求恢复原状的，人民法院可以依法裁判污染者承担环境修复责任，并同时确定被告不履行环境修复义务时应当承担的环境修复费用。

污染者在生效裁判确定的期限内未履行环境修复义务的，人民法院可以委托其他人进行环境修复，所需费用由污染者承担。

【法条变迁】《最高人民法院关于审理生态环境侵权责任纠纷案件适用法律若干问题的解释》（法释〔2023〕5号，2023年9月1日起施行）

第四条 污染环境、破坏生态造成他人损害，行为人不论有无过错，都应当承担侵权责任。

行为人以外的其他责任人对损害发生有过错的，应当承担侵权责任。

（九）《中华人民共和国民事诉讼法》（2012年修正，已修改）

第五十五条 对污染环境、侵害众多消费者合法权益等损害社会公共利益的行为，法律规定的机关和有关组织可以向人民法院提起诉讼。

第七十六条 当事人可以就查明事实的专门性问题向人民法院申请鉴定。当事人申请鉴定的，由双方当事人协商确定具备资格的鉴定人；协商不成的，由人民法院指定。

当事人未申请鉴定，人民法院对专门性问题认为需要鉴定的，应当委托具备资格的鉴定人进行鉴定。

【法条变迁】《中华人民共和国民事诉讼法》（2023年修正），原第七十六条对应新修正的第七十九条内容。

第五十八条 对污染环境、侵害众多消费者合法权益等损害社会公共利益的行为，法律规定的机关和有关组织可以向人民法院提起诉讼。

人民检察院在履行职责中发现破坏生态环境和资源保护、食品药品安全领域侵害众多消费者合法权益等损害社会公共利益的行为，在没有前款规定的机关和组织或者前款规定的机关和组织不提起诉讼的情况下，可以向人民法院提起诉讼。前款规定的机关或者组织提起诉讼的，人民检察院可以支持起诉。

（十）《最高人民法院关于审理环境民事公益诉讼案件适用法律若干问题的解释》（法释〔2015〕1号，2015年1月7日起施行，已修改）

第十八条 对污染环境、破坏生态，已经损害社会公共利益或者具有损害社会公共利益重大风险的行为，原告可以请求被告承担停止侵害、排除妨碍、消除危险、恢复原状、赔偿损失、赔礼道歉等民事责任。

第二十条 原告请求恢复原状的，人民法院可以依法判决被告将生态环境修复到损害发生之前的状态和功能。无法完全修复的，可以准许采用替代性修复方式。

人民法院可以在判决被告修复生态环境的同时，确定被告不履行修复义务时应承担的生态环境修复费用；也可以直接判决被告承担生态环境修复费用。

生态环境修复费用包括制定、实施修复方案的费用和监测、监管等费用。

第二十一条 原告请求被告赔偿生态环境受到损害至恢复原状期间服务功能损失的，人民法院可以依法予以支持。

第二十二条 原告请求被告承担检验、鉴定费用，合理的律师费以及为诉讼支出的其他合理费用的，人民法院可以依法予以支持。

【法条变迁】《最高人民法院关于审理环境民事公益诉讼案件适用法律若干问题的解释》（法释〔2020〕20号，2021年1月1日起施行）

第十八条　对污染环境、破坏生态，已经损害社会公共利益或者具有损害社会公共利益重大风险的行为，原告可以请求被告承担停止侵害、排除妨碍、消除危险、修复生态环境、赔偿损失、赔礼道歉等民事责任。

第二十条　原告请求修复生态环境的，人民法院可以依法判决被告将生态环境修复到损害发生之前的状态和功能。无法完全修复的，可以准许采用替代性修复方式。

人民法院可以在判决被告修复生态环境的同时，确定被告不履行修复义务时应承担的生态环境修复费用；也可以直接判决被告承担生态环境修复费用。

生态环境修复费用包括制定、实施修复方案的费用，修复期间的监测、监管费用，以及修复完成后的验收费用、修复效果后评估费用等。

第二十一条　原告请求被告赔偿生态环境受到损害至修复完成期间服务功能丧失导致的损失、生态环境功能永久性损害造成的损失的，人民法院可以依法予以支持。

第二十二条　原告请求被告承担以下费用的，人民法院可以依法予以支持：

（一）生态环境损害调查、鉴定评估等费用；

（二）清除污染以及防止损害的发生和扩大所支出的合理费用；

（三）合理的律师费以及为诉讼支出的其他合理费用。